Carl von Binzer

Kreuz- und Querzüge durch Italien im Sommer 1876

Carl von Binzer

Kreuz- und Querzüge durch Italien im Sommer 1876

ISBN/EAN: 9783743353763

Hergestellt in Europa, USA, Kanada, Australien, Japan

Cover: Foto ©Andreas Hilbeck / pixelio.de

Manufactured and distributed by brebook publishing software (www.brebook.com)

Carl von Binzer

Kreuz- und Querzüge durch Italien im Sommer 1876

Kreuz- und Querzüge

durch Italien

im Sommer 1876.

Von

Carl v. Binzer.

Stuttgart.

Verlag der J. G. Cotta'schen Buchhandlung.

1877.

Inhalt.

	Seite
Vor der Abreise	1
Von München nach Verona	15
Verona	24
Von Verona nach Orvieto	31
Orvieto	42
Casa Pontane in Orvieto	73
Der Dom und andere Kunstwerke Orvieto's	82
Todi	92
Am Bolsener See	104
Campo Morino	114
Piancastagnajo und Sta. Fiora	123
Piancastagnajo, Torre und Città della Pieve	137
Perugia und Assisi	152
Ueber Terni nach Rom	166
Neapel	176
Pompeji und der Golf von Neapel	200
St. Biagio und Cardito	211
Monte Cassino	239

	Seite
Rom	247
Carrara	272
La Spezia	283
Riva di Ponente	287
Genua	295
Mailand	303
Heimkehr	311

Vor der Abreise.

Und du flickst zwischen der Vergangenheit
Erhabene Trümmer
Für deine Bedürfnisse!
Eine Hütte, o Mensch,
Genießest über Gräbern.

Goethe: „Der Wandrer."

Vor fünf und zwanzig Jahren, da Cornelius und Over=
beck als ehrwürdige Altmeister zum letztenmal in Rom
zusammenlebten, es war also um das Jahr 1852, erschien
das geistige Leben in jeder Beziehung noch wesentlich ver=
schieden von dem unserer Zeit. Aber das, was seitdem
zu Tage getreten ist und jetzt alle Verhältnisse bestimmt,
war im Boden schon überall in die Keime geschossen und
drang gerade damals zwischen Veraltetem, Verdorrendem,
Absterbendem mächtig durch die Schollen dem Licht und
Leben entgegen. In Deutschland wie in Italien waren
eben die Revolutionen beendigt, und zwar vollkommen im
Geiste ihrer heftigsten Gegner, der Reactionären. Alle
Action im Sinne der Neuzeit mußte nothgedrungen auf=
gegeben werden, allgemeine Ruhe herrschte wieder und
Jeder schien darauf angewiesen, wie vor dem Jahre 48,
der Politik fernliegende Interessen zu verfolgen. Aber die

Ruhe war nur an der äußersten Oberfläche ausgebreitet,
im Innern dauerte das Wallen und Gähren ununterbrochen
fort. Ueber dem ganzen Weiterleben der Völker schwebte
ein stillschweigender Protest, der den Zuständen eine ent=
schiedene Färbung gab. Während die Geister früher nach
dem Lande der Freiheit, als vor ihnen liegend, hingestrebt
hatten, fühlten sie sich jetzt als Insassen dieses Landes,
das sie als vorübergehend wieder in die Hände von Unter=
drückern gefallen betrachteten. Sehr verschieden äußerte
sich dieses Gefühl bei den Deutschen und bei den Italienern.
Wie einst Stein, Scharnhorst und ihre Genossen gegen den
fremden Unterjocher alle Kräfte des Landes frei gemacht,
organisirt und disciplinirt hatten, um sie für den rechten
Moment verfügbar zu machen, und eben durch diese Arbeit
den Moment selbst beschleunigten, so wurde jetzt gegen die
inneren Unterdrücker die ganze Kraft des nationalen Geistes
zum Kampfe ausgebildet, während eben diese Ausbildung
schon ohne das Eintreten von Katastrophen dem Gegner
ein Gebiet nach dem andern aus der Hand rang. So im
nordischen, thätigen Deutschland, im jungen Kulturvolke.

Die Italiener hingegen ließen es im Großen und
Ganzen mit Ausnahme der Conspiration beim passiven
Widerstande bewenden. Daß sie durch sittliche Ausarbeitung
des Individuums, der Familie, der Gemeinde, der Reali=
sirung ihres Willens bedeutenden Vorschub geleistet haben
würden, das leuchtete ihnen damals nicht ein, oder es
fehlte ihnen an der erforderlichen Schnellkraft, um sich aus
der Apathie zu erheben. So ist es denn gekommen, daß
sie selbst zur Einigung Italiens fast nur ihren Wunsch und
Willen beigesteuert haben, während fremde Constellationen
dieselbe thatsächlich herbeigeführt haben. Solferino und

Sadowa, ein französisches und ein deutsches Datum sind zugleich die Daten der Vollziehung ihrer Einheit, Sedan aber das Datum der Krönung ihres Baues durch Roma Capitale.

In jenen Jahren fügte der klerikale Geist Frankreichs dem eigenen Vaterlande den ersten unersetzlichen Schaden zu, indem er den inneren Zwiespalt der Romanischen Nationen, und die Hinneigung Jungitaliens zu den Germanen begründete. Die französische Republik überzog die römische Republik mit Krieg, zerstörte sie und setzte das Kirchenregiment in seinem vollen Glanze wieder ein. Diese That der Franzosen ist den Italienern wie eine wahre Monstrosität erschienen, und hat sie mit bitterem Haß und tiefem Mißtrauen gegen Frankreich erfüllt.

In den oben angegebenen Jahren war Rom von den Franzosen besetzt, und sie benahmen sich bei dieser Occupation eben so taktlos und rücksichtslos, wie man sie überall als Eroberer gekannt hat. Sie träumen fortwährend das moderne Weltreich mit Paris als Hauptstadt (was sich nebenbei bemerkt, immer so besonders komisch ausnimmt, neben London mit seinen transatlantischen Reichen und seinen Flotten), und sobald ihnen irgendwo ein unglückliches Stück außerfranzösischen Gebietes in die Hände fällt, spielen sie sofort ihre Rolle: Unterdrückung der vorgefundenen Eigenart und Nivellirung im Pariser Geiste. Dies ist fortwährend von Ostentation begleitet.

Das Hotel des französischen Botschafters in Rom war die Residenz des Herrschers. Der Gesandte verhielt sich zum Vatikan wie eine weltkluge Frau von vornehmem Hause zu ihrem frommen und gelehrten Herrn Gemahl. Immer scheint sie mit zuvorkommendem Lächeln seines

Winkes gewärtig zu sein, aber sie ist es selbst, die ihm
die Winke eingibt. Daß diese Kirchenfürsten von weltberühmter Klugheit, während sie zu Hause den Pantoffel-
gatten spielten, das zarte Liebesband benützten, um Frankreich mehr wie je in ihre Herrschaft zu bringen, das merk-
ten jene trunkenen Eroberer nicht. Ihre ganze Wonne
war, in Rom französischen Glanz zu entfalten. Das schöne,
so zweckmäßig gelegene Postgebäude an der piazza Colonna,
welches auch heute wieder seine ursprüngliche Bestimmung
erfüllt, mußte geräumt werden, vertauscht mit einem engen
Haus in engen Gassen. Dort errichteten die französischen
Officiere ihr Casino. Auf der breiten Terrasse, die das
Haus schmückt, spreizten sie sich mit ihren goldenen Epaulets, während unten auf dem Platze die Regimentsmusiken
abwechselnd spielten, und zwar herzlich schlecht. Oben im
Blumengarten des Monte Pincio wurden Paraden abgehalten, zu denen die Truppen den Corso hinaufmarschiren
mußten, mit fliegenden Fahnen, rauschender Musik sich in
der ganzen Breite der Straße dahinwälzend. Voran ritt
wie ein Sultan auf schneeweißem Araber mit purpurnem
Geschirr der Botschafter im Namen seines neuen Kaisers,
den goldbetreßten Hut mit weißem Flaum zart besetzt, den
Rock von oben bis unten mit goldenem Blattwerk überstickt,
die Brust voller Sterne. In der Arena der Villa Borg-
hese wurde von den Cavallerieregimentern Caroussel geritten
und bei den mannigfachen öffentlichen Aufzügen der Klerisei
die gewaltige Waffenmacht entfaltet. Dabei übte die Poli-
zei mit offenen und geheimen Mitteln strenges rücksichts-
loses Regiment, insbesondere darauf verpicht, Alles was
man in Paris nicht thut und sieht und hört, als Auge
und Ohr verletzend zu unterdrücken. Wehe dem Römer,

der mit der Laute durch die Stadt gezogen wäre, seine
Lieder in die Sternennacht hinausschmetternd! das hatte
ihnen tausend Jahre lang Niemand verwehrt, jetzt war es
verboten.

Dieser Zustand der Occupation hat bekanntermaßen
sehr lange gedauert, das ominöse Schiff von Civita=Vechia,
letzte sichtbare Spur des Weltreichtraumes ist ja erst in
unsern Tagen zurückgezogen worden. Dadurch hat der Haß,
mit welchem die Zerstörer der Republik von Anfang an
betrachtet wurden, alle Zeit gehabt, tiefe Wurzeln in den
Herzen der Söhne des neuen Italiens zu fassen, und das
Verhalten der Klerikalen in Frankreich gießt Oel um Oel
in die Gluth.

Jeder Italiener weiß, daß selbst die jetzige Majorität
der französischen republikanischen Kammern lieber heut als
morgen den Kreuzzug nach Rom von Neuem in Scene
setzen würde, wenn sie nur dürfte. Der königlich gesinnte
Italiener sieht also jetzt in dem Franzosen, der ihm einst
als heilbringender Retter erschien, seinen geschwornen Feind,
der ihm grundsätzlich den Garaus machen würde, wenn er
die Hände frei hätte und der gegen das ganze neuerstan=
dene Königreich mit dem Vatikan um die Wette im Pro=
teste verharrt.

Wer ist es aber, der die Italiener gegen die übeln
Folgen solcher Gesinnung schützt, der es dem Franzmann
versagt, seinen übeln Willen auszuüben, wieder in euro=
päischer Weltherrschaft zu pantschen? Es ist der Deutsche.

Freilich, wer in jenen Jahren einem Italiener gesagt
hätte: Nur Geduld, lieber Freund, die Tedeschi werden
dich einst von den Franzosen befreien, den hätte man für
irrsinnig gehalten. Die Lombardei und Venedig waren

eben von Radetzki niedergeschmettert worden, Truppen der
römischen Republik, welche an jenen Kämpfen theilgenommen
hatten, waren vollständig vernichtet worden, in den Städten
Norditaliens herrschte dumpfes Grollen, organisirter pas-
siver Widerstand, Emigration mit den Kapitalien, und jenseits der Alpen sangen unterdeß große germanische Völker
Siegeslieder zu Ehren des populären Feldherrn; die Weiß-
röcke standen bis Viterbo, und sie standen während der
Dauer derselben Zustände gleichzeitig bei Rendsburg. Also
der Tedesco war noch insbesondere der offene erklärte Feind
ganz Italiens, und gegen jene beiden mächtigen Unterdrücker keine Möglichkeit des Aufkommens. Der volle,
ohnmächtige Haß wuchs sich in die Naturen herein.

Dieser Haß nun, soweit er den Deutschen galt, ist bei
den Italienern erloschen, und zwar eigentlich daran, daß
sie, wenn auch mit fremder Hülfe gegen das, was für sie
Tedesco war, den Sieg davon getragen haben, indem sie
ihm das neue Königreich Italien blutig abgerungen haben.
Zunächst blieb freilich noch der Widerwille bestehen, genährt durch die peinliche Erinnerung an ertragenen Druck,
und durch den Argwohn, daß die Feinde bei erster gegebener Veranlassung wieder kehren würden. Und siehe, die
Veranlassung bot sich, Italiener traten wieder gegen Tedeschi
in die Waffen.

Aber, unverständliches, für die nach Außen gar wenig
orientirten Bewohner der Apenninischen Halbinsel mährchen-
haftes Wunder, andere Tedeschi, nordische Tedeschi traten
mit ihnen in einen Bund gegen ihre alten Tedeschi, und
ehe man sich's versah, schleuderten diese Letzteren ihnen das
Königreich Venedig ungefähr so zu Füßen, wie der Dieb,
der seinen Raub von sich wirft, wenn man ihn verfolgt;

und zwar noch obendrein, nachdem sie sie bei Lissa und Custozza zu Wasser und zu Lande aufs Haupt geschlagen hatten. Nie ist einem Volke etwas Unerhörteres geschehen, nie ist ein Volk mit einem so sagenhaften Nimbus umgeben gewesen, als diese gewaltigen Nordländer, die mit furchtbarem Krach die alten Mauern und Thore zerschmetternd, neue Häuser rasch unter Dach brachten.

Lange Zeit hat es gedauert, bevor man in Italien in der großen Masse Oesterreich und Deutschland als politische Körper ganz unterscheiden gelernt hat. Bis zum Jahre siebzig gelang es trotz Sadowa durchaus nicht, man half sich mit Prussiano, das ungefähr so wie Russo klang. Als aber nun im Jahre des Heils achtzehnhundert und siebzig diese Nordmannen wieder aufstanden, den mächtigen Imperator stürzten, ein neues Kaiserreich errichteten, Italien zu Rom verhalfen, dem Jesuitismus den Krieg erklärten, da wurde es klarer vor den Augen der Südländer! Es trat nun ein kaiserlich deutscher Gesandter neben dem kaiserlich österreichischen am Hof des Königs auf, und man gewöhnte sich, die Oesterreicher Austriaci zu nennen, während man mit dem Worte „Deutsche" etwas ganz Neues verband.

Es war ja nun, entsprechend der Neigung der Italiener, so vieles von Außen herein, von oben herab für sie erfüllt worden, daß man sich, wenn auch gelassen und gemächlich, von vielen Seiten herbeiließ, die Regierung im schwierigen Ausbau fernerhin zu unterstützen, und einige Arbeit selbst zu übernehmen. Als man zu diesem Zwecke nach den besten Vorbildern des Auslandes suchend auf die deutschen Quellen kam, da merkte man bald genug, daß die große deutsche Kultur außerhalb Oesterreichs ihren Herd hat, und suchte von nun an lebensfähige Verbindungen zwischen dem Geiste der beiden verbündeten Nationen anzuknüpfen. Aber nur schwierig und langsam dringen die italienischen Pioniere mit dieser Arbeit weiter vor. Ueberall finden sie französischen Geist tief eingewurzelt, den sie ja auch selbst keineswegs verdrängen, geschweige denn ausrotten, sondern nur paaren wollen. Immer wieder und wieder schrecken sie zurück vor der Schwierigkeit unserer Sprache und der Fremdartigkeit unserer Denkweise, und obendrein hält ein gewisser gekränkter Stolz sie immer noch von uns zurück. Diese neuen Deutschen haben den großmächtigen verbündeten Kaiser besiegt, den sie wie den Ueberlegenen zu betrachten stets gewohnt waren; sie sind also ebenfalls als entschieden überlegen anzusehen, und das ist ein kränkendes Gefühl. Indeß, die anständige Entfernung des neuen Kaisers mit seinem ganzen Reiche von ihrem Lande und ihren nächsten Interessen wirkt auf dieses Gefühl beschwichtigend, so daß es schwächer und schwächer wird.

Statt dessen ist in der That die große Achtung vor dem deutschen Reiche in stetigem Zunehmen begriffen. Schließlich wird der Italiener in dem nordischen Bundesgenossen nur noch den erwünschten Schutz gegen die Gelüste des klerikalen Frankreichs und des Vatikans erblicken. Dieser Gesichtspunkt politischer Klugheit bringt unsere romanischen Nachbarn trotz der eingewurzelten Abneigung gegen germanischen Geist, trotz der Schwierigkeit der Sprache und der Scheu vor strenger Arbeit, trotz der Höhe der Alpen langsam und stetig dem aufgedrungenen neuen Verhältnisse näher.

Am wenigsten aber zur Erreichung dieses Zieles thun die Deutschen selbst. Der Deutsche ist sich über seine

Beziehung zur italienischen Nation durchaus nicht klar, und
hat bis jetzt gegen dieselbe nur ein starkes, an sich schon
werthloses Gefühl — das der Geringschätzung. Er hat
wohl das Bewußtsein, daß er für das neue italienische
Königreich einstehen muß, und sei es mit dem Blute der
Seinigen, weil die Existenz dieses Reiches mit der des
deutschen im Zusammenhang steht; er fühlt wohl, daß
Rom als Hauptstadt erhalten werden muß, damit der
Vatikan im sogenannten Kulturkampfe des Herdes entbehre,
er sieht wohl ein, daß der Bund mit Italien nützlich ist,
um Frankreichs Streitkräfte zu zersplittern; aber diese Ein-
sichten entspringen alle aus dem reinsten Egoismus und
erzeugen vor der Hand nicht das mindeste Interesse für
das Volk der Verbündeten. Ja im Gegentheil, dieses Volk
wird gewissermaßen als ein Hinderniß bei einem der höchsten
Interessen betrachtet.

Der Deutsche sieht die Denkmäler Italiens als einen
der größten Bildungsstoffe an und fühlt sich mit wahrer
Inbrunst zu denselben hingezogen, und zwar nicht nur zu
den Monumenten der Römerzeit, sondern eben so sehr,
wo nicht noch mehr zu denen aus einer Epoche, die den
Italienern so nahe steht, wie uns die Zeit Luthers und
Melanchthons. Aber vor dem Gedanken, den jetzt lebenden
und strebenden Italienern Zusammenhang mit ihren großen
Ahnen zuzugestehen, schreckt der Deutsche durch die Bank
zurück. Er trennt die jetzige geistige Welt Italiens gerne
vollständig von dem Lande und den Schätzen desselben, und
möchte am liebsten seinen ganzen italienischen Aufenthalt
hinbringen können, ohne jemals an einen jetzigen Bewohner
der Halbinsel gemahnt zu werden. Nur einige Berührung
mit dem niedern Volke ist ihm willkommen, theils weil

dieses eine sehr glückliche Staffage abgibt, theils weil sein
amüsantes Wesen den Zauber von etwas recht Fremdem
hat und somit den Reiz der Reise erhöht. Dieses selbe
Volk aber wird von vornherein mit der größten Gering=
schätzung weggeworfen als in Schmutz versunken, zu Raub
und Mord geneigt.

So wandert der Deutsche durch die Gauen eines Volkes,
auf das er in seiner Politik angewiesen ist, warm erglüht
für die großartigen Denkmäler, die doch Schöpfungen der
Väter des jetzigen Volkes sind, aber eisig kalt und mehr
als theilnahmlos gegen dieses selbst in seinem Aufstreben.
Und wie übel hat man es doch den Engländern genommen,
wenn sie bis zum Jahre 1870 mit solcher Geringschätzung
der German fellows den Continent bereisten!

Der Deutsche hat sich aber noch insbesondere für seine
italienischen Reisen einen letzten Rest jener einst so beliebten
romantischen Schwärmerei reservirt, für die ihm das neue
Leben daheim je mehr und mehr die Nahrung versagt. Ja,
so wird sogar der Schmutz als nothwendiger integrirender
Theil willig mit in den Kauf genommen, weil er ein
Zwillingsbruder der Unordnung ist, die man auf Reisen
zu finden liebt. Man will um die Denkmäler der Ver=
gangenheit her die Herrschaft des Schutts und Moders
finden, um mit Stimmung genießen zu können. Die ein=
same verwahrloste Campagna rings um Rom her ist das
Entzücken der Reisenden. Die Stadt historischer Denk=
mäler liegt so schön außerhalb des jetzigen Kulturlebens
in einer malerischen, Träume erweckenden Wüstenei, in
einem mährchenhaften Trümmerfeld, das auf seinen kahlen
gestreckten Rippen, mit seinem verbrannten Unkraut den
Lichtern und Schatten ein herrliches Objekt bietet. Wehe

den Italienern, wenn sie den Reisenden diesen einzigen
träumerischen Genuß verkümmern wollten, wehe ihnen,
wenn sie für das Gedeihen und den Wohlstand ihrer Hauptstadt besorgt, die frevelnde Hand an diese Wüste legten,
sie mit schönen üppigen Kulturen belebend. Um Neapel
her, da läßt man sich das gefallen, nach Neapel geht man
nur, um leichtfertig zu schwelgen; um Paris her ist das
ganz willkommen, dahin geht man, um den Reichthum
moderner Welt zu bewundern; um die eigene Stadt her
erfreut es, es erweckt das stolze Gefühl heimathlicher
Blüthe; aber um Rom her muß es so bleiben: dahin geht
man, um sich in der Vergangenheit zu vergraben, um die
nüchterne Gegenwart zu betrügen, um zu denken und zu
träumen. Da mögen die Bewohner der Hauptstadt mit
noch so viel Scham und Kummer zu ihren Thoren hinaus-
sehen, mit wahrer Genugthuung constatirt der Reisende,
daß diese armen Kerle viel zu wenig Willenskraft, viel
zu wenig Mittel haben, um sich von der Wüstenei zu befreien. Getrost mag man annehmen, daß auch der Sohn
noch in der Campagna wird träumen können.

Im Innern der Stadt ist schon mehr Veranlassung zu
ästhetischer Entrüstung. Es wird, ach, schon immer selt-
ner, daß Sträuche an den Hausmauern aus den Fugen
wachsen, daß Ziegen an dem Grase zwischen den Pflaster-
steinen Nahrung finden. Die schmutzigen Reste uralten
Verputzes verschwinden mehr und mehr, immer weniger
grüne Eidechsen schlüpfen in die Steinfugen; es ist haar-
sträubend, Rom fängt an, verputzte ordentliche Wohnhäuser
zu zeigen, Comfort und Eleganz verrathen sich hie und
da aufdringlicher Weise, es ist eine Zeit vorauszusehen, wo
man in Rom als einer ganz anständigen saubern Hauptstadt

umhergehen wird! Wer wird dann noch nach Rom reisen!
Und so wird es nach und nach mit den übrigen verwahr=
losten Städten auch gehen. Die Italiener wagen es, sich
an ihrem heiligen Schutt zu vergreifen und sich wie ge=
wöhnliche anständige Menschen einzurichten. Dafür werden
sie gehaßt, das ist abscheulich von ihnen! Könnte man
sie doch wieder abliefern in die Hände der alten Fürsten
und Priester, daß sie weiter vegetirten als Staffage auf
den Trümmern!

Aber freilich, wir Deutschen brauchen das neue König=
reich wegen der leidigen Politik, und so mischen sich die
Träume der Reiselust mit den großen Fragen der Huma=
nität jämmerlich durcheinander, weil wir von falschen Vor=
stellungen ausgehen, die wir als überlieferte werth halten.
Möchte es nicht Herz und Auge mehr erfreuen, wenn in
einem sogenannten romantischen Thale an der Stelle alter
Mauertrümmer, von Dornen umwuchert, reich und ge=
schmackvoll gebaute Schlösser eines blühenden Adels stünden,
der, stolz bedacht auf den Glanz seines Vaterlandes, das=
selbe mit edeln Blüthen monumentaler Kunst bescheerte?
Und müßte es nicht das Herz eines wohlwollenden Men=
schen auf das Tiefste erfreuen, wenn es den Italienern je
schneller je lieber gelänge, allen Schutt in ihrer gesegneten
Heimath wegzuräumen, Wohlstand und Ordnung herrschend
zu machen, neue Kraft zu entfalten?

Diese Stimmung wohlwollender hülfreicher Theilnahme
für das Erblühen des neuen Italiens muß in Deutschland
zur Herrschaft gebracht werden, und zwar auf dem kurzen
Wege dadurch, daß man die Kinder in den Schulen also
denken und fühlen lehrt. Wenn die Italiener das gewahr
werden, daß das deutsche Volk ihr Streben achtet, ihnen

mit seinen reichen Mitteln zu Hülfe eilt, ihr Gedeihen
fördert, ihre Hoffnungen theilt und Glauben an deren Er=
füllung gewinnt, dann werden sie vermöge ihrer besten
Eigenschaft von solcher Liebe und Begeisterung für uns er=
füllt werden, daß nie ein Volk mehr Herz in seine poli=
tischen Erwägungen gelegt haben wird.

Vor fünf und zwanzig Jahren lebte ich in Rom und
Venedig, reiste ich in Italien. Aber schon damals gehörte
ich zu denen, die, abweichend von dem gewöhnlichen Ver=
fahren, gebildete Italiener aufsuchten, sich ihnen anschließend,
ihre Schmerzen, ihre Hoffnungen theilend; schon damals
kam in meinem Innern das Interesse für das Lebende,
Strebende zur Herrschaft über das schwärmerische Versinken
in die Vergangenheit, schon damals hätte ich alle Ruinen
hergegeben für die Freude, dies begabte Volk neu und
kräftig erblühen zu sehen. Wie hat sich erst in diesem zu=
rückgelegten Vierteljahrhundert voller großer bedeutungs=
voller Winke jene Disposition festgesetzt und ausgebreitet!
Warmen Herzens verfolge ich die Entwicklungsphasen des
neuen Lebens jenseits der Alpen und all' mein Sehnen,
all' mein Streben ist darauf gerichtet, diese beiden geistig
begabten, phrasenlosen, naiven Völker zur Erkenntniß gegen=
seitigen Werthes, zum Bewußtsein gemeinsamer Ziele, zu
Liebe und Theilnahme für einander geführt zu sehen.

Mit diesen Gefühlen trat ich denn, als das Ränzlein
geschnürt war, an einem schönen Sommermorgen an den
Fuß der Bavaria, jener verkörperten sehnsüchtigen Liebe
deutschen Geistes zu den reinen erhabenen Formen des
klassischen Südens. Der Blick schweifte über die Alpen=
kette. Vor Kurzem hatten die nächsten Punkte dieses blauen
Landes der Hoffnung noch wie ferne Zielpunkte weniger

beglückender Ausflüge mir vorgeschwebt, jetzt blickte mich die ganze Kette an wie eine nahe Mauer, durch deren schönen Thorgang ich dem fernen Süden rasch zugeführt werden sollte.

Aber auch hier ertappte ich mich darüber, daß mein Verlangen, Italien in der Hand der Italiener wiederzu= sehen, noch größer war, als die freudige Erwartung, seine Schätze wieder genießen zu dürfen, und diese Stimmung ist auch für die nachfolgenden Briefe die maßgebende ge= wesen. So vollständig harmlos sie vom literarischen Stand= punkt aus niedergeschrieben sind, Plaudereien aus der Ferne mit den lieben Freunden daheim, so sehr sind sie anderer= seits mit der Intention entstanden, ein Fünkchen Theil= nahme für Italien in mein edles Volk zu werfen.

Aber in dieser Hinsicht schrumpfen die flüchtigen Auf= zeichnungen, Kinder des Augenblicks, zu dem lächerlichen Mäuschen zusammen, das dem kreißenden Berge entschlüpft, und ich darf in keiner Weise erwarten, daß sie dem Leser einen andern Zweck erfüllen, als den einiger Unterhaltung, den sie schon in den Spalten der Allgemeinen Zeitung er= reicht zu haben scheinen.

Nur ist es immerhin möglich, daß ein gedrucktes Wort über kurz oder lang andere berufenere Kräfte anregt, auf die angedeuteten Absichten einzugehen, um denselben mit mehr Nachdruck entgegen zu kommen. Und in dieser Hoff= nung habe ich es unternommen, die Briefe durch dieses Vorwort zu verstärken. Möge meine Absicht richtig ver= standen und mit Wohlwollen aufgenommen werden!

Von München nach Verona.

Ein Deutscher, wenn er bei schöner Jahreszeit die
Heimath verlassen will um nach Italien zu wandern, muß
sich, wie weiland Odysseus, festbinden lassen, um den
Lockungen der Sirenen zu widerstehen. Menschen aller Art
und jedes Alters, voll freudiger Reiselaune, dringen aller=
wärts in die Waggons, erzählen von dem Gesehenen, loben
die Herrlichkeiten der Alpen, machen Pläne nach Osten und
Westen. Da ist Wörgl mit seiner Gisela=Bahn, seiner
Hochsalve, dem Zellersee und der Pfinsch; da ist Jenbach
mit dem Zillerthal, dem Gerlos und dem Pinschgau; wie
kühl sind die Morgen und Abende am Achensee, wie schön
ist die neue Terrasse bei der Scholastica! Da wird vor=
geschlagen bei der Franzensveste in das Pusterthal und
weiter nach Ampezzo zu gehen, oder über Meran zu den
Passeiern und an die Ortlesspitze. Und wie schlecht ist
man angebunden auf der Eisenbahn! „Gültig für drei
Tage" steht auf der Fahrkarte. Was läßt sich nicht alles
in drei Tagen abmachen! „Einmal ist keinmal," sagt der
Kölner, also machen wir auch einen kleinen Abstecher um
die angeregten Gelüste in etwas zu befriedigen. Und wählen

wir etwas recht deutsches zum Abschied von der theuren Heimath, dann wird sie uns ziehen lassen, die herrliche, majestätische, frische Gränzmark dieses großen Volkes voll Herz und Geist. Wie sie hier prangt und lacht, und Erhabenes, Ueberwältigendes dem Lieblichen beruhigend vermählt. Wie sie strahlt, die Arme ausbreitet, lockt und fesselt und ruft: du wirst schon an mich denken, komme du wohin du wollest. Komm nur bald wieder, siehe so wirst du in der Heimath empfangen! Und wenn wir dann wieder kommen? Etwa im November? Dann ist sie verschleiert und eisig kalt, die heimische Braut. Wo sind ihre Blumen? Wo ist ihr Schmelz? Starrer Winter hält alles auf lange, lange Monate zugedeckt. Jetzt ist ihre Blüthe, und jetzt eilst du vorüber in die Arme jener versengenden Südländerin! Also noch einen frischen Kuß!

In Innsbruck sieht man den Sohlberg, den schönsten von allen Bergen, die hier nach allen Seiten kühn emporragen. An seinem Fuße fällt die Martinswand schroff in den Inn. Diese Martinswand lockt schon von Mittenwalde aus; sie ist so schön verherrlicht von der deutschen Muse! Aber da ist Karwendel und Zugspitze, man kommt nicht weiter, so nah es ist. Jetzt ragt sie dort empor, an der Biegung des Thales. Nehmen wir den Stab in die Hand und wandern den Inn aufwärts gen Zirl. Die Straße führt erst schnurgerade durch die Innsbrucker Au, aber an beiden Ufern des schönen Inn ergötzt sich das Auge an den lieblichen Halden und großartigen Schluchten. Dann wird die Straße durch die Schroffen an das Ufer gedrängt und zieht durch den Wald neben den rauschenden Fluthen her. Zirl liegt jenseit der Martinswand in einem neuen reichumgebenen Thalgrunde, wir wandern also der

ganzen Wand entlang, sehen das Kreuz in der Höhle und
denken des Jagdabenteuers des guten Kaisers Max. Die
Wand ist weder senkrecht noch ist sie hoch im Vergleich zu
manchem riesigen Gebilde unserer Alpenwelt. Wenn man
aber mit seiner Einbildungskraft darin zu klettern anfängt,
dann vergeht einem doch der Athem, und man begreift die
Pein, aus der das treue Volk seinen Kaiser gerettet hat.
Die Wand ist nur die Stirne eines niedrigen Auslaufes
des Sohlberges.

Zirl ist außerordentlich malerisch. In unregelmäßiger
Weise, kreuz und quer, auf und ab laufen die engen Gassen
des großen Dorfes. Einige dieser Gassen gleichen ganz
denen, die uns Defregger auf seinen köstlichen Bildern zur
Anschauung bringt, andere haben einen etwas mehr italie=
nischen Charakter, wie auch der türkische Weizen ringsum
die Sinne etwas verwirrt. Die meisten Mauern laufen
dann ununterbrochen fort, und nur die mit Stein einge=
faßten Bogenthore und die Dachgiebel bezeichnen die ein=
zelnen Häuser. Aber das Weiß ist von alten dichtbelaubten
Weinstöcken malerisch unterbrochen, deren lange üppige
Ranken, von den weitüberragenden Söllern zurückgestoßen,
wie vom Winde bewegt, leicht hinabhangen. Die Giebel
mit charakteristisch geschnitztem Balkenwerk, das vor hohem
Alter oft silberhell ist, sind vorn ganz offen, so daß die
Luft frei über die Söller zieht. An vorgespanntem Latten=
werk hängt Bohnenstroh in dichten Massen zum Trocknen.
Mitten durch das Dorf stürzt ein Bergbach, an dessen
Rändern sich ein Chaos von Felsblöcken, Strauchwerk,
überhängenden gestützten Dächern, Hausmauern, Treppen,
Waschstegen und Weinstöcken in höchst malerischer Weise
dem Auge darbietet. Ueber dem Dorf am Felsenhang steht

Binzer, Reisebriefe.   2

eine große Ruine mit zwei gewaltigen Thürmen. Die
Burg war auf einen scharfen hinausragenden Kamm keck
aufgebaut, so daß man von ihrem Plateau aus noch in
schwindelnder Tiefe den Bergstrom am Fuße der senkrechten
Wand vorbeistürzen sieht, hervorbrechend aus wilden schroff
umgebenen Schluchten.

Der Abend hatte seine satten Farben über dieses reiche
Alpenbild gegossen, als wir, ergriffen von all der Pracht,
langsam den Felsenpfad wieder hinabstiegen dem gastlichen
Dorfe zu. Hier fanden wir das alte verschollene Leben
der Heerstraßen in seiner ganzen Blüthe, als wenn es auf
der Welt noch keine Eisenbahn gäbe. Zahlreiches Fuhr=
werk aller Art am Platze vor den Wirthshäusern, Roß=
händler mit Pferdekoppeln, Reisewagen, Extraposten, dazu
Kühe und Pferde am großen Brunnentrog, Ziegenheerden,
und das Getreibe des Tiroler Volkes, das erst spät zur
Ruhe kam.

Ein Tiroler Bett ist eine Folterbank, trotz der sächsischen.
Man liegt wie auf einem langen Koffer mit gewölbtem
Deckel, und ertappt sich erwachend entweder beim Hinab=
fallen in die Stube oder an die Wand geworfen. Mitten
in der Nacht ertönten weit her aus dem Thale die Klänge
eines Posthorns, wundervolle Gebirgsweisen, rein und
sicher geblasen. Näher und näher, lauter und lauter er=
klangen diese Lieder, bis das Klappen der Hufe, das Rollen
der Räder vernehmbar wurde. Vor der Post ließ der
Schwager einen lang gezogenen Weckruf erklingen. Ach,
du liebes Posthorn, das so viel geklungen hat, so viel be=
sungen ist — wo bist du hingerathen? Du hast einer
grellen Pfeife Platz gemacht, die wahrlich aller Schwärmerei
ein Ziel setzt! Morgens um drei Uhr, als ich just bei einem

Abrutsch in die Stube erwachte, zogen die Kühe zum Brun=
nentrog und weiter auf die Weide, mit dem friedlichen
Gebimmel ihrer Kupferglocken den Ort erfüllend. Dann
kam das Horn des Geißbuben und das Geklingel und Ge=
mäcker seiner Heerde. Es ist schon Stimmung im deutschen
Gebirge, und alle Welt verjüngt sich in den wenigen kost=
baren Wochen der Erholung, die dort gesucht und so reich=
lich gefunden wird. Um fünf Uhr ging's im offenen Ein=
spänner den Weg zurück, und nach dem heißen Tage war's
zu dieser Stunde so kalt, daß die Finger froren.

An der Brennerbahn geht der Uebergang aus dem
Deutschen in das Italienische so allmählich vor sich, daß
man kaum eine Gränze bestimmen kann. Aber obgleich
der Kern und die Masse des großen Kaiserreichs, dem
Norditalien so lang angehört hat, deutsch war, so gehen
doch alle Strahlen aus dem italienischen in das deutsche
Gebiet herüber, und nicht einer in umgekehrter Richtung.
Das italienische Blut ist außerordentlich stark und hat von
jeher alles Fremde rasch verschlungen. Und sie haben etwas
zu verschlingen bekommen! Bei Trient aber weiß man,
woran man ist, man ist nicht mehr in der Heimath. Statt
der schwarzen Tannenmassen auf hellem Grund überall die
kurzen blaugrünen Gebüsche auf rothem, violettem und
feurig=gelbem Gestein. Von den Thälern ab zieht wie ein
dichter, zottiger Pelz das schöne Gemisch vom Maulbeer=
baum, Weinranke und Mais die weiten Schluchten auf=
wärts, schneeweiße Giebel und zierliche Campanile durch=
blicken lassend. Große marmorne Schlösser und Villen
leuchten vom Gürtel der riesigen Bergketten herüber. Es
ist eben so fremd als prachtvoll. Man sieht jedesmal wieder
wie in eine Wunderwelt hinein, so oft man diese Gränze

überschreitet. Und der Adige rauscht neben uns dahin der
Adria zu, furchtbare Verwüstungen, schauerliche Trophäen
seiner Macht an den Ufern seiner zuströmenden Bergvasallen
aufweisend. Die Wagen haben sich längst mit Italienern
gefüllt. Das fröhliche Geplauder ist allgemein, und an
den Stationsgebäuden ist ein sprudelnder Wasserquell inner=
halb der Halle, zu dem alles hineilt, statt zum Bier.
Welch ein Hohn auf das mächtige Nachbarreich des Königs
Gambrinus! Er mag es ertragen, der malzberäucherte,
hopfenbekränzte Selbstbeherrscher aller Germanen. Er hat
zu Hause der Knechte genug, von den Hausknechten gar
nicht zu reden! Das Volk ist arm in diesen Thälern und
beklagt sich über zu viele reiche Besitzer und zu wenig Land.
Und sie ahnen nicht einmal mehr, die Kinder dieser kahlen
Berge, was ihnen eigentlich abgeht — der Wald! Unten
Eichen= und Buchenwälder, und darüber die Fichten haben
diese unabsehbaren Gebirgsmassen einst getragen. Tausende
von Menschen fanden darin ihre Arbeit, alle hatten daran
ihren Antheil, unzählige Quellen speisten den Thalgrund,
Schneesturz und das entsetzliche Geröll waren abgehalten.
Jetzt aber wendet man wirklich mit Schaudern die Augen
ab, wenn man diese übermäßigen Verwüstungen der Tor=
rentes sieht! Dazu Dürre, Wassermangel, Mangel an
Holz. So sorgen die lieben Väter für ihre Nachkommen!
Was mögen wir den unsrigen wohl anrichten! Roden
wir nicht auch aus? Wird etwas nachwachsen an unsern
Rodungen?

Als der Abend eintrat, kühle Luft durch das Thal
strich, riesige Bergkronen feurig flammten, trat unmittelbar
neben dem Bahnhof ein Bild vor die Augen wie ein Gruß
des neuen Landes aus schönen Augen. Zwei Häuser standen

neben einander, das eine mit Säulenhallen und Rundbogen
der edelsten italienischen Construction, von Weinranken und
blühendem Oleander dicht umbuscht, das andere mit einer
hohen Außentreppe, auf der ein ganzes Volk von Alt und
Jung lagerte, die Abendkühle genießend. Ja, die Heimath
der Väter liegt hinter uns, aber wir sind nicht in der
Fremde angekommen, wir sind in der Heimath des Schönen.
Bald ging es nun über die Landesgränze, nicht mehr die
deutsche, aber die österreichische, und wer wird, bei aller
Liebe zum deutschen Reich, wohl jemals das Gefühl der
Fremde haben, wenn er in Oesterreich, in Tirol reist?
Deutschland ist immer noch viel mehr als das deutsche
Reich!

Bei dunkler Nacht fuhren wir hinein in das neu er=
standene Italien, das wir als einiges Reich noch nicht
betreten hatten. Und es liegt auch noch ein nächtlicher
Schatten über dem Lande: neben dem Landesherrn thront
der große prete — ein Wort, das dem jungen Italiener
gleichbedeutend ist mit Erzfeind des Vaterlandes, dem alten
Italiener dagegen die Erinnerung an das goldene Zeitalter
hervorruft. Das Licht muß noch lange nach oben ringen,
bevor es die Nacht des Vaticans nach allen Seiten durch=
leuchtet. Dafür scheint die irdische Sonne in diesen Monaten
um so gewaltiger herein, und man ist die Jahrhunderte
hindurch beflissen gewesen, ihrem unbehinderten Walten,
Dörren und Sengen alles aus dem Wege zu räumen.
Auch kann man nicht behaupten, daß das große Himmels=
licht der beste Bundesgenosse der Lichtfreunde dieser Halb=
insel sei. Die Sonne ist schon nicht mehr nutzbringend
und wohlthuend, sie ist auch schädlich und beeinträchtigend.
Statt der nächtlichen Frische Tirols gewährte eine laue,

schmeichelnde Luft gelinde Kühlung. Es ist, als ob eine
wehmüthige Klage über ausgestandenen Sonnenbrand aus
den Fluren ertönte. Auf dieser Nachtfahrt machte ich Be-
kanntschaft mit einem Landeskind, von dem man bei aller
Sorgfalt der Kleidung und bei allem Anstand im Benehmen
leicht weissagen konnte, daß es nicht vorhabe, in einem
großen Hôtel zu übernachten, und ich wünschte eben in einer
italienischen Locanda guter Art einzukehren. Dieser Wunsch
ist mir denn auch gründlich erfüllt worden, und der Vergleich der Post in Zirl mit der Locanda in Verona steigert
den Eindruck von der Verschiedenheit der Nachbarländer
bis zum höchsten Grade. Ich brachte mein Anliegen vor
und erhielt nach einigem Geflüster mit andern Reisegefährten
zur Antwort: ich würde beim Aussteigen in Verona das
Nähere erfahren. Demnach wurde ich denn auch gleich
eingeladen, mich den Herren anzuschließen. Wir bestiegen
zu viert eine Droschke, und auf der langen Fahrt hatten
meine Genossen fortwährend etwas geheimnißvolles mir
gegenüber. Wir hielten in der Nähe des römischen Amphi-
theaters in einer Seitengasse unter einer großen Laterne.
Die beiden älteren Männer waren plötzlich verschwunden,
durch das hohe ganz offene Thor traten wir in den gepflasterten vordern Raum, der mit Leuten des Volkes gefüllt war. An diesen schloß sich, ganz offen, die große
Küche, mit weitem offenen Herd und dem langen Anrichtetisch davor. Mehrere behäbige, beleibte Frauen wedelten
hier die Feuer oder brachten die zubereiteten Speisen aus
den kupfernen Casserolen in die Anrichteschüsseln, verschiedene Fritturen; (sämmtliche Räume rochen auch stark nach
heißem Oel), oder riso al sugo, al burro etc. Dann
folgte ein Raum, der mit dem Hof in Verbindung stand.

Hier und im Hofe saßen feinere Leute, die das solide und billige Haus als Stammgäste besuchen. Während ich mir an einem gebratenen Huhn und ganz vortrefflichem rothen Landweine gütlich that, trat auf einmal mit einem heroischen Entschluß der eine alte Herr von meiner Reisegesellschaft herein, stemmte die Arme in die Seite und sagte, ohne mich anzusehen: è bene, Signore, buon appetito! Es war der padrone der Locanda. Sie hatten nicht den Muth gehabt, mir das zu gestehen. Ich thue dieser Sache Erwähnung, weil diese Geheimthuerei ein Grundzug des ganzen italienischen Lebens ist, der uns sehr befremdet.

Verona.

Das Schlafgemach mußte ich mit meinem neuen Ge=
fährten theilen, und um zu unseren Betten zu gelangen,
mußten wir durch ein anderes Zimmer gehen, in welchem,
als wir durchgingen, die Inhaber der Betten ihre Gesichter
verbargen. Die Betten waren aber reinlich und vorzüg=
lich, wie alles im Hause. Morgens in aller Frühe er=
wachte ich darüber, daß mein Schlafgenosse aufstand. Ich
drehte mich um, weiter zu schlafen, in der Absicht, ihm
das ungestörte Weggehen zu ermöglichen. Als ich aber
nach Stunden wieder erwachte, stand der gute Mensch am
Fenster, auf mich wartend, und nun merkte ich bald, daß
ich eine Seele gewonnen hatte, die mir zu eigen war und
entschlossen, mit mir zu gehen, so lange das Schicksal es
zuließ, um mir in allem behülflich zu sein. Aber jeder
Versuch, ihm Wein oder Kaffee anzubieten, scheiterte, die
Hingebung war uneigennützig. Auch dieser schöne Zug geht
durch das ganze Land, wie jeder mit Freude bemerkt haben
wird, der die große Straße und die Wirthshausgebiete
verlassen hat, um in das Innere zu dringen. Ja, sie
drängen sich auch noch, möglichst viel für einen zu bezahlen

im Kaffeehaus, den Antheil am Wagen, in der trattoria,
und überall, so daß einem aus dieser Generosität oft die
größte Verlegenheit erwächst. Zuerst setzten wir uns in
der Morgenfrische vor ein Kaffeehaus, und während wir
frühstückten, streckten wir ein Bein nach dem andern hin,
die Stiefel auf das glänzendste wichsen zu lassen. Mein
Begleiter erzählte mir nun von seinen Angelegenheiten.
Er war Aufseher in merkwürdigen Steinbrüchen, bei
S. Giorgio inganna poltron' (dieser Beiname bedeutet so
viel, daß die Lieblichkeiten des Ortes auch den Faulen
herauslocken) zwischen Roveredo und dem Gardasee. Sie
graben sich in langen Schachten tief in den Berg hinein,
weil im Inneren die besseren Qualitäten sind, verschieden=
farbige schöne Marmorsorten. Von den dünnsten Platten,
die zu Tischplatten, oder Bekleidungen, oder Trottoirpflaster
geeignet sind, bis zu großen Blöcken führen sie aus diesen
Bergen, alles bei Petroleumbeleuchtung im Innern fertig
gemacht. Sie haben großartige Lieferungen in fremde
Länder, unter anderm haben sie für die unabsehbaren Quais
von Pest das ganze Material geliefert. Zuerst führte mich
dann auch mein tagliapietra zu Einfassungen von Thüren,
Kaufläden und Fenstern, die er theils besorgt, theils mit
seinen Kameraden selbst ausgeführt hatte. Diese Arbeiten
zeigten außer der großen Schönheit des Steines bedeutende
künstlerische Eigenschaften. Erstens waren sie durchweg
(und die Stadt ist voll davon) vom reinsten und edelsten
Styl in unmittelbarer Fortsetzung der Tradition, zweitens
waren sie in Bezug auf die Ausführung mit dem Meißel
wahre Meisterwerke. Die zartesten, elegantesten Formen
sind mit einer Subtilität durchgebildet, als wenn sie mit
seinen Messern aus Buchsbaum geschnitten wären. Es ist

ein großer Genuß und ein lehrreiches Studium, diese Arbeiten der Gegenwart in Verona zu betrachten. Einmal
nach dieser Seite hin angeregt, machten wir nun förmlich
Jagd auf Thüren, Fenster, Höfe, Freitreppen, Treppen-
häuser aus alter Zeit. Ueberall, bis in die Vorstädte
hinaus, sieht man da Neues und Schönes, Spuren des
Reichthums und der Pracht, vortrefflich erhalten, wichtig
für den Studirenden des Baufaches und für die Geschichte
der Stadt. Wohlstand und edler Sinn sind in der Menge
allgemein gewesen. Und die einstige Kunstschule, jetzt
antico albergo delle belle arti, zeigt die schönsten Exemplare. Ein Gebäude so zu concipiren und so durchzuführen,
daß die Portale, Thüren und Fenster an sich werthvolle
Kunstwerke sind, das ist uns noch nicht wieder beschieden.
Sind wir zu arm oder zu wenig begeistert, um unsere
Mittel dahin zu verwenden? Kurz, wir bauen im besten
Fall auf gute Wirkung des ganzen Gebäudes und suchen
nach billigem Material, um anstandshalber einigen Schmuck
anzubringen. Solange wir das fortsetzen, sollten wir nicht
viel von unserer Baukunst reden, denn erst in der reichen
künstlerischen Entwicklung der einzelnen Glieder, insbesondere der Portale und Gesimse, liegt der eigentliche Kunstwerth. Kleinen Schmuck und Schnörkelwerk an den Wänden
der Façade haben die Italiener nie angebracht, die Wände
sind glatt, und die schönen Verhältnisse der einzige Schmuck.
Aber Thüren, Fenster und Gesimse sind zu Werken der
Sculptur erhoben. Darum überall künstlerische Sprache,
Adel und echter Glanz. Schablonen hat man nicht gekannt,
heutzutage herrscht die Schablone.

Würdig und bedeutungsvoll reiht sich dieser Stadtschmuck
den großen Denkmälern Verona's an, über die irgendwie

zu berichten hier nicht die Aufgabe ist. Die Bewohner
der Stadt haben aber auch ein sehr lebhaftes Gefühl für
den Werth ihrer Schätze, und bei ihnen, wie bei allen
Städten Italiens, ist ein Hang zu den Künsten, man
möchte heutzutage sagen, eine Sehnsucht danach, vorherr=
schend. Die Behörden Verona's appelliren aber auch an
dieses Gefühl und suchen es fruchtbar zu machen. Auf
großen weißen Marmortafeln, in die Mauern eingelassen,
steht es überall eingegraben, was das Denkmal zu bedeuten
hat, und immer in würdiger Form, die anzuregen vermag.
Wie schön sind die Worte am alten Hause der Capuleti:

> „Queste furono le case dei Capuleti
> d'onde uscì la Giulietta, per cui
> tanto piansero i cuori gentili
> e — i poëti cantarono.“

Unten am Thore des Hauses steht: afflitta — letti.
und durch den weiten Thorgang sieht man eine eigen=
thümliche italienische Wagenburg, Carretten aller Art und
Größe und ein Getreibe von Landvolk, malerisch genug,
aber nicht eben einladend eines jener letti zu beanspruchen.
Die Poeten bekämen dabei nichts neues zu singen, aber
die cuori gentili dürften einen beweinen.

Einen feierlichen Eindruck macht die große Zahl der
Gedenktafeln auf dem ohnehin so schönen Platze dei Signori.
Mit gerechtem Stolz mag es einen jungen Veronesen er=
füllen, wenn er die Namen aller jener bedeutenden Männer
an einer Stelle vereinigt sieht mit der sie alle durch Her=
kunft oder langen Aufenthalt verbunden sind. Plinius,
Cajus Valerius, Catullus, Aemilius Macro, Vitruvius,
Cornelius Nepos, alle Kinder dieses Bodens. Dann folgen

Giotto, Paolo Veronese, Can Grande und Dante! Bei
diesem großen Namen ist in Bezug auf Can Grande hin=
zugefügt:

> „che lo gloriiò, dedicandogli la terza delle
> eterne sue cantiche.“

Wie groß die Neigung ist, den Ruhm der Vaterstadt
zu mehren, beweist ganz besonders ein Neubau in der
Via Garibaldi. Es ist dieß zunächst die Umfassung eines
weiten Raumes aus Marmor= und Schmiedearbeit, von
großartiger Conception und staunenswerthem Reichthum.
Weitere Bauten im Innern sollen nachfolgen, und scheinen
im Augenblick wegen Differenzen in der Familie Mines=
calchi eingestellt zu sein.

Verona hat auch mehrere Werke aufzuweisen, die durch
die Größe ihrer Anlage die fast unbegreifliche Energie der
Meister der Vorzeit bekunden. In S. Fermo, der Kirche,
wo Glieder der Familie Dante's ihre Gruft haben, ist das
überaus lange und weite Gewölbe der Kirche ganz mit
fein ausgeführter Holzschnitzerei bedeckt. In S. Giorgio
sind zur rechten und linken Seite des berühmten Altar=
bildes von Paolo Veronese zwei riesige Wandgemälde, auf
denen ganze Völker zur Darstellung gebracht sind. „Moses
und die Israeliten in der Wüste,“ von Brojajorci und
dem Toscanesen Paolo Farinati. Auf dem Bilde zur
Rechten hat letzterer sein eigenes Porträt angebracht, er
war zur Zeit, wo er das Bild ausgeführt hat, ein Greis
von mehr als siebenzig Jahren, mit schneeweißen Haaren,
und das Werk scheint in übersprühendem Jugendfeuer ent=
standen zu sein. Ein drittes Riesenwerk anderer Art ist
der Garten der Giusti. Die kühne Anlage dieses den

steilen Berg hinanstrebenden Gartens macht auf uns, die
Söhne des neunzehnten Jahrhunderts, einen noch größeren
Eindruck durch das hohe Alter dieser Schöpfung. Elf=
hundert Jahre wohnt das Geschlecht der Giusti an der=
selben Stelle. Eine tausendjährige Cypresse steht wie ein
welker Greis aus dem Geschlecht der Titanen in der Mitte,
andere fünfhundertjährige stehen in langen Reihen zur Seite,
hoch wie Thürme, die höchste von ihnen über 180 Fuß.
Auf den oberen Terrassen streicht kühle Luft durch dunkle
Lorbeergänge, die Hitze brütet über der unabsehbaren Ebene,
und das Zirpen der Cicaden scheint der Ton zu sein, den
das Zittern der Hitze auf den Dächern der Stadt hervor=
bringt. Eidechsen huschen in die Fugen des alten Ge=
mäuers, regungslos ragen die schwarzen Wipfel der ehr=
würdigen Cypressen in die blaue Luft, feurige Granatblüthen
funkeln im dunkeln Grün, rosenrothe, dichte Trauben von
Oleanderblüthen sind über das matte Grün ihrer Sträuche
üppig ausgegossen. Einen solchen Garten des Südens
kann man nur bei großer Hitze ganz verstehen, er ist für
sie gedacht.

Das Volksleben in Verona hat trotz der großen Nähe
der nordischen Völker besonders viel Orginalität bewahrt.
Wir sehen noch eine große Zahl alter Bürger in kurzen
Hosen und Schnallschuhen. Die Frauen, auch die Damen
der vornehmen Welt, gehen mit schwarzen Schleiern auf
der Straße, würdevoll, malerisch und höchst befremdend
für ein Auge, das an all' die schwebenden, hangenden,
klebenden Hütchen und Hüte hoher Culturvölker gewöhnt
ist. Es mag noch viel dumpfer Aberglaube bei älteren
Leuten, besonders bei einkehrenden Landleuten, vorhanden
sein, und wird diese gottgefällige Eigenschaft auf das Beste

genährt. Im Vorhof einer kleinen Kirche stehen zwei weinerliche Engel, aus Marmor gefertigt, welche Tafeln vor sich hinhalten. Auf der einen steht: venite piangere, auf der andern: date, adorate. Ueber der Thür der Kirche steht: Indulgenza plenaria. Die Kirche war durch seidene Fensterbehänge rosig überschimmert, wie das Boudoir einer Donna, unzählige Wachskerzen brannten, wie in einem Ballsaal, und leiser, wehmüthiger Gesang von unsichtbaren Nonnen ertönte. Es gilt mit solchem Machwerk eine Art umstrickenden Sinnenrausches hervorzurufen. An einer gleichartigen Literatur fehlt es auch nicht. Am Schaufenster einer solchen Buchhandlung waren höchst einladende Titel zu lesen, als: La vera sposa di Gesù Christo, cioè la monaca santa. — La madre chiesa nelle sue relazioni con Dio e coi suoi figlioli. Belario, Antonio Maria. Theol. prof.; ferner: categhismo intorno al protestantismo mit dem Motto: haec scripsi vobis de his qui seducunt vos. 1. Joh. II. 26; ferner: Le meraviglie del mondo invisibile. Dagegen fanden sich in der Buchhandlung von Drucker e Tedeschi zahlreiche Uebersetzungen deutscher Autoren, sowohl poetische Werke, als solche der Wissenschaft, besonders der Nationalökonomie, und ein großer Reichthum von Originalwerken philosophischen Inhalts.

In einem Kaffeehaus wandte ich mich an einen älteren Herrn, um etwas über die Schulen zu hören. Dieser theilte mir mit, daß zunächst das Fröbel'sche System der Kindergärten mit großem Erfolg eingeführt worden ist, und auch seine volle Wirkung auf den Geist der Volksschulen ausübt. Ich war zufällig mit einem der Schulvorstände zusammengerathen, und erhielt von ihm die Ver-

sicherung, daß die Schulen Verona's Musterschulen im
neuen Geiste seien. Die Regsamkeit Norditaliens ist ein
großer Segen für das neue Königreich. Von dort aus
verbreitet sich langsam, aber stetig, der neue Geist über
die verwahrlosten Länder des Südens. Und viel deutscher
Samen wird auf diesem Weg in den neuerstandenen Landen
verbreitet. Ohne revolutionäre Erregtheit, mit Ruhe und
Besonnenheit wird die Arbeit gethan; ja, die Conservativen
gehen zum großen Theil aus den Wahlurnen der Nord=
italiener hervor, insbesondere des Königreichs Venedig,
während in Neapel durchweg Liberale gewählt werden.
Dieß ist psychologisch merkwürdig.

Dabei erhält sich das bunte Treiben auf den Straßen
ganz unverändert, und ist sonderbarerweise in ganz Italien
von einem Ende bis zum andern mit geringen Variationen
gleichartig. Welch eine Augenweide! Da kommt ein
Karren, vor den ein Maulthier, ein Schimmelchen und
ein Esel zusammengespannt sind. Andere Zugthiere und
Lastthiere sind ganz mit frischem Mais behangen, um die
Fliegen abzuhalten. Ueberall sind Thiere angebunden,
während der Padrone ein Geschäft in einem Hause besorgt.
Auf dem Gemüsemarkt ein buntes malerisches Treiben,
und die schönen Früchte schimmernd im warmen Dämmer
der Zeltschatten. Orgelmänner, deren Orgeln in wunder=
vollem Klange große Arien spielen, drehen die Orgel,
während sie langsam vorwärtsschreiten, den Wagen vor
sich herschiebend, und dazwischen die Zukunft Italiens, die
pfiffigen, neckischen, quecksilbernen Jungen, mit etwas be=
hangen, was man, vom Kopf bis zum Fuß nicht mehr
definiren kann, laut die schönsten Volkslieder singend.
Eigenthümlich nehmen sich in diesem Treiben die Stadt=

policisten aus, die Vigili von der Guardia Municipale, wie in London mit steifen Cylindern, einem langen, schwarzen Gehrock und einem Stab in der Hand, Symbole des Respects für persönliche Freiheit.

In der heißen Mittagsstunde kehrte ich in einer engen kühlen Straße in einem Spaccio di Vino ein. Auch hier war das Gebahren höchst originell. Man saß eigentlich eben so gut auf der Straße, wie im Hause. Gleich hatte ich Cameradschaft der besten Art mit einigen schönen höchst aufgeräumten Arbeitern. Ein alter blinder Mann tappte längs der Häuser und verirrte sich, weil es bei der großen Thüre frei zu uns hinein ging, in unsern Raum. Gleich mußte er ein Glas Wein trinken, und dann führte ihn einer weiter auf die rechte Spur. Ein bleicher, hohläugiger Kellner wurde jähzornig als ihn der Koch hinter seinem Anrichtetisch aufzog, und hielt eine tragische Rede vor aller Welt, in der er mit Nachdruck betheuerte, daß er ein Nobile sei, daß er alle respectire, aber auch verlange, daß ihn alle Welt respectire, und so fort. Dann trat eine imposante Gesellschaft von Künstlern ein, ein Tenor, ein Guitarrenspieler, ein Geiger und ein Violoncellist, und sangen und spielten große Nummern aus Opern ganz vorzüglich. Ein alter Herr mit langem grauen Schnurrbart blieb gerade vor unserer Thüre mit einem ehrwürdigen Greise in eifrigem Gespräche stehen. Meine Conviven theilten mir mit: dieß sei ein Graf Malaspina, Gatte der Tochter des Hauses Minescalchi, im Gespräch mit einem in ganz Oberitalien berühmten Veterinärarzte. So öffentlich und mannigfaltig ist das Leben in allen seinen Theilen in diesem fremden Lande. Als die Stunde meiner Abreise nahte, ging ich in mein Albergo und bezahlte meine Rechnung, una lira für das Bett und una lira e mezza für die Zehrung, also so viel, wie im Hôtel der Hausknecht und der Portier bekommen. Ein junger Künstler oder Architekt kann also für 75 Franken einen Monat in Verona gutes Unterkommen finden, mit Wein, gebratenen Hühnern und dergleichen. Avis aux lecteurs!

Von Verona nach Orvieto.

———

Die Alpen, ohnehin Nachmittags in sonnedurchleuch=
tetem Aether fast unsichtbar, entschwanden bald den Blicken,
und das Auge beschäftigte sich zu Seiten des Weges in
nächster Nähe, denn die glatte Ebene erlaubt keinen Blick
ins Weite. Unmittelbar von der Ausfahrt aus dem Festungs=
thor von vier Uhr bis neun Uhr Abends, wo die Dunkelheit
ihren Schleier über alles warf, trat nicht eine einzige den
Sinnen wahrnehmbare Veränderung oder Abwechslung
hervor. Von Verona bis gen Bologna hin überall die
gleichen Weinstöcke, in geraden Reihen, im Felde drunten
Reis oder türkischer Weizen, gleiche Einzäunungen von
Hecken oder Mauern, enge Wege in geraden Linien da=
zwischen und die Häuser der Contadini eingepfercht in
diese Culturen. Versetzen wir uns nun tief in diese Ebene;
nirgends ein Ausblick, auf Wegen nicht einmal ein Ein=
blick in die Felder, keine Wiese, kein Dorfweiler, kein
Wald, kein Gehölz mit freundlichen Buchten, kein naher
Nachbar, dabei vom März bis zum November starker
Sonnenbrand! Und nun sehe man auf der Landkarte die
Ausdehnung dieser Länder, so mag man sich vorstellen wie

unerfreulich die Tage dieser Bevölkerung dahingehen. Man kann dieses fruchtbare Land nicht anders als häßlich nennen, wenn es auch, von den Erhöhungen seiner Ränder aus gesehen, eben in seiner Unabsehbarkeit oft einen schönen Anblick gewährt. Deutschland ist in seinen Ebenen viel freundlicher zum Durchwandern. Die Wege sind offen, auf freien Wiesen schreitet man oft auf abschneidenden Fuß= steigen dahin, das große reinliche Dorf mit seinem Walde von Obstbäumen, mit seinem Weiher, seinem Gemeinde= holz bietet eine wohlthuende Abwechselung, man sieht meilen= weit hinaus auf andere Dorfschaften, Güter, Gehöfte, und im Felde stehen alle Arten von Früchten in buntem Wechsel. Das alles fällt hier weg. Uebrigens sieht die große Masse der Italiener gar nicht darauf; ihr Sinn ist ausschließlich auf die Städte gerichtet. Und wenn diese in schönen Ge= genden liegen, so beschäftigt sie diese Umgebung wenig. Am geringsten ist der Sinn für romantische und wilde Natur, sie ziehen reichbebaute lachende Fluren vor. Die dauernde Hitze verhindert die Gewohnheit größerer Spazier= gänge in der Umgebung, aus denen ein intimer Verkehr mit der Natur bei uns entsteht; die Leute gehen nur Abends in der Dämmerung auf die Landstraße oder in den giar= dino publico, um kühlere Luft zu finden und Menschen zu sehen, die am Tage hinter den Mauern sind. Stare all' aria aperta ist ihr ganzes Begehren, die Oertlichkeit ist ihnen gleichgültig. Es ist die Rede von der Menge der Städtebewohner aller Stände, die bei uns sich behend in die Felder und Gärten schlägt, im Walde Blumen pflückt, Kränze windet, singt und lacht, Abends recht müde und hungrig heimkehrt. Das existirt hier im Lande durch= aus nicht. Einzelne hervorragende Naturfreunde, sowie

einzelne Tage der Villegiatura sind damit nicht aus=
geschlossen.

In Bologna war um die mitternächtliche Zeit ein
Aufenthalt von anderthalb Stunden. Mehr noch bei Nacht
als am Tage, hat man das Gefühl als wandle man in
den Labyrinthen eines Riesenklosters, wenn man durch die
einförmigen Säulengänge dieser Stadt dahinzieht. Auf
dem Platze waren große Zelte aufgespannt, von schönen
Lampen, hängenden und stehenden, hell umleuchtet, aus=
geschmückt mit Grün; Tische und Buffets waren darunter
aufgestellt, eine Menge schneeweißer Köche arbeitete an der
Zubereitung der Erfrischungen, und weit über den Platz
hin erstreckte sich die Reihe langer hölzerner Bänke, auf
denen das Volk, und zwar ausschließlich der niederen
Sphären, Platz genommen hatte, in fröhlichem Geplauder
die Nachtluft genießend. Kein reicher Mann kann zu einem
solchen Fest seinen auserlesenen Gästen einen schöneren
Saal, eine glänzendere Beleuchtung bieten.

In Bologna füllte sich der Wagen mit Arbeitern der
besten Classe, aus großen Manufacturen in Pistoja, lauter
Männer über die dreißiger Jahre hinaus. Der Wagen
hatte in der Mitte eine Doppelbank mit Lehne der Länge
nach und Bänke ringsum. War schon auf der ganzen
Fahrt von Verona her ein gemeinschaftliches fröhliches
Geplauder herrschend gewesen — denn heiter und scherzhaft
ist das italienische Volk in hohem Maße — so wurde der
Wagen von nun an ein wahrer Tummelplatz kindischen
Frohsinns. Fast überlaut sangen sie in mehrstimmigem
Chor schöne Volkslieder und erfanden dazwischen tausend
Neckereien. Bei der Einfahrt in einen Tunnel schlägt der
Rauch an die Decke und dringt in die Wagen. Darum

machten sie beim ersten Tunnel rasch alle Fenster zu und
nachher eben so rasch wieder auf. Es folgte aber gleich
ein zweiter und dritter Tunnel, und so kamen sie zu dem
Spiel, daß einer das Commando übernahm und alle Fenster
auf einen Schlag zu, und wieder aufflogen. „Carico!“
rief der Commandant beim Aufreißen, „scarico!“ beim
Niederlassen. Nun sind aber über vierzig Tunnel auf
dieser Fahrt durch den Apennin, so daß dieses kindische
Treiben der bärtigen Gesellen die ganze Nacht fortdauerte.
Und jedesmal, beim letzten wie beim ersten, lachten sie
laut auf. Unwillkürlich gedachte ich bei diesem heiteren
wachen Treiben in der lauen Mondnacht an so manche
Fahrt in der Heimath, wo bei festem Verschluß schnar-
chende Männer unbequem gelagert sich hin und her wälzen.

Pistoja liegt heiter und frei in der weiten Gebirgs-
bucht am Ausgang des wilden Apennin. In Florenz war
wieder Zeit in die Stadt zu gehen. In einer Badeanstalt
waren die Wannen fast größer als der ganze Raum. Unzählige Cabinetchen sind in einen kleinen Raum zusammengedrängt mit derselben Geschicklichkeit mit der ein offener
Herd in einem kleinen Winkel benutzt wird um zahlreiche
Gäste rasch und pünktlich zu bedienen. Man muß aber
auch eben so geschickt sein, um das Aus= und Ankleiden
in diesem kleinen Raume glücklich zu bewerkstelligen. An
der Façade des Doms fanden wir die Gerüste auf-
geschlagen; es hieß immer noch, daß zwischen mehreren
Projecten geschwankt werde, so daß die Ausführung vielleicht wieder hinausgeschoben wird. Und wer weiß auch,
was wir dann endlich zu sehen bekommen! Es ist ein
gewagtes Unternehmen, sobald der Künstler die Absicht
dabei im Auge hat, seine Erfindungsgabe hervorleuchten

zu lassen. [1] Wie wohlthuend ein Gang von auch nur
wenigen Stunden durch diese edle Stadt wirkt, das wissen
die meisten Leser zu ermessen, sei es aus eigener Erfahrung,
sei es aus den vielen Beschreibungen.

Vom Ergrauen des Tages an waren wir wieder be=
gleitet worden von denselben Reihen der Weinstöcke und
dem gran turco drunter, und eben so ging es hinter
Florenz gen Süden fort und fort. Sei es hügelig, flach,
hochgebirgig, immer ganz das gleiche, nirgends eine Va=
riation, nirgends ein eigenthümlicher Localton. Dieses
äußere Bild entspricht ganz der inneren Beschaffenheit. In
Bezug auf ihre Sitten, Gebräuche, Lebensweise, Bauart
sind die Bewohner des italienischen Binnenlandes allesammt
gleichartig. So ermüdend dieß für den Reisenden ist, von
so tiefer Wirkung mag es auf den hiesigen Gang der Dinge
sein. Der Particularismus hat hier eigentlich keinen Boden.
Es ist eine wunderbare Erscheinung für den Deutschen,
welcher holsteinische, westfälische, sächsische, schwäbische und
bayerische Häuser, Dörfer, Völker und Sitten hat ver=
gleichen können; es ist eine riesige Monotonie! Und sie
drängt sich bis an die Küsten des Meeres, wo sonst alles
anders zu sein pflegt. Nur da, wo Italien mehr an
Griechenland und Afrika erinnert, im tiefen Süden, tritt
in mancher Hinsicht einige Veränderung auf, als im Bau
der Häuser und Schiffe, in Trachten und anderem. Wein=
Guirlanden wie in der Lombardei und Neapel sieht man
in diesen Ländern nirgends. Jeder Weinstock steht für

---

[1] Es ist seitdem bekannt gegeben, daß der Plan des Architekten Prof.
Dott. De Fabris Architetto del Duomo di Firenze, der von der internationalen Commission als der beste designirt worden war, zur Aus=
führung kommt.

sich). Ein an und für sich sehr häßlicher Baum, Pioppo genannt, dient der Weinpflanze als Stütze. Dieser Baum entzieht der Erde wenig Saft und wächst rasch, so daß eine Menge wilde Zweige zum Brennmaterial dienen können. Weil der Wein nun doch einmal nicht zum Transport in die Ferne geeignet ist, so wird der größere Werth auf die Quantität gelegt, und eine solche am Pioppo aufsteigende Weinpflanze gibt mindestens das Zwanzigfache des Stockes im Weinberg. Sehr viele Inländer aber, die der Beurtheilung derartiger Fragen gewachsen sind, sprechen mit großer Entrüstung darüber, daß man gedankenlos, aus Trägheit und Indolenz, am althergebrachten System festhält und somit dem Land eine unermeßliche Quelle des Reichthums entzieht. Es sind auch im Florentinischen Versuche mit gutem Erfolge gemacht worden, die genügend beweisen, daß nur die ungeschulte und nachlässige Bestellung der Weingärten und Zubereitung des Weines die Ursachen sind, warum der Wein keinen weiteren Transport, namentlich über See, aushält.

So könnte Italien, das an Industrien so arm, einen großen Weinhandel haben, eine Quelle des Wohlstandes in allen Schichten, weil hier jeder Hügel, jeder Fleck zum Weinbau geeignet ist. Statt dessen vertritt der Wein, wie in Bayern das Bier, dem Inländer vielfach die Stelle des Wassers und wird vom Volke selbst consumirt.

Einen herrlichen Anblick gewährte auf dieser Fahrt der Trasimener See, die große Wasserfläche und die umgebenden Höhenzüge, bei Sonnenuntergang in Purpur und Azur getaucht. Aber wir sind hier nicht in der lieblichen noch in der romantischen Italia, die Ufer sind unfreundlich, die Höhen zu gestreckt und gleichförmig, um einzuladen

und zu fesseln, wenn man die schönen Seen kennt. Um
so malerischer und romantischer stellt sich Campaltin dar,
wo die große Entscheidungsschlacht zwischen Guelfen und
Ghibellinen zum Verderben der letzteren geschlagen wurde,
in Folge deren die berühmte Emigration begann, die auch
Dante von seiner geliebten Heimath trennte. Westlich von
der Bahnlinie erstrecken sich die Länder der paludi di Val
de Chiana, einst große verpestende Sümpfe, durch den
Eifer der Großherzoge von Toscana für das Wohlergehen
ihres Volkes mit einer bewunderungswürdigen Energie in
fruchtbares Land verwandelt, auf dem heutzutage das beste
Hornvieh der florentinischen Provinz gezogen wird. Ein
Bürger von Florenz, der einige Stationen weit mit uns
fuhr, sprach mit großer Erbitterung über Roma Capitale
und mit großer Geringschätzung von den Römern. Er fand
es unbegreiflich, daß man eine Stadt, die in einer Wüste
liegt, deren Bewohner in Folge des Pfaffenregiments auf
einer niedrigen Stufe der Cultur stehen, deren Fürsten
und Granden dem neuen Italien feindlich gesinnt sind,
zur Hauptstadt eines Reiches gemacht hat, das einer raschen
Entfaltung des modernen Geistes und Lebens entgegen-
strebt. Die Florentiner haben zwar ihre Stadt beleuchtet
und gerufen: „Evviva Roma capitale!" als der Beschluß
der Uebersiedelung gefaßt wurde, aber sie können den Ver-
lust doch nicht verschmerzen. Dafür ist man auf sie in
den römischen Landen nicht gut zu sprechen. Es herrscht
da immer noch wieder eine Erbitterung zwischen den Nachbarn, die sich erst mit der Zeit verlieren kann. Andrerseits machen die Florentiner diese Vermittelung wieder
leicht durch die achtunggebietende Ueberlegenheit, die sie
in jeder Hinsicht auszeichnet.

Mit dem Einbruch der Nacht führte die Straße wieder in das Gebirge, ein langer Tunnel wurde durchsaust, und wir fuhren durch das Thal des Paglia in schnurgerader Linie auf Orvieto zu. Um halb neun Uhr erreichten wir die Station. Ein Omnibus mit fünf jener hübschen drallen römischen Pferde, die mit Schellen behangen waren und Fahnenstutzen trugen, erwartete die Passagiere. Nun ging es in lang gestrecktem Zickzack den Berg hinan. Dräuend und befremdend entfalteten sich die nachtumhüllten, senk=rechten Felsmassen, auf deren Rücken diese wunderbare Stadt sich ausbreitet. Welche Spannung erzeugte dieser räthselhafte Anblick während einer Fahrt von drei Viertel=stunden den Berg hinauf, und oben längs der Abgründe das alles bei Tageslicht wieder zu sehen und kennen zu lernen! Der Wagen fuhr an der berühmten Façade des Doms vorbei durch die schmalen finstern Gassen und hielt vor der Locanda Belle Arti, wo wir gute Unterkunft fanden, um nach so langer Fahrt der willkommenen Ruhe zu pflegen.

Orvieto.

Der berühmte Vino di Orvieto wurde mir gleich beim
Abendessen im umflochtenen Fiaschetto vorgesetzt. Der eigen=
thümliche Geschmack dieses Weines rief Erinnerungen an
die Stunden hervor, die ich einst mit treuen Genossen in
der Palombara in Rom verbracht hatte. Dort war zu
jener Zeit die beste Quelle des gesuchten Getränks. Die
Flasche, die ich an jenem Abend geleert habe, ist aber
doch die einzige geblieben. Es ist ein süßer Wein, das
ist unter echten Trinkern genug gesagt, und ich lernte gleich
am andern Tag einen ganz ausgezeichneten Rothwein
kennen, der sich neben die guten Bordeaux=Weine stellen
kann und mit dem ich mich seither aufs beste vertragen
habe. Mein Zimmer war ein schöner gewölbter Saal, an
dessen Decke, allerdings in dürftiger Malerei Napoleonischer
Zeit, eine vollständige Verherrlichung der Künste dargestellt
war. Musen, Köpfe griechischer Dichter, Amor, Faunen,
Pauflöten, Lyra, Kränze und so weiter. Die Locanda Belle
Arti ist ein alter Palast einer großen Familie. Der Speise=
saal geht, wie in so vielen italienischen Palästen, durch
zwei Stockwerke und ist prachtvoll ausgestattet: große

Deckengemälde und in den Pilastern Fruchtstücke von der
größten künstlerischen Schönheit und in verschwenderischer
Menge. So war die Bewunderung vergangener Pracht
gleich wieder das erste, was mich in Anspruch nahm. Und
dieß bleibt, abgesehen vom Naturgenusse in Orvieto, die
einzige Beschäftigung. Der Rückschlag, als ich aus dem
Hausthore trat, war ein ganz gewaltiger. Der Kampf
des Schönen mit dem Häßlichen, des Guten mit dem
Bösen in Italien ist so auffällig, daß es unrecht wäre,
wenn irgend ein Berichterstatter nur die eine Seite berühren wollte; man muß erzählen was man sieht, die
Oeffentlichkeit ist in unsern Tagen von solcher Bedeutung,
daß man nie berechnen kann, welche Folgen das geschrie-
bene Wort haben mag. Es war für die Augen und für
die Geruchsnerven geradezu abschreckend, dieses Stadtbild.
Ein Blick, ein Athemzug, und man weiß, daß man unter
einem vollständig verkommenen Volke lebt, dem alle Selbst-
achtung, alle Menschenwürde abhanden gekommen ist. Aus
unserm Vaterland und Frankreich kann man nur die Kehricht-
plätze und die Hinterseiten der Oekonomie-Gebäude, wo
die Schweineköber sich befinden, mit diesen Straßen ver-
vergleichen. Die Töpfe werden aus den Fenstern gegossen,
unzählige Dinge verwesen auf der Gasse, der Mist der
Saumthiere wird nur oberflächlich weggekehrt, und auch
das nur einmal des Tages, also immerhin liegt er in
Massen verstreut. Man denke sich dazu die Hitze des
August, seit Monden kein Regentropfen, die Wände ohne
Putz, die Fenster zerrissen, die Thüren mit Unrath umgeben — genug, damit es nicht zu viel wird, es ist ein
Jammerbild und ein Skandal, man darf sagen eine Schande
für Europa. Und da steht am Eingange der Hauptgasse

ganz grandios „Corso Cavour!“ Einige Dampfspritzen
von Chicago müßten zu allererst einmal vierundzwanzig
Stunden ihre dicken Wasserstrahlen über diese Gasse er-
gießen, damit ein so edler Name nur an dem Ort angeschlagen sein dürfte. Das sind saubere Monumente für
einen Mann wie Cavour! Ein- ums anderemal wurde mir
übel auf dem kurzen Wege von der Locanda bis auf den
Platz der Kathedrale. Da erhebt sich dieses goldene
Wunder der Kunstwelt vor den erstaunten Blicken, wie
eine Lotosblume aus dem Sumpfe — und die Lotosblume
heißt Semperflorens in Italien. Ja, ein solches Werk
blüht ewig, es ist so rein, so erhaben, so voll Liebe und
Treue und ächter Größe, daß es einen hinaushebt über
den niederen Unrath, um auf größere Zusammenhänge
hinzuführen und wenigstens eine Hoffnung auf künftige
Zeiten zu erwecken. Denn in diesen Ländern des neuen
Reichs ist die Hoffnung die einzige Befriedigung, sofern
sich einer zu ihr erheben kann.

Aber von der Kathedrale, von der Kapelle des Fiesole
und Signorelli erzähle ich später; jetzt reißt es mich weiter,
zu den Thoren hinaus, an die Abgründe. Welch' eine
unbeschreibliche Ueberraschung! Hohe senkrechte Wände
trennen die Stadt nach allen Seiten von der übrigen
Welt. Alte Feigenbäume, Schlingpflanzen aller Art
wachsen aus den Fugen hervor und hängen über die Abgründe hinab. Vom Fuße des Felsen bis zur Thalsohle
sind die Höhen mit Canna bewachsen, der großen Rohr-
pflanze Italiens. Aus dem lebhaften bläulichen Grün
dieser Pflanzungen ragen mächtige dunkle Kastanien und
silberne Oelbäume hervor, die Felsen sind rothbraun und
glühend gelb. Die letzten kleinen Häuser schweben wie

Nester an den jähen Abgründen. Mauern von unermeß=
licher Höhe heben sich aus den Felsmassen hervor, so daß
die Wirkung überaus großartig und malerisch ist. In der
Tiefe windet sich der Paglia in vielfachen Krümmungen
durch das Thal, das von Bergketten der schönsten Form
umgeben ist. Die große Kette der Apenninen ragt dar=
über hinaus. Ein anderes Thal, durch das ein Bach
rauscht, ist der Stadt gegenüber eingefaßt von einer reich
bewaldeten Hügelkette, aus deren Vertiefungen Klöster,
Villen und Bauernhäuser hervorleuchten. So stellt sich die
alte berühmte Pelasger=Stadt mit ihrer Umgebung dar.
Der Fels bietet oben eine glatte Fläche, so daß fast alle
Straßen und Plätze ganz wagrecht sind, und bildet ein
längliches Oval von fünf Kilometern Umfang. Unter den
riesigen Mauern der alten Festung ist zwischen diese und
eine vorragende Klippe ein uraltes gothisches Thor ein=
geklemmt. Eine thurmhohe dicke Säule erhebt sich zwischen
zwei Spitzbogen. Das große Thor, durch welches man
jetzt aus= und eingeht, zeigt sich am Fuße dieses ungefügen
Kolosses wie ein kleines Loch.

Es ist etwas fremdartiges, barbarisches in diesem
Gothenbau, und doch ist er großartig und in gewissem
Sinne schön. Und wenn auch die Spitzbogen verrathen,
daß der Bau einer späteren Zeit angehört, so gewinnt
man doch eine Vorstellung von den Völkern Theodorichs
und Totila's, wenn man dieses Barbaren=Thor betrachtet.
Außerhalb des Thors ist ein gepflasterter Raum mit einer
Brustwehr gegen den senkrechten Felsen, und von hier aus
führen zwei steile gepflasterte Saumpfade im Zickzack in
das Thal hinab. Für Wagen sind diese Wege unzugäng=
lich. Nur Saumthiere und Fußgänger können das Thor

passiren. Am Fuße des Felsen, am Gürtel der Abhänge,
führt ein kleiner Fußsteig hin; Gruppen von großen Kastanienbäumen, Oel- und Weingärten ziehen sich in reichem
Wechsel zur Rechten abwärts, während zur Linken verschiedene Theile der Stadt in malerischer Gestaltung über
die zerklüfteten dunkeln Felsen hervorragen. In einzelnen
Schluchten sieht man ein solches Wuchern von Schlinggewächsen, Feigenbäumen, Oelbäumen, Kastanien, Weinranken, Canna und mannigfachem Staudenwerk, mit riesigen Farrenkräutern und Ginster durchwachsen, daß es
sich der Beschreibung entzieht. Auf dem Fußpfade gelangt
man erst nach geraumer Zeit zu der Fahrstraße, die sich
in langem Zickzack den Berg hinanzieht; durch die porta
Cassia kommt man wieder auf die Höhe. An einer einzigen Stelle der Stadt sind auch innerhalb der Fels-
umfassung große Schluchten, und in diesem Revier bilden
sich durch das Uebereinanderragen der Häuser, Gärten,
Terrassen, Paläste und Kirchen großartige schöne Ansichten
verschiedener Art. Von Zeit zu Zeit kommt man an neuen
Punkten an den Abhang, an die ripa, wie sie hier sagen,
und sieht wieder in neuer Weise staunenswerthe Gebilde.
Man wird bei diesem Rundgang ganz berauscht von der
Fremdartigkeit und Größe der Scenerie. Wie mag das
alles gewirkt haben, als die stolzen Paläste neu und alles
um sie her gut gehalten war! Man sieht unzählige Reste
großer Prachtbauten. Eine große Zahl der jetzigen Häuser
besteht aus den Mauern derselben. Oben ist viel ab-
getragen, um das Dach in gestrecktem Winkel anlegen zu
können, große Fenster und Thore sind vermauert, nach
Bedarf Thüren und Fenster eingefügt, eine Freitreppe angebaut, und so ist die Spelunke der Nachkommen fertig.

Der Anblick solcher Häuser ist höchst eigenthümlich. Die stolzen Bogenlinien, die mächtigen schönbehauenen Quadersteine passen nicht zu dem Uebrigen. An vielen Häusern sind noch kostbare Steinmetzarbeiten, schöne Thüreinfassungen, Fensterfriese, Holzschnitzereien erhalten. Die noch vorhandenen Paläste geben den Maßstab für die Pracht, die einst auf diesem Felsen entfaltet worden ist. Sie sind von außerordentlicher Größe und zum Theil sehr schön in den Verhältnissen. Aber wie sehen sie aus! Und sie werden alle noch von Familien bewohnt. Das jetzige Rathhaus, ein wunderschöner Palast, macht keine Ausnahme. Viele Fenster sind mit Brettern vernagelt, andere ganze Stockwerke hindurch vollkommen leer, und man sieht mit Grauen in die öden Fensterhöhlen. Wo Scheiben sind, da ist alles, Holz und Glas, haltlos und zusammengeflickt. Die paar lebenden Bewohner können die Masse nicht bewältigen, und so lassen auch die Reichen den Dingen ihren Lauf, richten sich einen Theil zum Wohnen ein und vermiethen oder benutzen die großen Räume zu Speichern. Diese Spuren vergangener Größe erwecken aber nicht, wie etwa in Genua, Benedig und anderwärts, schöne Erinnerungen. Es gibt wohl nichts trostloseres, als die Geschichte dieser Stadt. Zuerst haben die alten Römer sie ganz zerstört, aus Furcht vor der unüberwindlichen Festigkeit des Ortes. Dann hat eben diese Festigkeit durch lange vierzehn Jahrhunderte zu nichts anderem gedient, als dazu — übermüthigen Großen freien Spielraum zu geben, um ihren Unfug treiben zu können. Und endlich ist Orvieto, wieder wegen seiner Festigkeit, der Zufluchtsort einer großen Reihe von Päpsten gewesen. Der Name Monaldeschi ruft nur widerwärtige Erinnerungen wach, aber einen Palast haben diese Thunichtgut

hinterlassen, der wahrhaft prachtvoll ist und ganz einzig
in seiner Art. Es heißt, daß nur noch die Hälfte erhalten
sei, diese ist aber so groß wie kaum ein anderer Palast
und von riesiger Höhe. Vom Boden erhebt sich längs der
Façade eine Reihe mächtiger Bogen, die, auf breiten Pilastern stehend, tiefe Nischen gegen die Hauswand bilden.
Oben auf diesem Theile des Baues mag eine breite Terrasse mit Geländern gewesen sein. Darüber erhebt sich,
gewiß so hoch wie das Dach eines vierstöckigen Hauses,
das erste und einzige Stockwerk mit einer langen Reihe
von Oeffnungen, die man kaum Fenster nennen mag, weil
sie die Größe solcher allzu weit überschreiten, in Rund-
bogenform, mit schöner Steineinfassung, in kleinere Rundbogen zergliedert, die auf Doppelsäulen gestützt sind. Selbst
der verwahrloste Rest bietet einen entzückenden Anblick.
So ist diesen Raufbolden und Tagedieben in übermüthiger
Laune auch in den Sinn gekommen, einen Dom von seltener
Schönheit besitzen zu wollen, und in unglaublich kurzer
Zeit, von 1290 bis 1309, haben sie diesen Bau aufgerichtet
und der Nachwelt eine Erbschaft hinterlassen besserer Stifter
würdig. Es ist sonderbar, daß beim Rundgang in dieser
Stadt etwas Unbestimmbares einen fühlen läßt, daß sie
keine bedeutende, keine inhaltreiche Geschichte gehabt hat.
Sie kommt einem vor, wie ein schöner alter Bursche, dem
man ansieht, daß er sein Leben hindurch nicht gut gethan
hat. Und doch soll die Einwohnerzahl sich einmal auf
80,000 Seelen belaufen haben. Sie haben eben dahin-
gelebt, wie die Chinesen in ihren großen Städten, und
wenn die Spuren ihrer Größe künstlerischen Werth verrathen, so liegt dieß daran, daß sie eben nicht in China,
sondern in Italien wohnten.

Wer also den Dom, die zum Dom gehörige Samm=
lung und einzelne andere Kunstwerke besichtigt und die
malerische Lage bewundert hat, der mag froh sein, sich
baldmöglichst wieder aus diesem Schmutz heraus zu winden,
lachen ihm ja Rom, Perugia, Florenz, Siena von allen
Seiten entgegen. Anders steht die Sache für den Maler.
Er hat an der Locanda Belle Arti einen sehr guten Halt=
punkt und findet, je länger er verweilt, um so reichere
Beute der besten Art. Dabei kehrt er wieder und wieder
bei Signorelli ein und wird vertraut mit dessen Werken.

Orvieto, das jetzt höchstens achttausend Einwohner hat,
ist dem Wesen nach eine Bauernstadt, eine Stadt der
Contadini, geworden. Und eben so ist es mit fast allen
Orten des früheren Kirchenstaats, die nicht eine ganz be=
deutende Stellung einnehmen, und mit unzähligen Ort=
schaften des Königreichs Neapel. Die Bürger sind auf
einen kleinen Theil der inneren Stadt zusammengedrängt,
rings um sie her wohnt der Landmann. In den weiten
Landstrichen der Umgebung sind die Wohnungen auf das
spärlichste vertheilt. Stundenweit hinaus zieht der Arbeiter
aus der Stadt auf die Felder, die er zu bearbeiten hat.
Und zum Schlusse seines Heimweges hat er noch die steile
Höhe auf langem Schlängelpfade zu erklimmen, das be=
ladene Thier vor sich hertreibend. Auf diese Weise ver=
liert und vergeudet der Arbeiter viel Zeit und viele Kräfte.
Er kommt erst spät am Morgen an das Werk, kann
gerade nur die heiße Zeit des Tages über schaffen, und
muß früh am Nachmittag aufbrechen, um die lange Heimreise
zu machen. Er wird früh alt und untauglich. Eigenthum
hat er nicht, und kleinere Besitzer, die sich solches erworben
hatten, geben es jetzt in Massen wieder auf, weil sie nicht

im Stande sind, die Steuern aufzubringen. Der Land=
mann ist entweder Arbeiter für einen Grundbesitzer oder
bebaut ein kleines gepachtetes Stück Landes, oder er vereinigt
beides. Ein freier Bauernstand ist so etwas fernliegendes,
daß viele Contadini, die, man braucht ja nicht zu unter=
suchen, auf welchen Wegen, zu ansehnlicherem Besitz ge=
kommen sind, dennoch als Arbeiter bei einem Grundherrn
bleiben und so ihr eigenes Grundstück wieder gegen Lohn
bearbeiten lassen. Die Häuser, die auf dem Lande stehen,
sind von den Grundbesitzern erbaut, um den Arbeiter mit
seiner Familie hineinzusetzen. In der Lombardei und im
Florentinischen ist der Communismus förmlich ins Leben
gerufen. Der leistet das Capital, der die Arbeit, sie
machen halbpart im Schaden wie im Nutzen. Hier ist das
anders und unvortheilhafter für die Contadini, voraus=
gesetzt, daß diese ehrlich wären. Das sind sie aber nicht,
wie überhaupt kein Mensch in diesen Landen. Wenn Ihnen
einige der bedeutenderen Reden zu Gesicht gekommen sind,
welche die Abgeordneten der Kammern in den Provinzen
während dieses Sommers gehalten haben, so wissen Sie,
bis zu welchem Maße sich die Italiener selbst dieses Scha=
dens bewußt sind, und wie schonungslos sie sich in dieser
Hinsicht aussprechen. So ist dieß nicht das harte Wort
eines Fremden aus eigener willkürlicher Beobachtung, son=
dern die Wiedererwähnung dessen, was im Mund aller
gebildeten Einwohner ist. Wenn aber alle diejenigen, die
es einem sagen, die ihre Klage darüber aussprechen, selbst
ehrlich wären, dann wäre die Zahl der Ehrlichen Legion.
Darin liegt ein Räthsel.

In viele Thäler und Landflächen könnten die Contadini,
auch wenn sie das System wechseln wollten, um rationeller

zu arbeiten, gar nicht ziehen, weil dort das Fieber haust.
Dieses ist in Italien viel verbreiteter, als wir uns vor=
stellen, und weil es sich oft wunderbarerweise auf Hoch=
ebenen, an Berghängen, bei rauschenden Wassern zeigt, so
muß es wohl durch Miasmen erzeugt werden, die der
vulkanische Boden ausdünstet. Die große Masse der Ein=
wohner des ehemaligen Kirchenstaates wünscht aber gar
nicht das Loos in dieser Hinsicht zu ändern. Berechnungen
über Zeit und Kräfte in nationalökonomischem Sinne
machen sie nicht und macht ihnen niemand, und sie sind
eingefleischte Zwitternaturen. Das Terrain der Liederlich=
keit und des unnützen Zeitvertreibes, das ihnen die Stadt
bietet, würden sie um keinen Preis räumen. Abends und
Sonn= und Feiertags wird ihre Neugierde, ihre Plauder=
lust mannigfach befriedigt, kleine Spelunken, um Wein zu
trinken, finden sie in Menge, und das Uebrige braucht man
nicht zu detailliren. So hat die große Masse des hiesigen
Volkes nicht die Tugenden des Bürgers, nicht die des
Bauern, aber von Beiden die Laster und Schattenseiten
an sich. Den Physiognomien ist, sobald Jugend gewichen,
viel Unzufriedenheit, Verbitterung, Kummer und Sorgen
aufgeprägt, und außerdem fehlt ihnen gänzlich jener Aus=
druck mannigfachen Bewußtseins und insbesondere des
Selbstbewußtseins und des Bewußtseins eigenen Werthes
und Besitzes, eines eigenen behaglichen Daseins, der anders=
wo so manche Züge charakteristisch ausprägt. Sie erscheinen
eher wie ein heimathloses Zigeunervolk, das au jour le jour
lebt. Wie sollte das auch anders sein! Man mache nur
einmal mit etwas Entsagung und Muth eine Wanderung
durch die Stadttheile, wo das niedere Volk haust. Man
kann förmlich sagen, daß ihr Instinkt ist, das errichtete

Haus nicht zu verfeinern, zu gestalten, sondern wieder in
eine Höhle umzuwandeln. Es ist mitunter so finster und
unwirthlich, ganz abgesehen vom Schmutz in allen jenen
Sackgassen, alten Palasthöfen und Thorgängen, daß man
beim bloßen Anblick zurückschreckt. Wir haben allenfalls
etwas ähnliches, um uns einen Begriff zu machen, in
den schlechten Vierteln großer Städte, wo das Proletariat
haust. Dann freilich sind die hiesigen Menschen wieder um
vieles besser daran, weil sie den größeren Theil des Jahres
bequem im Freien zubringen. Die Dunkelheit und Größe
mancher solchen Wohngelasse ist natürlich gerade das beste
daran, denn es ist eine erwünschte Zufluchtsstätte vor der
grellen Sonne und brennenden Hitze. Aber dabei hat es
auch sein Bewenden. Der Italiener hat in den niederen
Classen eigentlich nur seine Behausung, wie das Thier
auch die seinige hat: einen Ort, wo er das Seinige lassen
kann und Schutz findet. Und es ist besser zu sagen, statt
in den niederen Classen: nur in den höchsten nicht. Denn
ich bin in gar vielen Wohnungen von Leuten gewesen, die
doch so gestellt waren, daß ich ihr Gast zu Tische war,
und habe nirgends auch nur eine Andeutung von dem gesunden, was man eine freundliche Stube nennt, geschweige
denn ein Zimmer, in dessen Einrichtung sich der Geist und
die Art des Bewohners abspiegelte. Sie stoppeln sich
überall das Nöthige zusammen, um den Lebensansprüchen
entsprechen zu können, und damit basta. Ja, in vielen
vornehmen Häusern habe ich in dem Salon der Dame alte
verwitterte Wände und Plafonds gefunden, und nur die
Vorhänge und Portieren, einige Lehnstühle, ein Pianino
und dergleichen sollen den Raum etwa zu dem erheben,
was man in Europa für ein Damenzimmer beansprucht.

Dieß ist in der Stadt so und auch in den Landhäusern
der Reichen, die den ganzen Sommer dort verleben. Man
muß sich nicht irre machen lassen durch einige prachtvolle
Villen, deren Reichthum entweder aus einer früheren glän=
zenden Zeit stammt oder dem Contact mit diplomatischen
Kreisen ihren Ursprung verdankt. Die Masse auf dem
Lande hier lebt in sehr verwahrlosten Häusern, denen
aller Schmuck und Reiz eines Landaufenthalts im Sinn
anderer Völker fehlt, oft so beisammen, daß man glaubt,
bei einer übernachtenden kleinen Schauspielertruppe zu
weilen. Es ist ihnen bloß um die Landluft zu thun:
„Stare in campagna.“ Ebenso die Bauernhäuser: ein
schmutziger Mauerkasten, ein anderer daneben für den
Wirthschaftsbedarf, steht öde und kahl mitten im Felde,
kein Baum dabei, kein Gärtchen daran, kein hübscher Hof,
kein Fenster, hinter dem man eine freundliche Stube ahnt,
nichts der Art. Das ganze Volk gibt also nichts auf sein
Daheim, und alles, was sich in der Entwicklung eines
Menschen, einer Familie, einer Gemeinde hieran knüpft,
und bei uns so zu sagen die Lebensessenz ausmacht, fällt
hier vollständig weg. Mit welchem Gefühl bewegt sich ein
deutscher Bauer nach vollbrachtem Tagewerk dem Hause zu!
Eine freundliche reine Stube wird ihn aufnehmen, reinlich
gekleidete Frauen empfangen ihn und tischen in appetitlicher
Weise das Mahl auf. Er findet zu Hause vollkommenes
Behagen. Morgens, wenn er vor seine Hausthüre tritt,
weilt sein Blick mit Wohlgefallen auf dem nach Landes=
brauch geordneten und bestellten Hofe mit seinen Gebäuden.

Ich brauche nicht auszuführen, was alles dem Men=
schen aus dem Zusammenhang mit der eigenen Wohnung
Gedeihliches erwächst. Wie viel Trost und Freude wird

ihm da geboten, und wie sehr bedarf der Mensch dieser
Hülfe! Und doch, während bei uns ein allzu ernstes Volk
im freundlichen Dorf, im saubern Stübchen einige Erhei-
terung findet, lebt hier ein doch im Grund außerordentlich
heiteres Volk ganz ohne diese Befriedigung! Nur sollte man
glauben, daß jener Ausdruck von Verbitterung und Kummer,
der sich den Physiognomien in späteren Lebensjahren auf-
prägt, zum großen Theil verwischt werden würde, wenn sich
dieses Volk dahin anfassen könnte, sich selbst reinlich und
die eigenen Umgebungen würdig und sinnreich zu halten.

Der blaue Himmel allein thut's am Ende doch nicht,
um so weniger, wenn die Hitze fast eine beständige Plage
ist. Entweder muß einen hiesigen Mann alles Seinige,
Weib und Kinder eingerechnet, anwidern, oder er ist so
herabgekommen, daß er keinen Sinn mehr dafür hat. Mir
scheint das Hemmniß, das der glücklichen Entfaltung der
Nation daraus erwächst, ein unermeßliches zu sein.

In Orvieto sind, wie auch sonst in alten Orten, gar
viele Wohnungen wirklich nur noch ein einziger Raum mit
der Treppe, die direkt in denselben führt, also eine wahre
Höhle. Ja, in den felsigen und waldigen Landestheilen
verschiedener Landstriche wohnen die ganzen Bauernschaften
wirklich in Höhlen, in manchen Gegenden sogar mit den
Schweinen zusammen. Entspricht in einem freien modernen
Staat ein Mensch, der so lebt und dazu nicht lesen und
schreiben kann, irgendwie den staatsbürgerlichen Anforderungen? Was bewegt die Stimme eines solchen Menschen
bei der Wahl eines Abgeordneten? Im besten Falle das
Geld des Candidaten, dann hat der Wähler selbst doch
noch etwas davon.

In manchen Straßen, wo einst ein großer Palast neben

dem anderen stand, ist der Anblick des heutigen Treibens außerordentlich merkwürdig. Die gewaltigen Thorgänge sind in Werkstätten verwandelt oder dienen als Verkaufs- stellen für Gemüse und Früchte oder auch als Weinhäuser. Die für derartiges Treiben nach gewöhnlichen Verhältnissen viel zu großartige und schöne Form des ganz offenen Thores, das mannigfache Treiben der Handwerker, deren oft stark bewegte Gestalten im tiefen Dämmer verschwim- men, dann wieder der Aufbau schöner Früchte an der guten vornehmen Architektur, die außerordentlich malerischen Gruppen der Trinker, die theils an der Schwelle, theils um den Boden einer Butte und in vielerlei zufälligen Zu- sammenstellungen im kühlen Halbdunkel lagern, das fröh- liche laute Geplauder, Scherzen und Singen, dazu die Frauen an den Schwellen, auf den Treppen, die Kinder um sie herum, größere Knaben und Mädchen sich tum- melnd, einen Heidenlärm machend, hie und da ein lau- fender Brunnen, dessen Strahl aus der Hauswand in ein halbrundes eingemauertes Becken fällt und an dem die Krüge gefüllt, die Lastthiere getränkt werden, Kinder auf- kletternd ihren Durst stillen, Tauben trinken, das sind Bilder, die sich nicht leicht in einer Stadt so wunderbar gestalten und um derentwillen es schon der Mühe werth ist, einen Tag länger in Orvieto zu weilen. Es wird einem wirklich manchmal so zu Muth, als ob man im Reiche des Pluto wandelte, und man freut sich, daß die Schatten so gut aufgelegt sind. Ein Maler, der eine Reihe überraschender Genrebilder geben will, kann sich keine ausgiebigere Quelle wünschen. Ueberhaupt ist das Wandern durch die Bauernstraßen Orvieto's höchst lohnend und anregend für den Künstler, die Bildhauer nicht aus-

geschlossen. Frauen und Kinder tragen in diesen Monaten
nur ein einziges Gewand, und zeigen nun dem Beobachter
ihre Glieder und Körperformen in allen möglichen Stellungen mit den schönsten Faltenmotiven. Dabei ergeben
die Treppen, Schwellen, Steinblöcke und die zahlreichen
Zufälligkeiten der Bergstädte einen großen Reichthum der
Gruppirung. Das alles ist in der Farbe wieder eben so
neu und glänzend. Es läßt sich gar nicht beschreiben,
welche starke kühne Gegensätze hier zu Tage treten, welche
Scala von gebrochenen Tönen sich auf dem glühenden Tuf-
stein abmalt, wie oft ein nahebei einfallender Sonnenstrahl
eine im Schatten ruhende Gruppe mit einem feurigen Re-
flex überzieht, während dicht daneben eine andere wie eine
einzige dunkle Masse sich von einer scharfbeleuchteten wein-
umgossenen Mauer abhebt. Sitzt man einige Tage hinter
einander an etwas abgelegener Stelle bei einer Studie, so
ist man bald in intimster Freundschaft mit einem ganzen
Völkchen aus den nächstgelegenen Wohnungen. Und bei
dieser Gelegenheit tritt am meisten die angeborene Grazie
und geistige Feinheit dieses Volkes hervor. Es sprudelt
von guten Scherzen und sinnreichen Bemerkungen. Auch
ist die Luft fortwährend mit schönem Gesang erfüllt. Von
nah und fern ertönen Volkslieder, tadellos mit guten starken
Stimmen gesungen. Die Orvietaner sind nämlich unter
ihren Landsleuten als ein besonders musikalisches und
überhaupt als ein besonders begabtes Völkchen bekannt.
An solchen Orten habe ich auch mitunter Ausbrüche von
Leidenschaften gesehen, die erschreckend sind. Einmal stand
ein schönes bleiches Mädchen von etwa 14 Jahren mit
wildumherhangenden Haaren, ein Kind auf dem Arm, neben
mir. Ein vorübergehender kaum erwachsener Bursche

fand es unpassend, daß sie dort stand, und sagte ihr dieß in brutaler Weise. Sie gab eine scharfe Antwort, er erwiederte, und eh' man sich's versah, waren sie handgemein. Das Mädchen, mit einem unbeschreiblichen Ausdruck von Wuth, griff nach einem schweren kantigen Stein, warf und traf den Jüngling am Beine. Dieser, vor Schmerz außer sich gebracht, fiel über sie her; sie wehrte sich mit der einen Hand, während das Kind auf dem andern Arm, man kann sich denken, in welcher Weise hin= und her=fliegend, ein entsetzliches Geschrei erhob, beide Arme ver=zweifelnd gen Himmel streckend. Auch die beiden Kämpfen=den schrieen, es war eine Höllenscene. Aus den Worten des Mädchens konnte ich nur verstehen, wie sie ihm zu=schrie: als ob ich nicht wüßte, daß du heimlich mit meiner Schwester zusammenkommst, ich werde es meiner Mutter sagen, du — 2c. Sobald sie dieß gesagt hatte, ließ ihr Gegner die Hand von ihr, verstummte und ging davon.

Allem was man in Orvieto vom Volksleben sehen kann, setzt die Heimkehr des Landvolkes von der Arbeit die Krone auf. Diese Scene ist nicht bloß interessant für den Künstler, sondern gleicherweise für jeden anderen Menschen von eini=gem poetischen Sinn. Gegen Abend geht man vor das alte Gothenthor und setzt sich auf die Steinbrüstung am Abgrund, um an dieser überaus großartigen Stelle das Schauspiel abzuwarten. Die beiden gepflasterten Zickzack=wege sind, von da an, wo sie, sich dem Plateau nähernd, sichtbar werden, sehr steil und gehen eben so steil vereint weiter in das alte Thor hinein. Unten im Thale sieht man auf der Paglia=Brücke und auf der Landstraße den langen Menschenstrom heranziehen, sich nach Gutdünken rechts oder links in die Bergstraße verschlagend, und nun

kommen sie von beiden Seiten oben erst durch kleine Thore
zum Vorschein, Frauen und Männer in weiße Leinwand
gekleidet. Erschöpft nahen sich manche der langen Stein=
bank an der Brüstung, werfen die Geräthschaften von sich,
wischen sich den Schweiß aus dem Gesicht und rasten von
dem anstrengenden Gang. Andere rufen lustige Scherz=
wörte hinunter, Bekannten entgegen, die sie dort in der
Menge finden. Gelächter und Antworten tönen herauf.
Dichte Reihen von Eseln und Pferden, beladen mit Hanf,
Fässern, Säcken, Geräthen, drängen durch das kleine Thor,
angetrieben durch starke Rufe der Treiber, damit sie nicht
ausrutschen auf dem glatten Gestein. Hier keucht ein Esel=
chen unter der Last einer dicken alten Dame, die, wie ein
Mann im Sattel sitzend, behäbig mit ihren Arbeitern
scherzt, die ihr zur Rechten und Linken schreiten. Ein
Bauer sitzt hoch auf seinem Sacke, hinter ihm auf dem
Rücken des Thieres ein vierjähriges Knäbchen, dessen Bein=
chen sich kaum weit genug strecken können, um Sitz zu ge=
winnen, dessen zu großer Hut im Nacken hängt, das ganze
reizende, dichtumlockte Gesicht freilassend. Mit den Händen
hat sich der Kleine in die Hosen des Vaters gekrallt, die
Bewegungen des kletternden Thiers schaukeln ihn hin und
her. Alles wirft ihm Scherzreden zu, und er lacht aus
vollem Halse. Ein anderer Knabe schläft sanft und fest
im Schooße des Vaters, das Köpfchen hängt über den
einen Arm. Hie und da hält sich ein Müder am Schwanze
des Thieres fest und läßt sich nachziehen, auch haben sie
zu diesem Zweck einen Strick über den Sattel gebunden.
Da kommt ein Zug stattlicher, hochgewachsener junger
Mädchen mit Körben auf dem Kopfe, die jungen Männer
rufen ihnen galante und allzu galante Worte zu. So

geht es in großen Strömen fort und fort — ein herrliches Schauspiel. Und das ganze Volk plaudert, singt,
lacht und scherzt unausgesetzt in anziehendster Weise. In
einer Pause kam ein schönes junges Mädchen auf starkem
Roß in vollem Trab den steilen Weg herab zum Thore
heraus und ritt bis unmittelbar an die Mauer heran, ehe
sie einschwenkte, so daß sie, wenn das Pferd ausgerutscht,
weit über den Abgrund hinausgeschleudert worden wäre.
Keine Gefahr ahnend, blickte sie lachend auf die Menge.
Alles blieb einen Augenblick verwundert stehen, dann riefen
die jungen Männer Scherzreden ihr nach. „Eh! questa
madonna! Dove vai! Spetta un momento! Aggradisce
la mia compagnia!" — „Non, ho bisogna!" rief sie
lachend zurück und verschwand hinter dem Felsen.

Die Sonne naht sich dem Untergange, nicht weit unter
jenem Plateau biegt eine kleine Seitenstraße ab und zieht
durch die Bergabhänge allmählig abwärts. Am Anfang
steht ein großer Brunnen, von Rundbogen überbaut, mit
weiten Steintrögen, von einem riesigen uralten Feigen-
baume dicht umschattet. Hier tränken Heimkehrende ihre
Rosse und Esel. Weiterhin bilden üppig überhangende
Sträucher, von Farrenkräutern durchwachsen, von Wein
umrankt, ein schönes Gefieder, aus dem sich Mauertrümmer, schlanke Oelbäume, Cypressen, Nußbäume und Kastanien erheben. Die Bergketten sind in dunklen Azur getaucht, feurig flammende Wolkenstriche leuchten durch die
Aeste, im Thale brennen auf den Feldern große Feuer,
deren Rauch, durch die Feuchtigkeit niedergehalten, sich
wagrecht weit über das Land legt, von unten durch die
Flammen glühroth erleuchtet. Ein Zug junger Männer
kommt den Weg aufwärts zwischen Felsen und Epheumassen,

einen schönen Choral in gezogenen Tönen vierstimmig sin=
gend. Rasch breitete sich die Dämmerung sieghaft über
das Land aus, und in den dunkeln Straßen der Stadt
lagen die erschöpften Männer der Länge nach auf dem
Pflaster vor ihren Häusern, mit den kleinen Kindern spie=
lend. Viele Abende nacheinander habe ich mir dieses Schau=
spiel gegönnt, denn nie trübte ein Wölkchen den gleich=
mäßigen Verlauf dieser großartigen Scenerie.

Ein Treffer war es, daß ich gerade zu einem Feste
nach Orvieto kam. Im August sind in den meisten Städten
dieser Länder die Feste, wahrscheinlich zu Ehren der Stadt=
patrone. Am ersten Tag waren die Straßen und Plätze
gedrängt voll Landvolks. Auffallend schön sind die jungen
Männer dieser Gegend, aber auch unter den jungen Land=
mädchen war manches sehr hübsche Gesicht zu sehen. Ein
großer Theil der Frauen hat noch die alte Tracht, das
große gefaltete Kopftuch und die gestickten weißen Aermel,
das weiße Brusttuch und den niedrigen Spencer, auf dem
Rücken offen stehend und geschnürt. Nur die Röcke sind
natürlich Kattun. Abends bewegte sich ein Fackelzug durch
die engen finstern Gassen, voran die Stadtmusik, eine
zahlreiche Bande mit sehr guten Instrumenten, vortrefflich
spielend, meist junge, sehr schöne, schlankgewachsene Männer.
Dann kam ein Heer von Priestern in Feuerroth und Weiß,
eine wunderthätige Puppe escortirend, die von acht Män=
nern getragen wurde. Außerordentlich schön war der Ein=
zug dieser Procession in den Dom. Die Fackeln warfen
einen glühenden Schein auf das Gold der Façade. Im
Dom war darauf ein Gottesdienst mit Gesang. Ein Tenor,
der früher einen guten Namen bei der Oper hatte und
jetzt hieher in Ruhestand versetzt ist, sang außerordentlich

schön und wurde auch ganz gut begleitet. Geheimnißvoll blickten die großen marmornen Apostel auf die wogende, matt beleuchtete Menge nieder. Eine große Zahl sehr schlank gewachsener junger Frauengestalten bewegte sich in der Menge, und man konnte trotz des matten Lichtes erkennen, daß viele Schönheiten darunter waren. An dem folgenden Tage sollten dieselben besser ins Licht treten.

Eine Stunde nach dieser Introduction ging wieder ein Fackelzug durch die Straßen, und wieder war die Stadtmusik an der Spitze. Aber dießmal waren es Trauerklänge, die aus ihren Instrumenten drangen; sie gaben einer verstorbenen jungen Frau das Geleite zum Thor hinaus nach dem Campo Santo. Die junge Frau war eine Wohlthäterin des Volkes gewesen und wurde allgemein betrauert. Die Musikbande sollte Abends bis gegen Mitternacht auf dem Platze spielen, aber dieser Theil des Festprogramms ward aus Zartgefühl unterdrückt. So nahm die Mitwelt öffentlich Antheil an dem betrübenden Todesfall.

Am nächsten Morgen war unten im Thal auf einem großen Felde Viehmarkt. Ganz im Gegensatz zu jenem in Grottaferrata, der ein fröhlicher Tummelplatz für Menschen aller Länder und aller Stände geworden ist, war der hiesige rein geschäftlich, darum aber in seiner Weise nicht minder interessant. Ein zertrümmerter Aquäduct aus alten Zeiten durchschneidet das Thal und begränzt an einer Seite das Feld. Auf der zweiten Seite ragt Orvieto hoch in die Luft, auf der dritten sieht man kahle Höhen von Waldkuppen und einzelnen anfragenden Felsmassen gekrönt, auf der vierten einen langgedehnten waldigen Höhenzug, an dessen Gürtel das alte Capucinerkloster steht. Ein mächtiges Thor läßt die Straße durch den Aquäduct. Hier

zogen in ihrem gemessenen Schritt die langen Reihen der
Thiere ein, geleitet von Bauern zu Fuß, auf Eseln und
Pferden. Die Straße führt mitten durch das Feld, zu
beiden Seiten von etwa zwei Fuß hohen Erderhöhungen
eingefaßt. Zur Rechten sammelten sich alle Saumthiere.
Leute, die zu ihrer Bewachung zurückblieben, zum großen
Theil Mädchen und Frauen, standen dabei, eine große
Zahl von Füllen und kleinen Eselchen tummelte sich da-
zwischen herum. Ein ganzes riesiges Feld war nach einigen
Stunden in dieser Weise gefüllt und glich dem Lager eines
wandernden Volkes. An der andern Seite des Weges
standen die großen Ochsen, mit den Vorderfüßen oben auf
dem Erdwall höher als den Hinterfüßen, so daß sich die
Köpfe mit den Leiern hoch heraushoben, in langer, langer
Reihe, anzusehen wie ein Eingang in heidnische Tempel-
räume. In den Erdwall vor ihnen waren gabelförmige
Stäbe eingelassen, an deren Gabeln die Knoten der Stricke
herabhingen, mittelst deren die Thiere festgehalten waren.
Dazwischen standen und saßen in schönen Gruppen die
Hüter und Hüterinnen. Hinter dieser Reihe war nun
das ganze unabsehbare Feld gefüllt mit Vieh — ein wun-
derbares Gebüsch von Hörnern auf weißem Gefelse. Hier
und da ragte eine improvisirte Garküche hervor, mit Zelttüchern behangen, durch Laub und Canna dicht beschattet.
Dort wurde geschäftig gesotten und gierig gespeist. Längs
den Trümmern der alten Mauer waren auch mehrere solcher Hütten an die Mauer gelehnt, und hier waren die
schwarzen Schweine mit großen Schaaren von Ferkelchen
höchst possierlicher Façon, die Schafe und Ziegen, die Hirten
und Hirtinnen und die kostbaren Lotterbuben der Stadt
versammelt. Das alles trieb sein Wesen in der grellen

Augustsonne, ohne Schatten wunderbar kräftig beleuchtet. Eine Beschreibung vermag nur dürftig den Eindruck der merkwürdigen Stunden wiederzugeben, die ich dort zubrachte, dem Sonnenbrande zum Trotz bemüht hie und da etwas Malerisches wegzustipitzen.

Das Ersteigen der Tuffelsen gegen Mittag war derart, als sollte man in die Erde hineingebrannt werden. Oben versammelte sich alles zum obligaten Corso dei cavalli. Dießmal hatte der Corso Cavour einen Schmuck angelegt, der manches, was ihn sonst verunziert, vergessen machte. An den Fenstern der besseren Häuser waren die Damen des Ortes versammelt, eine wahre Auswahl von hübschen Gesichtern und nicht wenige wahre Schönheiten darunter. Ein schlanker zarter Bau ist vorherrschend, der kleine Kopf steht auf langem Halse, die Gesichter sind bei gleichmäßiger Schönheit so verschiedenartig, daß sie absolut keinen nationalen Charakter bezeichnen. Blondinen aller Art, oft sogar mit hellblauen Augen, sieht man neben wahren Portugiesinnen. Auch bei dem ganzen Landvolke war das sehr auffallend: das dralle halbblonde deutsche Mädchen neben slavischen Typen und verschiedenen südländischen Geprägen. Von Juden ist hier überall keine Spur zu sehen. Wer weiß, welche Völkerschaften hier an der großen Kriegsstraße der Vassi Tempi ihr Contingent zurückgelassen haben, um dieses Mischvolk zu bilden. Hunnen und Asiaten von Belisar und Narses scheinen dabei nicht zu fehlen, denn man sieht auch wieder befremdend häßliche Gestalten, die sonst nicht leicht in eine Classe zu bringen sind. Das Pferderennen, überhaupt ein jämmerlicher Abklatsch von Rom, scheiterte dießmal ganz. Eine einzige Mähre kam unter allgemeinem Pfeifen, Schreien und Lachen dahergerannt.

Am Abend dieses Festtages war eine Akademie im Theater. Der Eintritt in dieses Haus brachte eine der größten Ueberraschungen. Ein großes, prachtvolles, funkel= nagelneues Theater, das jeder Hauptstadt zur Zierde ge= reichen würde, auf diesem verwahrlosten Felsen. Und in den Logen der beiden ersten Ränge ein Kranz von Schön= heiten mit reicher, sorgfältiger, feingewählter Toilette, vornehmer Haltung, eleganten Bewegungen, die Fächer schwingend. Hinter ihnen Cavaliere aus erster Hand in Massen, mit aufgedrehten Schnurrbärten, Zwickern, die Scheitel in der Mitte, und mit allem, was sonst diesen nützlichen Theil der Gesellschaft charakterisirt. Ja, um Gottes willen, wo steckt ihr denn alle in diesem abscheu= lichen Nest, wo geht ihr denn hin, wenn ihr aus diesem Hause geht? Da sind Marchesen, Gräfinnen, Baroninnen, daß es eine Art hat. Man hat, wie ich schon andeutete in den alten Palästen einen Theil wohnlich gemacht: dort stecken sie, hinter geschlossenen Läden den ganzen Tag un= sichtbar. Hin zu ihrem Home, oder zu ihrem Stück Home, müssen sie aber durch all den Unrath, und dicht um sie herum haust überall das verwahrloseste Volksleben. Von einem Quartier der Stadt, wo die bessere Classe zusammen= wohnte, ist gar keine Rede. Es soll nur einmal einer, der Orvieto durchwandert, auch nur an einer einzigen Stelle auf den Gedanken kommen: hier scheint eine Herrschaft zu wohnen. Unmöglich! Und da sitzen sie in Massen! Daraus ist leicht der Schluß zu ziehen, daß sie selbst mit verwahr= lost und verwildert sind. Dieß ist die Wirkung des Lebens in kleinen Städten auf die Italiener. Kleinstädtisch werden sie nicht im geringsten, derartige Nüancen gibt es hier nicht, wie auch die Bewohner hoher Gebirge gerade

so leben und sich gebahren, wie in einer Seitengasse Roms.
Aber sie verwildern und verwahrlosen sich, entsprechend
der unwiderstehlichen Neigung des Italieners zum wahr=
haft Volksthümlichen und entsprechend ihrer unermeßlichen
Anlage zur Trägheit; denn sich und seine Umgebung sauber
und würdig zu erhalten, ist eine der größten und schwie=
rigsten Arbeiten des Lebens. Zu Hause lassen sie also alles
an der Gränze des Möglichen stehen und gehen, aber ein
schönes Theater müssen sie haben und in schönen Toiletten
glänzen. Da haben sie denn viele hunderttausend Lire zu=
sammengebracht und sich dieses glänzende Haus errichtet,
aber nach außen ohne allen Schmuck und Glanz und mög=
lichst rasch wieder der Erscheinung der Nachbarhäuser nahe
gebracht, damit man nicht sagen kann: cela jure. Auf
dem großen Vorhang ist ein sehr bemerkenswerthes Ge=
mälde angebracht. Die Orvietaner sind mit Fug und
Recht stolz auf einen ihrer Söhne, Namens Fracassini,
der, mit hervorragendem Künstlertalent ausgestattet, in
Rom zu rascher Entfaltung seiner Gaben gelangt war,
sich die Theilnahme und Anerkennung des Papstes erworben
hatte, für diesen rasch nach einander große Werke aus=
führte und dann in der ersten Blüthe seines hoffnungs=
vollen Lebens plötzlich starb. Es war ein Ereigniß in
Rom, und der Trauerzug, das Ehrengeleite bei der Be=
stattung der Leiche unabsehbar. Die Würdenträger des
Reiches hatten sich angeschlossen. Diesen Fracassini hatten
sich die Orvietaner kommen lassen, um die Decke des
Hauses, so wie einen Festsaal mit angränzenden Räumen
auszumalen und diesen mächtigen Vorhang zu schmücken.
Die Orvietaner nennen ihn den Rafael unserer Tage.
Seine römischen Gemälde im Vatican habe ich nicht

gesehen, seine Fresken in den Sälen sind nicht ohne Reiz,
besonders manche Gestalt von Amoretten ist schön componirt, aber es ist auch ein höchst gefährlicher Beigeschmack
darin, etwas äußerliches, dem Manierismus entgegen
steuerndes. Der Vorhang ist großartig. Belisar verjagt
die Gothen von Orvieto. Die Italiener haben nämlich
den guten Glauben, als ob die Tage des Belisar und
Narses Triumphtage Italiens gewesen seien. Der gewaltige Felsen von Orvieto ist sehr glücklich als Hintergrund
benutzt, und auf diesen Schattenmassen hebt sich die goldene
Gestalt des Feldherrn auf weißem Roß leuchtend ab. Un-
geschlachte, nicht gut verstandene Gothen fliehen im Vorder-
grund oder leisten letzte verzweifelte Gegenwehr. Es ist
nur eine Decoration, aber gewiß als solche sehr bedeutend.

Im Orchester versammelte sich in sehr kleidsamer, etwas
soldatischer Uniform die Stadtmusik, und nun wurde Ver-
schiedenartiges vorgetragen. Violine, Flöte, Gesang, Clavier, Orchester wechselten ab. Es war ein ganz annehm-
bares Concert, natürlich vom reinsten italienischen Wasser,
also nach der Aussage unserer unerbittlichen Kenner durchaus oberflächlich. Manchmal, wenn einen diese Musik so
bis auf den Nerv packt, und man das ganze Volk vor
Erregung erzittern sieht, kommt mir der Gedanke, als ob
dieses Aburtheilen von falschen Prämissen ausgehe und zu
sehr den Vergleich mit unserer Musik im Auge habe. Wenn
man den italienischen Geist auf seinem Boden, mit seinen
Verbindungen und Quellen ganz in sich aufnimmt und sich
ihm vollständig hingibt, dann mag Manches anders erscheinen. Beim Italiener sind zwei Momente ganz ent-
scheidend: erstens die große Neigung zum Typischen, das
durch ihre Dichtung, ihren Carneval, ihren Buffo, ihre

Feste, ja ihren ganzen Habitus geht, und ihrem ganzen
Geist etwas Gebundenes gibt. Zügellose und schranken=
lose Vertiefungen in das eigene Ich mit seinen ganz indi=
viduellen Quellen, seinem ganz eigenen Schritt und Tritt,
die Entfaltung von etwas ganz Neuem, Originellem liegt
ihnen sehr fern. Mehr oder weniger wird immer der
Kothurn angelegt, sobald ein Italiener die Prosa des Da=
seins verläßt. Daher für uns, die wir so großen Werth
auf die persönlichen Tiefen legen, leicht etwas Monotones,
wie in den alten stylvollen Gemälden. Zweitens ist das
Volksthümliche für Italien von weit größerer Bedeutung,
als für die anderen Länder. Wenn man in italienischen
Häusern Abends Musik machen hört und abwechselnd Num=
mern aus Opern mit Volksliedern im Chor gesungen wer=
den, dann glaubt man zu fühlen, wie der nationale In=
stinct den Componisten dem Volkston so nahe als möglich
hält. Und die Volksmusik ist so außerordentlich umfang=
reich und inhaltvoll in diesem Lande, daß sie schon als
Herd für die ganze Musik betrachtet werden kann. Hier
sind die Töne mit Ingenuität angeklungen, die dem Volke
vormalen, was es versteht, die seinen Lebensnerv berühren;
hier hält sich der Componist auf, sicher seiner Natur treu
zu bleiben und auf die Seinigen zu wirken. Und er wirkt
merkwürdig auf sie. Leicht ist ein fremdes Ohr denkbar,
dem diese Anklänge fern liegen, das hier nichts findet, als
ein Geklingel mit Melodien, und das dann die Langeweile
überkommt. Ob das aber an ihm oder an der Sache
liegt, das mag nicht so leicht zu entscheiden sein.

Die Pausen waren auch hier wieder, wie überall in
Italien, sehr lang, damit die Herren in die Kaffeehäuser
und an die Buffets laufen oder mit den Damen in den

Logen conversiren können, und damit es eben gegen 1 Uhr
wird, bevor man nach Hause geht. Das muß einmal so
sein. Mit den Kaffeehäusern und dergleichen hat es aber
hier gute Wege! und so saßen die Menschen denn, in
langen Reihen geduldig wartend, bis es wieder anfing.

Für den dritten Tag war eine Belustigung ganz anderer Art bestimmt. Im Giardino pubblico, der oben
auf der alten Festung angelegt ist und das ganze Thal
beherrscht, ist ein Amphitheater in aller Form erbaut,
über den Reihen der steinernen Bänke zu oberst gegen den
Himmel mit gedeckten Logen. Hier versammelte sich nun
Nachmittags wieder eine große Menschenmenge. In den
Logen zeigten sich dieselben feinen anziehenden Gesichter
der Damen, und auf dem Grasplatze, der in der Mitte
des Circus durch eine dichte Hecke mit Ausgängen von
der Bahn getrennt ist, erschienen nach und nach die Pferde,
mit denen hier ein Preisrennen stattfinden sollte. Hier
war von vornherein besonders auffallend, daß in einem
abgeschlossenen Raum, zu dessen Betretung man ein Ein-
trittsgeld bezahlt hatte, und in dem man, besonders wenn
man zufällige Besuche von answärts dazu rechnet, in den
oberen Schichten eine sehr auserlesene Gesellschaft vermuthen
konnte, die man anderswo, vielleicht zu viel, vor den
Wogen des Volkslebens schützt, gerade dieses wieder freien
Spielraum hatte. Die Lotterbuben mit ihren Schmutz-
titteln trieben sich herum, pfiffen, schrieen, machten ihre
Witze, als ob für sie allein das Fest gegeben würde.
Allerdings entsprachen denn auch die HH. Jockeys ganz
vorzüglich diesen weniger scrupulösen Anforderungen. In
keinem Dorfe sieht man bei irgendeiner Seiltänzerbude ab-
scheulichere, geschmacklosere und schmutzigere Männer, als

diese Russians. Sind denn die Alpen gar so hoch! Man
traut immer den Augen nicht, wenn man so nahe beim
übrigen Europa solche Dinge ohne allen chic sieht. Und
diese Kerle durften während des nun folgenden Preisren-
nens die ganze Zuschauerschaft mitsammt der Loge der
Preisrichter in einer Weise tyrannisiren, die wir uns gar
nicht vorstellen können. Voll Neid und Mißtrauen gegen
einander, immer bedacht, einer dem andern einen kleinen
spitzbübischen Vortheil abzugewinnen, und dann vom Preis-
gericht mit Hülfe der Lotterbuben wieder mühsam gezwungen, ihre Carrière aufzugeben und von neuem zu beginnen. Die beiden letzten aber, auf deren einen nun der
große Preis fallen sollte, behandelten sich wie zwei Todfeinde, die sich den Moment ablauern, um einander im
Ansprung zu erstechen. Eine geschlagene halbe Stunde
umschlichen sie sich, ohne daß sie sich aufrassen konnten,
einen ehrlichen Ablauf zu nehmen. Die Nacht brach ein,
die Inhaber der Steinbänke pfiffen, schrieen, heulten immer
heftiger, und die zwei giftigen Kerle kamen nicht vom
Fleck. Aber kein Herr rührte sich auch nur, verzog auch
nur eine Miene, oder hob eine Hand auf, um auf sie zu
wirken. Die eigentliche Befriedigung dieser Menschen bei
einer solchen Veranlassung liegt nämlich darin, daß sie zur
kühlen Stunde unter freiem Himmel die Zeit versitzen
können und faulenzen, je länger, je lieber. Was immer
um sie herum vorgeht, ist willkommener Zeitvertreib, also
je toller, je besser. Endlich verlief sich der Kreis, und in
langsamem Schritt bewegte sich die Menge dem Mittelpunkte der Stadt wieder zu. Adieu, ihr Schönen, von
euch ist nun Tag um Tag nichts mehr zu sehen. Wie sie
den Tag in ihren dunkel verhängten Räumen hinbringen,

daß weiß niemand zu berichten; es wird auch wohl nicht
viel davon zu berichten sein. Abends kommen sie in Schaaren
zum Vorschein, wenn man die Züge nicht mehr erkennen
kann, und schleifen in langsamem Schritt ihre übermäßig
langen Schleppen über den Eselsmist, daß es aussieht, wie
eine Palette, über die der Maler mit seinem Aermel gefahren ist. Hie und da setzt sich eine Gruppe vor dem
Kaffeehaus auf die Piazza, Eis essend, dann wandern sie
wieder bis ganz hinunter in den Giardino pubblico, und
so streichen sie stundenlang in diesen engen Gassen auf
und nieder, von Herren umschwirrt, auf den todtgeschla-
genen Tag eine todtgeschlagene Nacht zu thürmen. Dieselbe Ueberzeugung, die ich schon früher bei langjährigem
Aufenthalte in Italien gewonnen hatte, bestätigt sich dießmal nur zu sehr. Das Frauenleben steht hier verhältnißmäßig auf einer niedern Stufe. Es deutet förmlich noch
einen Uebergang zurück in das altrömische und östlich in
das asiatische Leben an. In großen Städten, in diplomatischen Kreisen mag hie und da eine Ausnahme stattfinden,
aber im Ganzen ist von einer Ausbildung der Frau wie
in unserm Vaterland gar keine Rede. Frauen und Töchter,
die bei uns in den außerordentlich weit verbreiteten intel-
ligenten Kreisen vollkommen mitwirkende Glieder sind, ja
oft die leitenden, die an dem ganzen geistigen Leben so
lebendigen Antheil nehmen, daß es sich fast um sie dreht,
sobald es nicht einen politischen Charakter hat, ein Stolz
Deutschlands und eine Bürgschaft für sein Heil — diese
Stütze des Lebens fehlt unsern Nachbarn jenseit der Alpen
vollständig. Die Frau Italiens hebt nicht das Männer-
leben, sondern hält es zurück, zieht es ab und nieder.
Denn wenn die Dichtung aller Völker und Zeiten noch so

herrliche Lieder der Liebe gewidmet hat, so ist und bleibt
es doch für ein Culturvolk ein niederer Standpunkt, wenn
seine Frauen ihm nichts anders sind, als ein Gegenstand
mehr zur Befriedigung der Leidenschaften. Vor allem hat
dann nur die Jugend Recht, und das ganze nachfolgende
übrige Menschenleben bringt der eine Theil in dumpfer
Zurückgezogenheit zu, im Bewußtsein keine Reize mehr zu
bieten, der andere in schwermüthiger Trauer über ver-
schwundene Seligkeit und in oft grimassenhafter Eifersucht
gegen schöne junge Männer, die an der Tour sind. Und
dem ist hier so. Alle jungen Italiener gehen ganz auf in
geheimnißvollen verzehrenden Leidenschaften; die alten haben
einen Beigeschmack von Ueberdruß und Kummer. Daß die
Liebe als das Glück des Daseins bestehen bleibe und, etwa
wie der Strom in der Natur, nur mit den Jahren eine
andere Weise annehme, das mag wohl allzu selten hier zu
finden sein. Bei den meisten Menschen ist da, wo die
Leidenschaft einstens gesprüht hat, jetzt ein ausgebrannter
Krater, in den nicht gut hinabschauen ist. Und die
jungen Weiber scheinen fast nur um dieses einen Liebes-
verhältnisses wegen zu existiren, sei es nun der Freier
eines Mädchens oder der amico einer jungen Frau — der
ist nur sie, oder an ihn denken sie, von ihm sprechen sie
mit Freundinnen; alles übrige berührt sie kaum, sie sehen
auch nicht rechts, nicht links, sind nicht eitel und nicht
cokett, tant s'en faut. Man mag sich vorstellen, auf welche
Quelle da etwa ein sittlich großer germanischer Principien-
reiter stößt, der den männlichen Geist durch Austausch
mit dem weiblichen veredeln will. Höchstens kann ihm
diese Donna bald zu einem unverhofften Schlaf verhelfen
und ihm so die nöthige Ruhe verschaffen. Als ich einem

sehr gebildeten und geistig thätigen jungen Mann in Or=
vieto, mit dem ich mich rasch befreundet hatte, mein Be=
denken über die italienischen Frauen aussprach und ihm
sagte: sie schienen mir auf einer viel niedrigeren Stufe zu
stehen als die Männer, und müßten wohl für jeden nicht
Verliebten bald langweilig sein, antwortete er: „Lieber
Freund, die italienische Frau muß man bewundern und
verherrlichen, man darf sie nicht abwägen."

Casa Poulane in Orvieto.

In einem ächt italienischen Wirthshause, das sich also
noch heute Locanda nennt, ist man, wenn man so will,
nicht lange ein Fremder. Die Bekannten, die man dadurch
gewonnen hat, daß sie im Hause aus- und eingehen, ziehen
einen bald hinüber aus der Gaststube an den Tisch des
Wirthes, an dem sie als Stammgäste auch speisen. Von
da an gehört man zum Hause, und es mischt sich sofort
wieder ein Theil Gastfreundschaft in die Behandlung des
Gastes. Der Wirth schenkt dem Gast seinern Wein ein,
läßt ihm von ausgesuchten Speisen präsentiren, ohne daß
dieß auf die Rechnung Einfluß hat. Ja, wenn man an
seinem Tisch fremde Wirthe kennen gelernt hat, und auf
der Weiterreise in ihr Haus kommt, so wird man als
Freund der Familie angesehen, vorzüglich bedient und be=
kommt eine kleine Rechnung. An dem Wirthstische, der
in einer besondern Stube ist, findet sich nun eine Mischung,
die wir nicht gewohnt sind. Bayern zeichnet sich schon vor
dem übrigen Deutschland dadurch aus, daß in derselben
Wirthsstube unter Umständen sehr verschiedenartige Classen
von Menschen beisammen sitzen. Aber zu Tischgenossen in

geschlossenem Kreise pflegen wir doch nur unersgleichen zu
wählen. Anders ist es hier. Wer sich länger aufhält oder
oft wiederkehrt, zieht sich an diesen Familientisch, und die
Beamten des Hauses sind nicht eben sehr nach oben ragende
Persönlichkeiten. Durch diese kommt denn auch oft dieser
und jener andere etwas untergeordnete Mensch in den Kreis.
Dagegen finden wir auch Männer von der höchsten Stufe
der Bildung, die in Orvieto angestellt sind, Grafen, die
in der Nähe große Besitzungen haben, hohe Staatsbeamte
aus Rom, die ihrer Gesundheit wegen hier weilen, Mit=
glieder des Abgeordnetenhauses u. s. w. an der Tafel.
Und beim Fortgang der Unterhaltung ist es absolut un=
möglich, von diesen Unterschieden etwas wahrzunehmen.
Laut, frank und selbständig spricht jeder mit, der bei uns,
wenn er überhaupt in der Stube sein dürfte, ehrfurchtsvoll
schweigen würde. Die hohen Herren ihrerseits haben ganz
denselben Ton. Von einer Herablassung und dergleichen
haben sie keine Vorstellung, sie sprechen als Menschen mit
Menschen. Wie vollkommen dem so sei, tritt am deut=
lichsten hervor, wenn die Discussion lebhaft und leiden=
schaftlich wird.

Es ist dieß ein schöner Zug, von dem ich uns recht
viel wünsche, aber doch nicht alles. In der Reserve der
Nordländer liegt auch eine tiefe Bedeutung, die man erst
vollkommen würdigen lernt, wenn man dauernd die Folgen
des Gegentheils beobachten kann. Die Würde wird viel
und bedenklich geschädigt, durch dieses vollkommen rückhalt=
lose Zusammen= und Durcheinanderleben. Erstens haben
Leute von schlechten Absichten, und solche, die schon einen
Makel haben, einen viel weiteren Spielraum, können sich
viel länger halten; dann aber wird auch die ganze Unter=

haltung, der ganze geistige Verkehr unwillkürlich von unten aus bestimmt und auf eine niedere Stufe gedrängt. Tiefgebildete Männer kommen zur Gewohnheit unausgesetzter, langer, seichter Unterhaltung. Kurz, schlechte Kerle und seichtes Volk kommen zu gut dabei weg, edle Menschen vergeben sich zu viel. Wieviel hundertmal habe ich dieß wahrnehmen können! Infame Spitzbuben habe ich in guter Gesellschaft das Wort führen hören, faule untergeordnete Nichtsnutze in schlechten Röcken sich in edeln Häusern bei vornehmen Damen breit machen gesehen. Ein edler Italiener ist allzu leicht und allzu oft déplacé. Hievon abgesehen — es sind ja nicht überall schlechte Figuren im Spiel — hat diese Art zu leben große Vorzüge und große Reize. Es käme auf das Maß an. Ich habe mehr Genuß als Nachtheil davon gehabt, denn nun gar in etwas höheren Schichten fällt jede Spur von Kastengeist ganz weg. Alle jene schrecklichen Blicke, von denen wir getroffen werden, wenn der „Andere" und, ach, noch empfindlicher, die „Andere" uns specifisch abwiegt mit ihrem eigenen außerordentlichen Werth, und uns markirt, wie viel sie oder er uns geben wird — jene Blicke sind hier vollkommen unbekannt.

So war denn der Aufenthalt im Haus bald ein höchst angenehmer, geeignet, einen die Trennung von der Heimath minder empfinden zu lassen. Es kam auch noch vieles andere zusammen, um diesem Hause für uns einen Reiz zu verleihen. Vor allem die historischen Traditionen. Der Vater des Wirthes, ein rüstiger Greis von 75 Jahren, ist ein hervorragender Künstler. Thorwaldsen und Tenerani haben den talentvollen Knaben nach Rom geführt, unter ihrem Schutze hat er seine Studien gemacht, in inniger

Freundschaft zu ihnen seine ersten Arbeiten von Bedeutung
ausgeführt. So hat er denn auch zu Cornelius, Overbeck
und allen unseren Meistern in freundschaftlichen Beziehungen
gestanden. Während jener Zeit, die Cornelius in Orvieto
verbrachte, um Signorelli zu studieren, war Pontane auch
hier und machte Zeichnungen nach Signorelli für den
Kupferstich. Damals waren diese beiden fast ganz auf ein=
ander angewiesen. Später hat er unsern Cornelius noch
zweimal in seinem Hause begrüßt, ebenso Overbeck mehrere=
male und König Ludwig. Zuletzt, und zwar vor ganz
kurzer Zeit, war Pfannenschmidt bei ihm, und das Herz
des guten alten Herrn ist von Liebe zu seinem Signor
Carlo ganz erfüllt. Ich schicke dem edlen Meister durch
diesen Brief einen herzlichen Gruß von ihm, er wird es
gewiß erfahren. Auch mir war er in diesem Monat ein
treuer guter Freund, aus dessen Munde stets echte Weis=
heit quillt, so oft er in seinem Gebiet ist. In der Stadt
Orvieto sind zwei Altarbilder von seiner Hand, eine Ma=
donna mit Engeln und Heiligen und ein Sebastian. Letz=
teres hat er erst vor kurzem abgeliefert. Die Bilder sind
ganz vorzüglich, voll des großen Ernstes seiner Freunde,
und das Jesuskind ist so schön in jeder Beziehung, daß es
jedem Meister zu allen Zeiten Ehre machen würde. Pfannen=
schmidt wird dieß gewiß bezeugen. Früher hat Pontane
einmal die Herkulesarbeit überwunden, sämmtliche Sculp=
turen der Domfaçade in 75 Blättern abzuzeichnen. Sie
sind nach diesen Zeichnungen gestochen worden. Eine An=
zahl bedeutender Handzeichnungen von ihm ist in Paris
bei dem Communekampf zu Grunde gegangen, wovon in
französischen Blättern Erwähnung gethan war. Wegen
dieses ehrwürdigen Vaters heißt auch das Wirthshaus:

„Belle Arti." Für uns ist es also ein classischer Boden:
wir finden unter diesem Dach noch den würdigen Jugend=
gefährten unserer großen Meister. Auch Oreste, der Sohn,
hat sie noch alle gekannt und mit König Ludwig sehr viel
gesprochen.

Dieß vorausgeschickt, möchte ich mir erlauben, einigen
schädlichen Worten unseres so unschätzbaren Gsell=Fels den
Stachel zu nehmen. Er hat dieses interessante Haus mit
dem einen Wort: „theuer" abgefertigt, und wer weiß, wie
viele von ihm fern gehalten. Dafür hat er „Aquila bianca"
angepriesen. „Vorzüglicher Orvieto=Wein" ist überall in
dieser Gegend und Pontane hat einen solchen Ruf wegen
seiner Weine, daß er einen ganz großartigen Weinhandel
treibt. Reinlich ist das Haus Belle Arti im höchsten Maß,
und dabei hat es den eigenthümlichen Zauber, daß es den
echt italienischen Charakter mit den Eigenschaften des Hôtels
vereinigt. Im Aquila bianca ist man allen Abenteuern der
allzu echten Locanda ausgesetzt. In diesem Sommer kam
eine Engländerin weinend herüber geflüchtet, weil sie, als
sie ihr Zimmer verlassen wollte, im Zimmer davor zwei
Landleute im Hemd fand. Was aber die Billigkeit betrifft,
so kann ich nur sagen, daß ich für sechs Lire täglich dort
auf das vollständigste mit allem versehen war. Morgens
Milchkaffee mit Weißbrod, Wein ganz nach Belieben und
bei jeder Mahlzeit gebratene Wachteln, Rebhühner, Tauben,
Hühner und dergleichen. Wer kurze Zeit bleibt, wird mehr
bezahlen, und im Aquila noch weniger, aber um ein paar
Franken auf und ab ist es doch nicht rathsam, ein so vor=
treffliches Wirthshaus zu vermeiden. Man muß auch der
Lage dieses Mannes Gerechtigkeit widerfahren lassen. Alles
um ihn her erschwert ihm die Aufgabe, die er mit großer

Energie durchgeführt hat, ein tadelloses Wirthshaus her=
zustellen. Solchen Wirthen, von denen wir wissen, daß
sie es sich sehr sauer werden lassen, uns gut unterzubringen,
müssen wir auch entgegenkommen. Wenn man allein den
Umstand in Erwägung zieht, daß Pontane alles aus Rom
kommen lassen muß, wenn man dabei bedenkt, daß er nur
in drei Monaten des Jahres Fremde sieht (ich habe wäh=
rend der ganzen Zeit nur einmal eine Schaar Engländer
gesehen), daß er mehrere andere Geschäfte mit Eifer treiben
muß, um sich zu erhalten, dann mag manches anders er=
scheinen.

Wenn junge Künstler, die nach Orvieto kommen, um
dort Studien zu machen, bei ihm einkehren wollen, so ist
er bereit, diese für fünf Lire täglich auf das beste zu be=
wirthen.

Die Engländer, deren ich vorhin Erwähnung that,
waren von der großen Cookarmee, die ja wohl auch Deutsch=
land überschwemmt. Sie zahlen ihre ganze Reise in London
voraus und bekommen für ihr Geld ein Buch mit so und
so viel Checks. Auf dem einen steht: „Ein Bett,“ auf
dem andern: „Frühstück“ u. s. f. Wenn sie abreisen, reißen
sie so viele Checks heraus, als sie verbraucht haben und
geben sie dem Wirth. Dieser löst sie in Rom auf der
Piazza di Spagna gegen Gold ein. Mit den ersten Gast=
höfen sind die Contracte zu billigen Preisen gemacht. Den
Wirthen ist dadurch eine außerordentlich große Zahl von
Reisenden zugewandt, und diese können ihrerseits nicht über=
fordert werden und sind auf ihrer Reise der Geldsorge
ganz entledigt. Pontane sagt, daß die Zahl dieser Cook=
Engländer sehr bedeutend ist. Es kommt seitdem eine
Menge englischer Bürgersleute vom reinsten Wasser auf

den Continent und macht sich in den ersten Gasthöfen breit. Practica est multiplex.

Eine große Menge von Fremden fährt bei Orvieto vorüber direkt nach Rom und umgekehrt, im Frühjahr. Nichtsdestoweniger hat der Zuzug sich bedeutend vermehrt, seitdem die neue Bahn über Chiusi Orti geht, die etwa um siebzig Kilometer kürzer ist, als die früheren Wege über Siena und Perugia. Die Schnellzüge gehen nun über Orvieto und sind auf der Linie Perugia=Foligno ganz ein= gegangen. Nur einer täglich von Ancona nach Rom berührt Foligno. Diese Veränderung hat auf die Bewegung des Reisenden großen Einfluß gehabt, zum entschiedenen Nach= theil Perugia's und Assisi's. Mehrere Züge passiren in beiden Richtungen Nachts Orvieto. Statt daß nun, wie in so manchem glänzenden Hôtel, der Hausknecht die Riegel des Thores zurückschiebt und ein aus dem Bett auferstan= dener Kellner schläfrig die Treppen vorangeht, die Lichter anzündet und sich schleunigst wieder entfernt, damit man nur nichts mehr fordert, ist hier die ganze Nacht das Haus offen, Dienerschaft in Haus und Küche jeden Augenblick zu Allem bereit. Unten im Vorhause stehen zwei lange gepolsterte Bänke, auf denen die Männer in Kleidern aus= ruhen und schlafen, meistens am Tage. Wenn ausgezeichnete Gäste, besonders mit Damen, im Hause sind, so führt sie der Wirth selbst in ihre Gemächer und wieder an den Wagen, und da tritt gleich wieder hervor, daß es nicht der unterthänige Diener mit Kratzfüßen, sondern der gast= freie zuvorkommende onorevole Mitbürger ist, der dem Gast die Aufmerksamkeit erweist. Ja, er oder sein Amico fahren Nachts den langen Weg mit hinab bis auf den Bahnhof und helfen bei Allem, bis die Herrschaft im

Wagen sitzt. Der Amico ist eine Figur, welcher man wohl in allen Verhältnissen in diesem Lande begegnen wird, so wie er uns in trauriger Weise bekannt ist als Aufbesserer der Ehen. Ueberhaupt mag hier wohl fast jedes Haupt eines Anwesens bis jetzt einem Baume zu vergleichen sein, dessen volles Gedeihen durch Schmarotzer= pflanzen gehindert wird. Erwachsene Söhne, die im Hause bleiben, mitessen und gar nichts thun, Schwiegersöhne, die mit in das Haus ziehen, und unerklärliche Freunde, die sich Gott weiß wie eingedrängt und nothwendig gemacht haben. Hier wäre gründlich aufzuräumen, wenn es dahin gebracht werden soll, daß alle Kräfte verwendet werden und keine Kraft gehemmt sei in ihrer Entfaltung und im Einbringen des vollen Gewinnes. Es wird viel von Fau= lenzern weggegessen. Die Küche in den Locanden ist außer= ordentlich saftig und gewürzig, aber ebenso gesund. Sie scheint recht eigentlich dem Klima angepaßt zu sein. In diesen Monaten wird sehr viel die rohe Sellerie=Pflanze mit Oel und Essig gegessen. Man bricht von der Pflanze Stengel um Stengel ab, taucht ihn in die Sauce und ißt ihn soweit er weißlich ist. Dieß ist höchst erfrischend und blutreinigend. Vor Tisch wird sehr viel Wermuth ge= trunken, Schwämme und Peperoni, in Essig eingemacht, sind eine häufige Beigabe, und ganz besonders die Con= serve von Paradiesäpfeln, von der man auch nebst dem geriebenen Parmesan=Käse einen Löffel voll in die Suppe thut. Feigen sehr verschiedener Gattung sind hier eine ganz vorzügliche Frucht. Birnen, Aepfel, Pfirsiche sind gar nicht zu vergleichen mit jenen im Norden. Der Kaffee ist nur in den großen Städten vorzüglich. Eis wird Abends im Kaffeehaus in Menge verzehrt, aber so

zubereitet, als ob man ungefähr den reinen Schnee äße.
Indeſſen man nimmt es tant bien que mal, weil es ge=
radezu ein Bedürfniß iſt. Man lebt alſo eigentlich luxuriös,
ißt viel feine Braten, gute Gewürze, immer reichlich Früchte,
trinkt ſehr viel edle Weine und ſchlürft Sorbetti. Aber der
Geldbeutel wird dabei nicht ſehr angeſtrengt, es iſt alles
nach heutigen Begriffen billig. Und zu Ausgaben irgend
welcher Art iſt abſolut keine Gelegenheit gegeben. Iſt ja
in der ganzen Stadt nicht ein einziger ordentlicher Kauf=
laden für die Bedürfniſſe höherer Stände. Man kann
nicht einmal ein Federmeſſer oder beinerne Hemdknöpfchen
kaufen. Die einzige Verführung, der man in Orvieto aus=
geſetzt iſt (und dieſe iſt freilich ſehr groß!) iſt die Photo=
graphien des Domes zu kaufen. Man bekommt das Dutzend
in recht großem Format um zehn Lire, und wenn man
dieſe Blätter durchſieht, dieſes Gemiſch von Darſtellungen
der Baukunſt, der Sculptur, der Ornamentik, der Malerei,
alles in höchſter Meiſterſchaft und Eigenthümlichkeit, ſo
glaubt man in einen Wunderſpiegel zu ſchauen, der einem
eine überirdiſche Märchenwelt vormalt.

Der Dom und andere Kunstwerke Orvieto's.

———

Wenn man am Fuße der Façade des Doms eine Zeit lang mit innigem Vergnügen Einzelheiten angesehen hat, die von hohem künstlerischen Werthe wie in einem Museum dicht aneinander folgen, und man blickt dann plötzlich in die Höhe mit dem Gedanken, daß diese Durchführung sich bis in die höchsten Spitzen erstreckt, dann wird man ganz verwirrt. Man kann sich gar nicht mehr vorstellen, wie einer den Muth haben mag, ein solches Projekt zu machen und die Kraft, es durchzuführen. Schon dieses Zeugniß der Schwungkraft und Energie verleiht der Façade den höchsten Reiz. Aber sie ist auch in jeder andern Hinsicht bezaubernd, wie kaum ein anderes Kunstwerk. Während sie auf das feinste und klarste die innere Eintheilung des Hauses angibt, erhebt sie sich doch wieder über dasselbe, und befreit sich von ihm zu einem nicht abgelösten, aber selbständigen Dasein, und zwar in doppeltem Sinne: einmal übernimmt sie mit Erfolg die Rolle der Thürme. Es wird niemandem auffallen, daß der Dom von Orvieto keine Thürme hat, seine Façade enthält sie gleichsam; andrerseits tritt sie aus dem Bereiche der architektonischen

Werke heraus und ist, während sie unter diesen einen ersten
Rang behauptet, zugleich ein harmonisch durchgeführtes
feingestimmtes Bild. Und zwar ein Prachtbild. Das viele
Gold, die vielen buntfarbigen Bilder, die tausend und
aber tausend Sterne und Blumen in Mosaik, die Lichter
und Schatten der Reliefs, die verschiedenen Steinfarben
in Feldern, Strichen, Säulen, Umrahmungen, Nischen
u. s. w. wirken zusammen ganz berauschend. Und wir
können sie nicht einmal ordentlich übersehen! Der alte
Pontane führte mich in das große ehemalige Jesuiten=
kloster, in welchem jetzt die öffentlichen Schulanstalten der
Stadt sind. Dort ist eine Terrasse im obern Stockwerke,
von der aus man die Façade in vollkommen richtiger Ent=
fernung sieht. Ich war ganz erstaunt über diese Wirkung.
Leider aber ist auf diesem einzigen Platze, der uns auf
den richtigen Distanzpunkt stellt, der untere Theil schon
wieder verdeckt, so daß die Façade märchenhaft aus dunkeln
Massen aufschwebt. Es müßte ihr gegenüber aufgeräumt
werden, und dort steht eine kolossale Baumasse, die vor
einiger Zeit um 8000 Lire zu kaufen war. Diese Gelegen=
heit hat man sich entgehen lassen, um lieber dreißigmal
so viel für ein geschlossenes Theater auszugeben. Das
Abdera der Italiener heißt Cuneo, dieß ist aber nicht in
Cuneo geschehen. Das Gold der Façade bringt mitunter
feenhafte Wirkungen hervor. Um die Mittagszeit, wenn
die Sonne gerade darauf scheint, strahlt sie selbst wie eine
Sonne. Man darf sie dann natürlich nicht scharf anschauen,
aber man sieht die Wirkung dieses goldenen Lichtmeeres
ringsum, an ihr selbst sowohl als an den gegenüberstehen=
den Schatten, die ganz herrlich durchleuchtet sind. Das
fremdartigste und märchenhafteste Schauspiel aber habe ich

eines Abends gehabt, als ich auf den jenseitigen Wald-
höhen umherschweifte. Ich war bis zum Sonnenuntergang dort oben geblieben, und trat eben aus einem Ka-
stanienwalde hervor, als das Gestirn dicht über den Bergen
stand, Abendgluthen sprühend. Der dunkle braunrothe
Fels von Orvieto war schon im Nachtschatten, ebenso wie
der größte Theil der Baumassen, und stand im denkbar
größten Gegensatz zu den zartduftigen Tinten der großen
Berge, die sich jenseit der Stadt aus dem Thal erheben.
Einzelne Flächen von Campanilen und Basiliken waren
rothglühend beleuchtet, und über diesem riesigen ernsten
Unterbau erhob sich die Façade eben so feurigsprühend wie
drüben die Sonne selbst. Die Beschreibung eines solchen
Augenblicks ist so dürftig, daß sie nur den Jubel andeuten
kann, ihn erlebt zu haben. Und nun wieder eine Voll-
mondnacht auf dem Domplatze, wo die Façade silbern er-
glänzt, während der Koloß hinter ihr wie von schwarzem
Ebenholz dasteht.

Die Photographie der ganzen Façade gibt kein rich-
tiges Bild von ihr, weil das Gold und die Farben zu
maßgebend sind. Alles ist hell, leuchtend, blond, und
darum zerstören die schwarzen Schatten der Photographie
den Eindruck. Das Innere des Doms gibt zunächst ein
abschreckendes Bild jener unerklärlichen Zeit, wo man in
Italien eine staunenswerthe Menge riesiger Fresken und
Altarbilder malte, die absolut keinen Werth haben, ja
sogar abscheulich sind. Aus allen diesen Pinseleien spricht
nur dummdreiste Eitelkeit, und in allen jenen unzähligen
Domen und Basiliken, die der Kunstfreund in diesem
überreichen Lande besucht, ist bei weitem der größte Theil
vom Flächeninhalt mit solchen todtgeschwiegenen Erzeug-

niſſen angefüllt. Oft findet man fünfzehn, zwanzig ſolcher
Altarbilder erſter Größe, und in einigen Seitenkapellchen
hängen an dunkeln Stellen ein paar kleine halbruinirte
Bilder, die eine Reiſe werth ſind. Man ſtaunt nicht
weniger über die vollſtändige Verdummung der Künſtler
des vorigen Jahrhunderts und ihrer ächt pfäffiſchen Mä=
cenaten, als über den gewaltigen Aufwand von Mitteln
und Kräften, um das Alles herzuſtellen. Wäre Geiſt in
dieſen Bildern, ſo wäre dieß die bedeutendſte Kunſtperiode
Italiens geweſen, wegen der Menge und Größe der Werke.
Wenn nun dieſe Erzeugniſſe von Eitelkeit und Selbſtüber=
hebung förmlich ſtrahlen, wenn man ihnen anſieht, daß
die Verfaſſer geglaubt haben, alles Frühere, wie das
Stadium der Kindheit, hinter ſich gelaſſen zu haben,
während ſie doch nur nothdürftig von dem Fette der Ver=
gangenheit zehrten; wenn man ſich dabei vergegenwärtigt,
daß das Publikum jene Bilder gewiß mit Stolz und Ent=
zücken empfangen hat, ſo mag man wohl mit einigem Be=
denken auf alle jene Abweichungen vom Claſſiſchen blicken,
die in der Gegenwart oft tyranniſch herrſchen. Wer weiß,
wie bald ſie wieder in ihr Nichts verſinken, ſo gut wie der
Jeſuitenſtyl! — Der Dom von Orvieto iſt nun ganz und
gar ausgemalt mit ſolchem Zeug, alſo eigentlich abſcheu=
lich anzuſehen. Aber wir haben die Kunſt erlernt, dieſe
Verunzierungen gar nicht mehr zu ſehen und über ſie weg
zum urſprünglichen Reinen zurückzublicken. Tritt man aus
dieſem grellen, bunten, ſeichten Zeug in die Kapelle der
Signorelli und Fieſole, ſo ſieht im erſten Augenblick Alles
lederfarben und hölzern aus, wegen der Patina des Alters
und wegen der Strenge der Zeichnung und Modellirung.
Die echte monumentale Kunſt hat etwas Herbes, und

darum wird allem Graciösen, Leichten, was den Sinnen schmeichelt, der Sieg bei den Massen so leicht.

Es ist sehr interessant, Fiesole und Signorelli mit einem Zwischenraum von einem halben Jahrhundert im selben Raume zu finden, und zwar oben an der Decke in ganz gleichartigen Gruppen von Heiligen, die in pyramidal aufgebauten Gruppen zusammensitzen. Hier ist das Bestreben oder der Drang Signorelli's dramatisch zu wirken, seinen Figuren in Bewegung und Ausdruck der Gesichter das Gepräge des momentanen Affekts zu geben, in einer Hinsicht eine Beeinträchtigung. Die heilige ewige Ruhe und religiöse Vertiefung der Gestalten Fiesole's üben in diesem Vergleich eine um so großartigere Wirkung aus.

Daß der Geist Signorelli's wie ein frischer Wind über das Land gefahren ist, sieht man auf den ersten Blick, und man staunt, wie ein Genie mit so viel ureigener Kraft erstehen kann. Aber sein Einfluß auf die ganze Kunst darf doch nicht mit dem der Antike oder eines Raphael, Michelangelo, Albrecht Dürer verglichen werden; denn in seiner fast schwelgerischen Lust, Schranken einzureißen und sich frei zu entfalten, hat er oft über das Ziel hinausgeschossen und das Classische beeinträchtigt. Wenn er allein stünde, würden sein Studium und sein Einfluß bedenklich sein, besonders für die Construktion der Gewänder. Cornelius, der ihn am meisten studirt hat, hatte alle anderen Meister längst in sich aufgenommen, und hatte vor Allem seinen eigenen, entschieden mächtigeren Genius zur Seite. Geringe Talente können durch Signorelli rasch in die Irre geführt, während feste Charaktere durch ihn in hohem Grade auf die Vereinigung der Naturwahrheit mit dem hohen Styl geführt werden.

In diesem Dom perlt es wieder von Ornamenten in weißem Marmor mit Vögelchen, Engelchen, Blumen und Früchten, daß man sich gar nicht satt sehen kann.

Einstens hatte Orvieto in seiner großen Zahl alter Kirchen einen Schatz von Freskogemälden früher Zeit. Dieselben herrlichen Männer, die alle jene neuen großen Altarbilder haben fertigen lassen, haben dieses „häßliche beschädigte" alte Zeug mit Mörtel ausflicken und weiß übertünchen lassen. Hie und da hat man mit großer Vorsicht manches wieder herausgekratzt, und so blicken aus der weißen Tünche große feierliche Gestalten in strengen Contouren mit heiligem Ernst in den Zügen hervor. Wo man in diesen kleinen Basiliken mit dem Messer die Tünche abschabt, kommt ein Finger, ein Auge, eine Locke zum Vorschein.

Außerhalb Orvieto's, am Fuße der gegenüberliegenden Hügel, dicht unter einem Abhang, an dem uralte Kastanienbäume zwischen Felsblöcken und wildwucherndem Gesträuche sich erheben, stehen die Ruinen der Badia, eines großartigen alten Klosterbaues. Was da noch übrig ist, zeugt von einer solchen Schönheit und Pracht, daß es nur mit Maulbronn in Württemberg zu vergleichen ist. Rundbogenfenster mit schlanken Säulchen, deren Schaft mit Blättern der feinsten Sculptur umrankt ist, ein hoher achteckiger Thurm in dem schönsten Verhältnisse mit seinen Fenstern, gewaltige Bogenthore, reich eingefaßt, freie Gallerien, ein außerordentlich reicher Mosaik-Fußboden — dieß alles ist jetzt umwuchert und umwachsen von Schlingpflanzen, alten Feigenbäumen, Weinranken und Kastanienbäumen. Contadini hausen in diesen glänzenden Prachtbauten. Die Schweine laufen auf den Höfen herum,

zwischen den Bogen liegen die Misthaufen, in den Gallerien
hängt der glühend gelbe Gran Turco in Guirlanden zum
Trocknen. Karren, Geräthschaften, Eselssättel, Körbe,
Krüge, Fässer sind umher verstreut. Es ist traurig, ein
so über Alles schönes Kunstwerk so vergehen zu sehen, es
ist aber auch wieder ganz unmöglich in Italien alles zu
retten, es müßten denn englische, deutsche, französische
Gesellschaften diese theure Arbeit mit übernehmen. So
aber, wie die Badia jetzt da steht, ist sie so malerisch,
daß zu wünschen wäre, einer oder der andere unserer ge=
schickten Meister suchte sie auf und gäbe uns einige von den
ganz eigenthümlichen Bildern zu denen sie den Stoff bietet.

Steigt man an dieser Hügelkette durch die oben er=
wähnten alten Kastanienbäume aufwärts, so sieht man im
Rahmen dieser großartigen Bäume die Kathedrale auf
ihren Felsen, wieder ein herrliches Bild; dann kommt man
zu zwei etruskischen Gräbern, in denen merkwürdigerweise
die deutlich sichtbaren Figuren fast lebensgroß sind. Weiter=
hin steht ein altes Kloster hoch am Berge, und der Weg
längs dieser Anhöhen gegenüber der Felsenstadt gehört
zu den schönsten in Italien. Im Garten dieses Klosters,
der auf hoher Mauer über die Abhänge emporragt, stehen
Lorbeerbäume von ungewöhnlicher Höhe, die mit den Wein=
lauben, einem Springbrunnen, dem reichen phantastischen
Hintergrunde, der goldenen Façade, wieder zauberhaft zu=
sammenwirken. In der Kirche dieses ehemaligen Klosters
— denn jetzt ist eine Ackerbauschule darin — sind zwei
Frescobilder, eine Madonna mit Heiligen umgeben und
eine Gruppe von Heiligen, die zu den Kunstwerken aller=
ersten Rangs gehören. In das Madonnenbild hatten
wieder jene herrlichen Väter einen Altar hineinmauern

lassen, den man jetzt weggerissen hat. Aber die ganze
untere Hälfte des Werkes existirt nicht mehr. Man schreibt
diese Fresken dem Pinturicchio zu, aber so wenig ich mir
anmaße, in diesen heikeln Fragen ein bestimmendes Ur=
theil abgeben zu können, mir sind sie eher wie von Pe=
rugino selbst oder von Lo Spagna vorgekommen. Jeden=
falls sind sie von einem Meister ersten Rangs, dem Verfall
ziemlich preisgegeben, an einem allzu schwer zu erreichenden
Fleck Italiens, und es wäre darum zu wünschen, daß eine
deutsche Regierung einen Künstler beauftragte, sie in der=
selben Größe zu copiren. Wir würden unsere Museen
um ein paar Schätze ersten Rangs bereichern.

In Orvieto ist noch ein Werk ganz anderer Art, das
man beinahe unter die Weltwunder einreihen möchte.
Durch den ganzen Berg bis zum Grundwasser des Paglia=
Thales haben die kühnen Männer alter Zeiten einen Schacht
von fünfzehn Meter Durchmesser gehauen und einen ko=
lossalen Thurm aus der Tiefe herausgebaut. Dieser Thurm,
dessen Mauern mindestens vier Fuß Dicke haben, trennt
die Treppen von dem innern Raume des Brunnens. Diese
Treppen sind so angelegt, daß die eine bis zum Wasser
hinab, die andere von dort herauf führt, ohne daß sich
die Steigenden begegnen. Zweihundertsechsundvierzig lange
etwas schräge Stufen führen ab und auf, und die Treppen=
räume sind so breit, daß ein Lastthier mit Wasserbutten
auf dem Rücken sich darin bewegen kann. So stiegen die
Thiere auf der einen Seite hinab, unten führt eine Brücke
über die Wasserfläche, die sie überschritten, um an der
andern Seite wieder hinaufzusteigen. Sechsundsechzig
große Fenster beleuchten diese Treppen vom Innern des
Brunnens her. Dieses ganze Werk ist wieder so groß=

artig, daß man sich die Erbauer als gewaltige Männer
vorstellen muß.

Gegenüber dem Dom steht ein großer Palast, der dem
Grafen Faina gehört. Im oberen Stockwerk hat dieser
Kunstfreund eine Reihe von Zimmern mit einem bräun-
lichen Ton, und mit Verzierungen, die den etrurischen
Vasen entnommen sind, ausmalen lassen. In diesen Räumen
ist eine sehr werthvolle Sammlung von Münzen, Geräthen
und Vasen aufgestellt, viele Exemplare von ganz seltener
Pracht und Größe, ägyptische, römische und etruskische
Vasen. Das letzte Zimmer dieser Flucht ist von dem
Grafen in sehr poetischer Weise dem Andenken seiner edlen
Mutter geweiht. Diese war eine echt zünftige Malerin,
die einen großen Theil ihres Lebens in den Gallerien
Italiens zugebracht hat, um Copien zu machen. Eine An-
zahl dieser Malereien, ein Porträt der Tochter, über dessen
Ausführung die Gräfin gestorben ist, und manche andere
Arbeit von ihrer Hand sind dort aufgestellt. Das Maler-
fenster ist noch erhalten, und so weilt man einen Augenblick in dem stillen Raume, wo eine geistige Natur unmittelbar gegenüber der goldenen Façade Umgang mit der
Muse gepflogen hat. Der Vater Pontane hat mir viel
von dieser edlen, geistreichen Dame erzählt. Er war ihr
Lehrer und langjähriger Freund. Er hat auch einen Orvietaner so ausgebildet, daß ihn Seitz jetzt mit nach Croa-
tien genommen hat als Gehülfen bei der Ausmalung einer
großen Kirche für Stroßmayer.

Alle Reste alter Kunst, die Orvieto birgt, sind in
schlechtem Stand, und werden von dem, was die großen
Städte enthalten, so weit überboten, daß man sich um
ihretwillen nicht aufzuhalten braucht. Andrerseits hat dieser

Ort wieder die Eigenschaft so vieler italienischen Städte, daß man, wenn er ganz allein übrig geblieben wäre, sich die ganze Kunstgeschichte dieses classischen Landes aus seinen Denkmälern construiren könnte. Dieß würde einem in Betreff der deutschen Kunst in Städten wie Halberstadt, Naumburg, Bayreuth und andern, die ungefähr den gleichen Rang in Deutschland einnehmen, etwas schwer werden.

Todi.

„Signor Cárlo, volete venire?" so ward mir eines
Abends vom Nebentische, an dem der Wirth mit einigen
Herren speiste, zugerufen. Wohin? fragte ich. Nach Todi,
hieß es. Es wird dort ein neues Theater eingeweiht. Die
Stadt hat eine wunderschöne Lage am Tiber, ähnlich wie
Orvieto auf isolirtem hohem Berge, und ist nur dreißig
Miglien entfernt. Wir nehmen den großen Wagen, vier
Pferde, und in fünf Stunden sind wir drüben. Ich bin
selbst von der Partie, sagte der Freund und Geschäftsführer des Wirthes. Eine Dame fährt mit uns und Ihre
beiden Freunde. Nur müssen Sie sich entschließen, um
drei Uhr aufzubrechen. Ich erklärte mich bereit, diesen
Ausflug mitzumachen. Gegen neun Uhr Abends, wo ich
von der Piazza heimkehrte, erhob sich zum erstenmal seit
vielen Wochen ein starker Wind, und Wolkenmassen ballten
sich am Horizont zusammen. Die großen Gewitter, die
im September eintreten und den Uebergang aus der Zeit
trockener Sommerhitze in eine kühlere, frischere Station
einleiten, mußten nahe bevorstehen. Ich theilte deßhalb
mein Bedenken mit, ob es unter diesen ungünstigen Vor-

zeichen rathsam wäre, einen solchen Ausflug zu machen.
Ohne weiteres, erwiederte mir der Amico, können Sie es
wagen. Es kann in dieser Jahreszeit noch kein großer
Regen eintreten, das ist noch nie geschehen und ganz unmöglich bei uns. Ich traute zwar mehr meinen Sinnen
als diesen beruhigenden Versicherungen, trat aber doch
nicht zurück, mich reizte eine so eigenthümliche Unternehmung zu sehr. Um drei Uhr Morgens stand ich reisefertig am Thor. Ein kleiner alter Wagen mit zerbrochenen
Fensterscheiben stand auf der Straße. Zwei magere alte
Pferde waren vorgespannt. Wohl saß eine Dame im
Fond, aber trotzdem dachte ich, es müsse zufällig auch ein
anderer Wagen in irgend welcher Richtung abfahren, wir
hatten ja den großen Wagen mit vier Pferden zu erwarten.
Aber meine beiden Freunde kamen, in leichten Sommer-
kleidern ohne Ueberröcke, und erklärten mir auf meine
Frage achselzuckend, dieß sei doch wohl unser Wagen, denn
die Dame sei die betreffende. Kurz darauf kam der Kutscher,
und überbrachte uns einen Gruß vom Amico, er sei un-
wohl geworden und könne leider nicht mit uns fahren. Im
ersten Zorn über all' dieses Gaukelwerk wollte ich mich
zurückziehen, aber die Rücksicht für meine Freunde, die sich
sehr auf meine Gesellschaft freuten, überwand ich meinen
Zorn und stieg in Gottes Namen ein. Vor dem Thore
gewahrten wir riesige schwarze Wolkenthürme an der Wetter-
seite, aus denen in kurzen Zwischenräumen Blitze zuckten.
Während wir in das Pagliathal hinab und jenseits die
Höhen wieder hinauffuhren, zogen diese drohenden Gebilde
rasch näher und einzelne heftige Windstöße kündeten nur
zu deutlich an, was uns bevorstand. Wir fuhren auf dem
erklommenen Hochlande durch unabsehbare Oeden dahin.

Bald war der ganze Zenith umdunkelt und die Dame,
deren Züge man nun bei vorrückendem Tageslichte erkennen
konnte, sah bei jedem fernen Donnerschlage besorgter aus
dem Wagenfenster zurück. Endlich gewahrten wir bei einer
großen Biegung einen eilig nachjagenden leichten offenen
Wagen mit zwei jungen Damen. Dieß waren die Töchter
unserer Gefährtin, geführt vom jungen Gatten der einen,
der in Todi wohnte. Gerade als dieses leichte Fuhrwerk
uns erreicht hatte, erhob sich ein ganz gewaltiger Sturm
und die ersten schweren Regentropfen fielen auf die Straße.
Die jungen Damen wurden nun rasch in unsern Wagen
aufgenommen, der Gatte hüllte sich in seinen großen
Mantel, und jagte davon, die nächste Ortschaft zu erreichen. Wir drei Herren mußten uns nun auf dem Rück-
sitze unseres schlechten Fuhrwerkes zusammenpressen und die
drei Damen nahmen den Fond ein. Zwei heitere, jugend-
liche, wunderschöne Wesen waren es übrigens, die uns
diese schwere Uebung der Galanterie auferlegten. Aber es
blieb nicht mehr viel Raum für Heiterkeit und Frohsinn,
denn in der furchtbarsten Weise entlud sich nun bald das
Unwetter. In erschreckender Nähe fuhren die Blitze um
uns her in das Erdreich, gellende Donnerschläge betäubten
unser Ohr und Ströme von Regen, gepeitscht vom ent-
fesselten Sturmwind, hüllten uns ein. Das Wasser drang
sofort mit Ungestüm von allen Seiten in unsern undichten
Wagen. Mein Ueberrock, das einzige derartige Schutz-
mittel ward über die den Regenströmen ganz preisgegebene
Mutter ausgebreitet, die dabei vor Furcht und Beklemmung
fortwährend in halber Ohnmacht war, bleich wie der Tod.
So fuhren wir stumm und geängstet von dem Getöse durch
das einsame Hochland, bald Alle durch und durch naß,

bis wir endlich eine einsame Osterie erreichten. Hier wurde
in zwei getrennten Räumen Feuer gemacht, und wir brachten
mehrere Stunden damit zu, uns wieder zu trocknen.

Alles, was man uns in diesem verwahrlosten Hause
zu essen und zu trinken bieten konnte, war so schlecht, daß
es kaum möglich war, es über die Lippen zu bringen, und
wenn wir nach etwas fragten, etwa Kaffee, oder Liqueur,
hieß es immer, der Vorrath sei gerade ausgegangen.

Endlich war das Gewitter vorüber, und wir konnten
das schmutzige, ungastliche Haus räumen. Die jungen
Damen blieben bei ihrer Mutter, während ich zu dem
Gatten auf die Carette stieg.

Bald sahen wir in weiter Ferne Perugia an seine
Berge gelehnt. Dann kam Todi hervor, auch einen Insel=
berg krönend wie Orvieto, nur nicht so imposant und
schroff. Am Fuße der malerischen Stadt das Tiberthal.
Wir waren der Stadt, als wir sie zuerst erblickten, ganz
nahe und fuhren nun auf den langen Zickzackwegen erst
hinab, dann drüben hinauf noch zwei volle Stunden im
Trabe. Dicht unter dem Berge fuhren wir über eine
lange Tiberbrücke. Um Mittag kamen wir in Todi an.
Wir waren, statt dreißig Miglien im Vierspänner in fünf
Stunden zu machen, wie uns in Orvieto gesagt worden
war, sieben Stunden in schlechten Wagen unterwegs ge=
wesen, um siebenunddreißig Miglien zurückzulegen. Sei
nur vertrauensvoll, deiner Natur gemäß, es nützt dir hier
doch nichts, wenn du auch zweifelst. Zuverlässigkeit gibt
es eben absolut nicht unter diesem blauen Himmel. Und
blau wäre doch die Farbe der Treue.

Mit jedem Schritte, den wir bergan gemacht hatten,
waren neue Schönheiten der Umgebung hervorgetreten,

und oben entfaltete sich die Rundsicht in ihrer ganzen Pracht. Unter den schöngeformten Höhen, über die wir am Morgen geschwommen waren, schlängelte sich der Tiberstrom durch waldige Thalgründe, Rom und dem Meere zu. Weiter gen Osten fielen die schroffen Abhänge der hohen Berge von Terni in blühende Thalgründe, und gen Norden breitete sich jenseit der nahen malerischen Hügelländer, auf denen Todi's guter Wein wächst, eine mächtige Ebene aus, an deren Gränze die blauen Berge von Perugia und Assisi aufstiegen. Die beiden Städte leuchteten wie das Haar der Berenice im Azur. Und mit welchen besonderen Gefühlen der Zuneigung und des Verlangens blickt das Auge hinüber zu diesen Wiegen der Schönheit!

Vor dem Thore breitet sich ein großer horizontaler Platz aus, der durch Steingeländer vom Abhang getrennt ist. Hier war bei unserer Ankunft großer Viehmarkt. Dasselbe Leben wie in Orvieto, dießmal aber hoch auf dem Berge, mit weiten Horizonten, gab ein herrliches Bild.

Wir wandten uns dem Quartier zu, das uns gastlich aufnehmen sollte, dem Haus eines Freundes meiner Reise=gefährten, der jetzt in den Seebädern weilte. Dieses Haus gehört zu einer Kategorie ganz herrlicher Wohnungen, deren sich Italiener in den Bergstädten freuen. Wenn sie die Thüren des Hauses hinter sich geschlossen haben, ist die Stadt mit ihrem Elend, Schmutz und Gewirre ver=gessen. Fenster und Terrassen ragen über die Abgründe und Abhänge hinaus, der Blick ruht auf der großen weiten Natur. Ich beschreibe den Blick aus meinem Fenster. Zur Rechten erhob sich auf großartigen Unterbauten der bischöfliche Palast, ein Muster reinen großen Styls aus bester Zeit. Oben am blauen Himmel schwebte eine Loggie.

Vor dem Palast war der Garten, gefüllt mit hochragenden
Lorbeerbäumen. Aus den Fugen der alten Mauer, die
den Garten einfaßte, wuchs etwa zwei Fuß unter dem
Gesims eine Reihe von mehr als zwanzig kleinen Lorbeerbäumen hervor, wie anderswo das Gras — ein seltener
und schöner Anblick! Unmittelbar unter meinem Fenster
lehnte sich nun an jene große Mauer der Garten unseres
Hausbesitzers. Stufen von rothem ungeschliffenen Marmor
trennten einen oberen Theil von dem größeren unteren.
Auf diesem oberen Theil war der Fußboden in Mosaik,
ein geschmackvolles Florentiner Muster. Ein großer Marmor-
tisch stand in der Mitte, von eisernen Gartenstühlen umgeben, rechts an der Mauer ruhte auf schlanken Stäben
ein dichtes Dach von Canna, um jungen Pflänzchen Schutz
vor dem Sonnenbrand zu gewähren. Daneben stand ein
Granatbaum in voller Blüthe. Links war der Platz ab-
geschlossen durch ein kleines, in feinem Renaissancestyl auf-
gebautes Gartenhaus aus rothen und gelben Ziegeln mit
weißen Marmorsimsen. Die Pilaster, die auf dem flachen
Dach als Geländerglieder endeten, waren abwechselnd mit
einer Vase und mit einer Büste gekrönt. In den Vasen
standen Aloëstauden, die Büsten in weißem Marmor stellten
die vier Jahreszeiten dar. Im tieferen größeren Garten
war in der Mitte ein Springbrunnen mit einer Bronze-
figur; längs des Abgrundes zog sich ein dichter Weingang,
und große Oleanderbüsche wetteiferten mit Rosen im Glanz
der Farbe. Hier war auch viel weißer Oleander, der sehr
schön aussieht. Und rechts und links und unter diesem
Garten tauchten immer wieder neue ähnliche auf, so daß
der ganze Abhang geschmückt war. Trüber hinaus blitzte
im Thal der Tiber. Jenseits entfaltete sich der Theil des

Binzer, Reisebriefe. 7

obenerwähnten Panorama's der gen Rom hin liegt. Ein
solcher Anblick kann wohl das Herz erfreuen, und zwar in
ganz fremdartiger, echt italischer Weise. Aber wie vieles
enthält auch ein solcher minder hervorragender, abgelegener
Ort, um den höchsten Ansprüchen des Reisenden gerecht
zu werden! Das ist der Zauber Italiens.

Ein hoch über dem kühnen Treppenaufbau aufragender
Dom mit schlankem Thurm, alles in edeln Verhältnissen,
steigt an der einen Seite der großen Piazza auf. Eben
so großartig und schön sind die mittelalterlichen Paläste
an den andern Seiten des Platzes, mit mächtiger Freitreppe, schönen Bogen, zierlichen Fenstern; dazu kommt
aber außerhalb der Stadt, tiefer als der höchste Theil
derselben, auf einem weiten Platz im Oelgartenland ein
riesiger Marmorbau, den man in diesen Ländern mit
stolzem Gefühle dem Bramante zuschreibt. In Wirklichkeit
verdanken wir diesen Bau einer Reihe anderer Baumeister,
deren Klang dem Kenner ein fast eben so guter ist. Man
traut seinen Augen nicht, wenn man im freundlichen
Gartenland außerhalb der Thore eines Städtchens einen
so riesigen Prachtbau sich erheben sieht. Uebrigens ist
gerade die Wirkung dieser Lage eine besonders schöne. Ist
es einestheils ergreifend, so hohe vornehme Schönheit in
größter Naivetät ans Land verbannt zu sehen, so nimmt
dieser hochaufragende helle Kuppelbau andrerseits die vom
Dom abfallenden Linien alter ehrwürdiger Römermauern
in malerischer Weise auf, und ragt dann an der Außen-
seite hoch über den Gründen in die freie Luft. Es ist
ganz herrlich, eine große Reise werth. Aber auch weiter
hinaus gestaltet sich das Kloster dei Riformati del Monte
Santo zu einem italischen Bild erster Ordnung. Hoch

auf breitrückigem Hügel steht es da, halb ein uralter Bau mit großen dunkeln Bogen, halb aus der feinen Renaissance= zeit, mit langen Dächern, seinem Campanile und reich= bewachsenen Mauerterrassen. Die langen Linien sind überall durchschnitten und überragt von einer großen Zahl alter schöner Pinien, und im Vordergrunde stehen Cypressen in langen Reihen längs der Straße, dahinter die blauen Berge — ein großes reiches Bild!

Todi hat ferner bedeutende Werke von Lo Spagna, große Tafeln, schön erhalten. Das größte und schönste haben die Bürger jetzt als Hauptstück einer kleinen Pina= kothek im Stadthaus aufgestellt, um ihre Ehrfurcht vor der Größe vergangener Jahrhunderte zu bekunden. Dante hat in Todi Zuflucht bei einem kleinen Bürger gefunden, Ariost hat dem vornehmen Geschlechte der Atti in ihrem wundervollen Palast einen feierlichen Besuch abgestattet. Dieß ist der edle Hintergrund, auf dem sich das neue Leben einer solchen kleinen Municipalität zu gestalten sucht. Einstweilen fassen sie es, wie eine große Menge kleiner italienischer Städte, am verkehrten Zipfel an. Sie haben sich, wie die Orvietaner und so viele andere, ein Theater erbaut, das in jeder großen Stadt Figur machen würde. Leute, die nicht aus und ein wissen, um sich Quellen für das neue Leben zu eröffnen, finden viele hunderttausend Lire um ein Theater zu bauen. Diese Unternehmen sind um so sinnloser, als es nachher vollständig an Mitteln fehlt, Aufführungen zu bewerkstelligen. Ueber vier Jahre hat das Theater in Orvieto ganz geschlossen gestanden, bis es sich neulich zuerst geöffnet hat für — ein Di= lettantenconcert. Und so wird es weiter gehen. Auch Todi hört so leicht keine Oper wieder, wie wir sie dort gehört

haben. In einer Stadt — ich glaube sie heißt Coja —
wo das Theater 100,000 Lire gekostet hat, nahm der Director, der es gewagt hatte, dort eine Reihe von Aufführungen einzuleiten, am zweiten Abend 9 Lire netto ein,
und reiste schleunigst ab auf Nimmerwiedersehen. Ist es
somit nicht ein unbesonnener Act schnöder Eitelkeit sich ein
solches Haus zu bauen? Sie nennen das einen Beweis
ihrer unveränderten Liebe zur Kunst!

Der Anblick des Theaters, das wirklich prächtig ist
und funkelnagelneu, schön beleuchtet, sich aufthat, war um
so überraschender, als die Bewohner Todi's sich einen
außerordentlich schönen Vorhang von einem jungen Künstler
Perugia's hatten malen lassen. Der Gegenstand kann nicht
glücklicher gewählt werden. Graf und Gräfin dei Atti
schreiten Arm in Arm aus dem Thor ihres Palastes, umgeben von Pagen, Edeln und Dienerschaft, die Embleme
der Würde tragend, dem Ariost entgegen, der mit hohen
Reiterstiefeln eben vom Pferde steigt, um sie zu begrüßen.
Die Stadtverordneten im Ornat haben sich zu dieser Fest-
lichkeit eingefunden, Begleiter des Dichters und Herren
der Stadt wechseln Grüße, das Volk steht bewundernd da.
Ueber die Brüstung der hohen Terrasse hinaus sieht man
die duftigen Berge. Dieses gewaltige Gemälde ist schön
componirt, streng gezeichnet, außerordentlich echt und ge-
schmackvoll in den Costümen und voll schöner Porträte.
Einzelne Gestalten sind bewunderungswürdig schön. Die
Italiener sind für die monumentale Kunst angelegt, und
würden, wenn die akademische Pedanterie überwunden ist
und der Rückeinfluß Frankreichs und Deutschlands sich voll-
zogen hat, bald großes leisten, wenn sie Gelegenheit dazu
hätten. Für Staffelei-Bilder neuer Art sind sie gar nicht

disponirt. Sie thun sich Gewalt an, um solche zu Tage
zu fördern, um des lieben Brodes willen. Ach, und wir
Teutschen ganz allein, die wir einen Cornelius gehabt
haben, einen großen Propheten — wir sind es, die Europa
diese Gewalt anthun aus Mangel an Treue, aus Hoch-
muth, Gewinnsucht und Mangel am Willen, die großen
ernsten Studien fürder zu machen. Italien seufzt geradezu
unter dieser modernen Nothwendigkeit. Ein wohlgetroffener
Esel mit allen Haarzipfeln, eine Gruppe Arbeiter, die
essen, oder trinken, oder raufen — kurz alles, was mit
„ein" gesagt wird, ist den hiesigen Menschen gar nicht interessant, nicht einmal im Leben; sie wollen noch heute den
Dante, den Can Grande, den Romeo, die Julia, die
Medea u. s. w.

Höchst auffallend war mir beim Ueberblicken der Gesellschaft, daß in den Logen des ersten Ranges fast nur
sehr bescheidene Menschen von echt bürgerlichem Habitus
saßen. Todi hat eben gar keinen zahlreichen Kreis höherer
Stände. Dieß erinnerte an die Krähe mit Pfauenfedern.
Verdi's „Maskenball" wurde von tüchtigen Musikern und
Sängern vortrefflich aufgeführt. Die Costüme waren echt
und reich. Der Tenor war erkrankt, der Abend wurde
deßhalb eine Akademie genannt; einige Flötensoli eines
greisen Cavaliere, der hier berühmt ist, wegen seines
Spiels und nur als Liebhaber auftrat, wurden einge-
schoben und die Scenen mit Tenor ausgelassen. Den alten
vornehmen Herrn empfing das Publicum mit einem solchen
Ausbruch von Beifall, daß es eine Freude war, dieser
Scene beizuwohnen. Und ein Bariton sang! Ein volles
großes italienisches Instrument, ohne alle Eitelkeit und
Gefallsucht, ein ernster, fleißiger Musiker und Schauspieler;

dazu diese langen köstlichen Arien, diese Duette und andere
Nummern! Es war ein Hochgenuß. Als er einmal eine
lange Arie sang, so recht mit seiner schönen Melodie das
Volk emportragend auf mächtigen Schwingen (es war gerade die Zeit von Bayreuth gewesen), kam mir die Frage
in den Sinn: Wenn dieser Mann mit seiner großen herrlichen Stimme, seiner guten Schule, in einer Pause dort
im mystischen Saale plötzlich aufgetreten wäre und diese
Arie gesungen hätte, was wäre wohl dem Wagnerpublicum
geschehen? Und das war kein weltberühmter Mann der
großen Opern von Mailand und London. In der großen
italienischen Monatsschrift „Nuova Antologia di scienze,
lettere ed arti" stand ein Bericht aus Bayreuth von
Enrico Panzacchi, in dem es hieß: „Wenn einmal ein
wenig Melodie oder wirklich rhythmische Bewegung durch
die Luftlöcher der unversöhnlichen Melopöie drang, hätte
man sagen mögen, daß durch den Saal unvermuthet ein
frischer Windzug ging, um jene erstickende Atmosphäre zu
erneuern. Wie sehnte man sich nach der Tröstung eines
Vocalaccords und nach der Abkühlung eines Unisono; mit
welcher Ungeduld, in der Hitze eines duo d'amore, verlangte man danach, daß die beiden Stimmen sich ver-
einigten, wie die beiden Seelen!" Dieser Berichterstatter
spricht viel und geistvoll über den Drang Wagners, der
Welt Gewalt anzuthun, und über alles, was sich in diesem
geheimnißvollen Charakter vereinigt, um seine Künstler-
würde zu schädigen. Die mit so vielen gewaltsamen Mitteln
großgezogene Welt seiner Bewunderer bezeichnet er mit
„mormonismo musicale, una compagnia vera e propria di iniziati," die der neuen Wagner-Musik anhängen,
wie einem philosophischen System oder einer religiösen

Disciplin. Wer weiß übrigens, ob das alles so weit gekommen wäre, wenn nicht zu Gunsten des Neuerers der große Rattenfänger mit einer den Teutschen unbekannten Leidenschaft in unseren Gauen gehaust hätte?

Als das Theater zu Ende war, tönte es in der hellen Mondnacht durch die Straßen tausendstimmig nach, straßenauf straßenab, treppauf treppab, nah und fern, in den Zimmern, den Gaststuben, Text und Melodie! Es war wunderbar zu hören in der kleinen Stadt.

Todi hat keine Hülfsquellen und keine Aussichten, der Bewohner ist contadino, fristet sein Dasein und treibt einigen Handel mit Gegenständen des Ackerbaues und der Viehzucht. So sieht man ungewöhnlich große, dunkelfarbige Esel, mit denen sie ausgezeichnete Maulthiere züchten. Von Neapel kommen die Händler in Menge um diese Thiere zu kaufen. Der Wein ähnelt dem von Orvieto und ist vorzüglich, wird aber so weggetrunken. Zwischen den Eisenbahnen sind sie stecken geblieben und werden am Ende noch so zurückkommen, daß sie alle in ihrem herrlichen Theater wohnen können. Inzwischen wird dieses so ziemlich leer stehen.

Die Rückfahrt nach Orvieto ging ohne Katastrophe vor sich. Wir wurden wieder über all die Höhen im Zickzack geschleppt, während der klar gewiesene Weg für die Straße nach Orvieto durch das Tiberthal ginge. Das Wagenfenster, das uns am Morgen fehlte, war gemacht worden, zerbrach aber wieder, als der Kutscher bei eintretender Abendkühle das Fenster mit Gewalt schließen wollte. Aber eine solche Abendkühle hat nicht viel auf sich. Um zehn Uhr Nachts kamen wir mit den müden alten Gäulen unbeschädigt wieder auf dem Felsen an.

Am Bolsener See.

Nach Verlauf eines vollen Monats nahm ich Abschied von den vielen Menschen, die mich auf das freundschaftlichste in ihren Kreis gezogen hatten, und bestieg vor Tagesanbruch den Wagen, der die Post nach Aquapendente bringt. Der zweite Passagier war ein junger Mann von vornehmer militärischer Haltung. Mit Tagesanbruch erreichten wir die Höhen jenseit Orvieto's gegen den Bolsener See zu. Die weiten Thäler um die Stadt her waren in eine dichte Nebelschicht gehüllt, auf die wir wie an einem Morgen in den Alpen niederschauten. Orvieto stand auf seiner Felseninsel in diesem Meere. Ich kam bald in ein lebhaftes Gespräch mit meinem Reisegefährten und erfuhr, daß er ein junger Graf war, der auf seine Besitzung hinausfuhr. Nicht eine Stunde war verstrichen, so hatte er mich schon auf das liebenswürdigste eingeladen, ihn in seinem Casino zu besuchen; ja, er schlug mir vor, mich sofort mit hinauszunehmen, und mir dann einen Wagen zu geben, um meinen Ausflug an den Bolsener See zu machen. Dieß lehnte ich ab, und wir kamen überein, daß der Graf mich Abends in S. Lorenzo abholen werde. Bei

S. Lorenzo, das hoch über dem See liegt, mündet die
Straße von Orvieto ein in die alte große Courierstraße,
die über Siena nach Rom führt. Sie kommt den Berg
hinunter über Radicofano, Aquapendente, S. Lorenzo, geht
hier an die Ufer des Sees hinab und folgt diesen über
Bolsena bis Montefiascone. Von dort geht sie über Roncilione nach Rom. Einige Bedeutung hat diese Straße in
dem bezeichneten Theile behalten wegen der Transporte
des berühmten vino di Orvieto. In Monte Fiascone und
Roncilione bleiben diese Fuhren den heißen Tag über liegen
und gelangen in drei Nächten von Aquapendente nach Rom,
wo der Consum ein außerordentlicher ist. Ich folgte der
Straße von S. Lorenzo aus und kam nach dreistündigem
Marsch in Bolsena an. Ernst und finster liegt der kleine
Ort in der eben so ernsten Umgebung. Kummer und Mit
leid erregend ist die Wanderung durch das Städtchen, wo
die pompösen Straßennamen Corso Cavour und Corso Vittore
Emanuele noch ganz anders als in Orvieto wie zum Hohn
angeschlagen sind. In allen diesen kleinen Orten sollen die
hingeschriebenen Namen wohl nur ein künftiges Glück bedeuten. Für jetzt sind sie unter dem Druck der übergroßen
Steuerlast auf das äußerste heruntergebracht, so daß das
Elend in seiner ganzen Nacktheit einen angrinst. Ein
vollkommen trostloses Gefühl erregt dieser Anblick, denn
die Bevölkerungen sind zu träge, zu muthlos, vielleicht
auch schon zu arm, um noch irgend etwas für ihren Aufschwung unternehmen zu können, blicken krank und starr
ins Finstere, denken an die Zeit der Priesterherrschaft zurück, wie ein goldenes Zeitalter, und erwarten alles von
der Regierung. Halbgötter könnten das nicht leisten, was
hier von der Regierung erhofft und erwartet wird.

Es war in der ganzen Stadt kein Local, in das einzutreten mir auch nur möglich erschienen wäre, wenn es
sich nicht etwa darum gehandelt hätte, einem Unglücklichen
beizustehen. Ich war aber am hohen Mittag noch nüchtern und vor Hunger förmlich gepeinigt. Trostlos wandte
ich am jenseitigen Thore wieder um, in der Absicht mir
ein Brod zu kaufen und im Walde bei einer Quelle meine
Mahlzeit zu halten. Da sah ich in einem reinlichen Stübchen eine gutgekleidete alte Frau. Ich trat heran und
klagte ihr meine Noth. Es war die Frau eines Apothekers.
Sie war sofort bei der Hand, mir ein Mahl zu bereiten.
Ich nahm einstweilen einen kleinen Imbiß und ging dann
in die Kirche. Aus dem hellen Schiff der eigentlichen Kirche
wird man, nachdem der Führer eine Kerze angezündet
hat in einen dunkeln, gruftähnlichen Raum geführt und
findet dort wunderschöne Werke von Luca della Robbia,
eine kleinere Tafel hinter dem uralten Altar, der das
Wunder von Bolsena einschließt, und einen ganz großen
Altar mit allen den Früchten, Engelsköpfchen, fliegenden Engeln, ausdrucksvollen biblischen Figuren, die dieser Meister
in so feiner Umrahmung darzustellen wußte. Diese Ma-
jolica-Arbeiten sind zwar dem Einflusse der Feuchtigkeit
gar nicht ausgesetzt, und die kleinere Tafel, die zur Aus-
schmückung der Wunderstätte dient, dürfte auch nicht weg-
genommen werden. Aber der große Altar, der vollkommen
zwecklos in einem dunkeln Raum in einer jetzt selten besuchten Stadt steht und von der größten Schönheit ist,
sollte nach Rom transportirt und dem Museum einverleibt
werden. Es sind sehr hohe Angebote auf dieses Werk von
Engländern gemacht, aber nicht angenommen worden. Von
der Kirche ging ich an das Ufer des Sees, den ein frischer

Wind leicht bewegte, und nahm ein Bad. Herrliche
Augenblicke nach so langer, im Sommer so empfindlicher
Entbehrung in den blauen Fluthen eines großen Sees sich
zu tummeln. Als ich zu meiner Alten zurückkehrte, fand
ich auf einem kleinen runden Tisch ein gut zubereitetes
Mahl, eine Flasche vortrefflichen Monte Fiascone und auf
dem Nebentisch einen Teller voll schöner Früchte. Während ich mir es schmecken ließ, erzählte mir die Frau mit
einem Zuge tiefer Schwermuth, daß sie nicht hier geboren
sei, und nun das Unglück habe, schon 25 Jahre in diesem
Neste zu leben. Ihr Mann habe einmal die Apotheke
errichtet und könne sie nun nicht wieder los werden. Das
Volk sei bei seinem Elend so bösartig und schlecht, daß
sie jahraus jahrein nicht von ihrem Hause weggehe, außer
über den Platz in die nahe gelegene Kirche.

Man ist hier in einem Theil Italiens, der verrufen
ist wegen des wilden und bösen Volkes, wie er ja auch einer
der gefürchtetsten wegen der Räuber war. Ich selbst bin
vor vierundzwanzig Jahren einmal mit dem römischen
Courier hier durchgefahren unter Escorte von vier Dra-
gonern, während zugleich die ganze Straße von berittenen
Patrouillen besetzt war. Uebrigens hatte sich auch gerade
die Unterhaltung mit dem jungen Herrn am Morgen zum
großen Theil um diesen Punkt gedreht. Das Land ist noch
heute weit entfernt, sicher zu sein. Vor zwei Jahren
wurde ein Graf Faina von Räubern erschlagen, und seitdem ein reicher Besitzer der Gegend fortgeschleppt und erst
gegen dreißigtausend Scudi ausgelöst. In dieser Gegend
hört man noch sehr viel nach Scudi rechnen. In Castel
Giorgio ist wegen der zunehmenden Unsicherheit eine Bri-
gata, das heißt ein Posten Carabineri aufgestellt. Seitdem

hört eine kleinere Art Räuberei wieder auf, die darin bestand, daß nächtlicher Weile Pferde und Rinder gewaltsam aus Ställen geraubt wurden. Die Gefahr der großen besteht noch fort. Aber merkwürdigerweise scheint diese Räuberei einen durchaus socialistischen Charakter zu haben, wie in Sicilien. Es ist ein Krieg gegen das Vermögen. Die Räuber führen eine Liste derjenigen Besitzer ihrer Gegend, die viel haben und wenig für das Volk thun. Sie haben in den umliegenden Städten, als Viterbo, Orvieto, Aquapendente ihre Spione, und suchen von Zeit zu Zeit einen solchen Besitzer zu erwischen, um das Lösegeld einzunehmen. Nachdem sie auf diese Weise wieder zu einem guten Stück Geld gelangt sind, ist für lange Zeit Ruhe. Ein sehr gefürchteter Räuber, dessen Name in aller Mund ist, den auch schon viele gesehen haben, treibt unmittelbar in diesen Wäldern sein Wesen. Ihm beizukommen ist außerordentlich schwer, weil kein Contadino den Mund aufthut, und zwar nicht nur aus Furcht vor seiner Rache, sondern weil sie mit ihm unter einer Decke stecken. Fast komischerweise benutzen die Contadini diese Räubergefahr auch, um ihre eigenen Betrügereien treiben zu können. Wenn nämlich die großen Viehmärkte von Viterbo sind, dann verbreiten sie, wie sie nur können, das Gerücht, daß wieder Räuber in der Nähe seien, um dadurch die Besitzer abzuhalten, auf ihre Güter zu kommen. Dann verkaufen sie eine Masse herrschaftliches Vieh für ihren eigenen Beutel. In der That sind hier viele Besitzthümer, deren Herr sich nie hinausgewagt, andere wieder umhüllen ihre Bewegungen mit einer Heimlichkeit, wie Kaiser Nikolaus, kommen plötzlich mit der Eisenbahn an, fahren mitten am Tage heraus, weilen einige Stunden und kehren dann zurück. Man kann sich vorstellen, wie es auf solchen Besitzthümern zugeht. Man nimmt es hier mit der persönlichen Freiheit so genau, daß man nur solche verhaften will, die man auf der That ergreift. Einmal hat man aber doch eine Ausnahme gemacht. Es hatte sich eine höchst gefährliche Bande gebildet, die ihren Sitz in Bologna hatte und ihr Unwesen vollständig organisirt über ganz Italien, von Neapel bis Genua und Turin, trieb. Alle Welt kennt diese gefährlichen Männer. Da hat man sie auf einen Schlag verhaftet und in die Gefängnisse Italiens vertheilt, so daß man überall bezahlte Gefangene mit ihnen zusammen that, die sie geschickt ausforschten. Am hartnäckigsten war das Haupt dieser Bande. Man suchte einen sehr listigen Menschen aus und that diesen mit ihm zusammen. Dieser mußte sich erst der Freundschaft des Räubers zu versichern. Dann fing er an, heimliche Gespräche mit dem Wärter zu wechseln. Dieser steckte ihm Billete zu, und empfing solche wieder von ihm. Als der Räuber dieß eine Zeit lang mit angesehen hatte, überwältigte ihn die Neugierde. Sein Genosse vertraute ihm nach langem Zögern, daß der Wächter bestochen sei, um seine Befreiung einzuleiten, und betheuerte ihm, daß es für ihn auch ein Leichtes sein würde, sich mit den Seinigen in Verbindung zu setzen. Endlich ging der Räuber in die Falle, und nachdem er einen Brief hinausgeschrieben hatte, wurde in Bologna ein Riesenproceß gegen die ganze Gesellschaft eingeleitet, der unter den Juristen berühmt geworden ist.

Die Gegenden um Bolsena sind für das Räuberwesen sehr günstig, weil sich die Straße lange Zeit durch einen Wald zieht, der in die flachen Maremmen hinab sich in das Unendliche forterstreckt. Uebrigens gehören diese Theile

auch schon zur Maremme und heißen die hügelige Maremme. Der Postwagen und alles Privatfuhrwerk, mit
der oben genannten Ausnahme, wird indeß seit vielen,
vielen Jahren nicht mehr belästigt. Ein Beamter fährt
viermal des Jahrs mit 80,000 Lire Steuergeldern von
Aquapendente nach Orvieto, ohne jemals angehalten zu
werden.

Als ich mein Mahl eingenommen hatte, schickte ich
mich zum Rückweg an. Ich hatte auf dem Hinwege bemerkt, daß die Straße von S. Lorenzo nach Bolsena einen
großen Bogen macht und verhältnißmäßig unschöne Gegenden durchzieht, während sich auf der geraden Linie große
alte Wälder auf mannigfachen Bergabhängen ausbreiteten.
Einen Augenblick kam mir der Räubergrusel, dann aber nahm
ich mir ein Herz und schritt darauf los, um auf diese
Weise einen außerordentlich schönen Weg zu machen. Gleich
hinter dem Ort erhebt sich der Weg hoch über den See,
und tritt, nachdem er durch reichbewachsene Vorländer gezogen ist, bald in den Wald. Dieser, ein alter Eichwald,
ist zunächst wieder, wie in vielen Gegenden Italiens, höchst-
befremdend für uns, und zwar auf Kosten des ächten
Waldcharakters. Alles Unterholz und Buschwerk ist ausgerottet, nur die großen alten Bäume stehen, und der
Boden ist mitten im Wald in langen Strecken mit Getreide
bebaut, oder es wimmelt auf ihm von Heerden schwarzer
Schweine. Man nennt das Schwein in diesen Gegenden
animale nero, um das Wort Schwein zu vermeiden.
Einer der bei Neapel ein weißes Schwein gesehen hatte,
erzählte ganz erstaunt: er habe ein animale nero tutto
bianco gesehen. Die Rückblicke aus diesen Waldbergen
über die alten Eichen hinaus auf den See mit seinen

Bergen und Inseln waren außerordentlich großartig und
schön. Tief im Walde begegnete ich einer „homerischen
Gestalt." Ein riesengroßer Sauhirt, mit langen schnee=
weißen Haaren, tiefbrauner, durchfurchter Haut, feurigen
schwarzen Augen, langem zottigen, gescheckten Bart, das
Hemd über die Brust hinab weit offen, einen braunen
Tuchfetzen über die Schulter gehängt, Beinschienen von
weißem Ziegenfell vom Gürtel bis zu den Knöcheln herab,
eine gewaltige Stange in der Hand, einen großen zottigen
Hund zur Seite, trat mir aus einer engen Felsschlucht
entgegen. Dieser antike Riese — denn gewiß sind sie vor
zweitausend Jahren ebenso gekleidet gewesen — that dem
kleinen modernen Zwerg auf das freundlichste Bescheid und
wies mir den weitern Weg. Ich verstand ihn falsch,
machte dadurch einen Umweg von anderthalb Stunden und
gerieth in den dichten Urwald. Vorher traf ich noch einen
schönen jungen Ochsenhirten, der mir zurief: ich solle meinen
Malstock ausschnallen und in die Hand nehmen, weil ich
auf große Hunde stoßen werde. Ich spürte keine Lust zu
einem Gefecht mit diesen zottigen Rüden, und bat ihn,
mich lieber zu begleiten. Er trieb seine Ochsen etwas zu=
sammen und ging mit mir. Bald kamen wir an eine
große tenuta. Auf der Freitreppe saß eine Menge wilder
brauner Kerle, die Wein tranken. Diese pfiffen die weißen
Hunde heran, welche knurrend und widerhaarig gehorchten,
und luden mich auf das freundlichste ein, mit ihnen zu
trinken. Ich schlug dieß dankbar aus und wurde von
meinem Begleiter noch ein gutes Stück über die tenuta
hinausgeführt. Solcher Art sind die Räuber, denen ich
in diesen Wäldern begegnet bin. Man muß das Räuber=
wesen dieser Länder, so schlimm es ist, nicht auf eine Stufe

stellen mit der abgefeimten Dieberei großer Städte und
anderer Gegenden. Es ist viel mittelalterliche Tradition
darin und viel aufgehäufter Haß gegen die reichen Schwelger.
Darum ist es um so schwerer auszurotten. Der lange
Weg der Volkserziehung soll diese Arbeit verrichten. In
diesen ganzen Gegenden, in der Stadt wie auf dem Lande,
wird nie eine Thüre zugemacht. Es wird nichts aus
Häusern und Zimmern gestohlen, der ächte Diebssinn scheint
ein kranker Auswuchs raffinirter Cultur zu sein, die Räu=
berei eine Spitze mittelalterlichen Faustrechts.

Gleich hinter der tenuta wurde der Berg steiler und
der Wald dicht. Die Brombeerstauden wurden so hoch,
daß ich lange Strecken unter den Bogen herging, die ihre
Zweige über den Pfad hin bildeten. Die Früchte waren
so groß wie Maulbeeren und zuckersüß. Vieles Gebüsch
war in Schlinggewächse ganz eingehüllt, und die Farren=
kräuter ragten weit über Mannshöhe empor. Ich mußte
oft unbequem klettern und mich durchhauen mit meinem
großen Stock mit eiserner Spitze durch das Geschlinge
verschiedener Art, aber es war auch ein seltener und loh=
nender Anblick, den ich dadurch gewann. Jenseit dieses
Waldes gelangte ich auf einen höchst romantischen Felsen=
steig, der sich längs des oberen Bergabhangs gen S. Lo=
renzo zog, und auf dem man zwischen Steinen und Busch=
werk auf= und abkletterte, gerade wie auf den Steigen in
der Nähe der Hochalmen. Von allen Seiten streckten sich
zu meinen Füßen lange dichtbewaldete Bergrücken gegen
das Uferland. Weit über den See hinaus sah man noch
ferne Höhenzüge in zarten Luftfarben.

Der Graf war richtig zur Stelle mit einem leichten
Carretchen und einem Gebirgspferdchen davor. Wir fuhren

über die Hochebene von Aquapendente, aus der das Casino
auf einer Anhöhe, gegen bewaldete Hügel gelehnt, hervor-
ragt, und waren bald unter dem gastlichen Dache. Die
Gräfin, Tochter einer Marchese aus Orvieto, eine blutjunge, hellblonde, wunderhübsche Frau, die man eher für
eine Engländerin gehalten hätte, empfing mich auf das
freundlichste und machte mich bekannt mit den anwesenden
Gästen, einem dem Hause verschwägerten Präsidenten aus
Rom mit seiner Familie und einem jungen Arzt aus der
nahen Stadt. Um 7 Uhr war die cena, die also dem
englischen Dinner entsprechen würde, wenn nicht das pranzo
um Mittag eine eben so vollständige Mahlzeit wäre. Eine
ganz vorzügliche Küche, ausgezeichnete Weine von den zugehörigen Weingärten selbst, heitere, scherzhafte, vollkommen unbefangene Unterhaltung wirkten höchst wohlthuend
zusammen. Nach der cena wurde bis in die Nacht hinein
gesungen, Clavier gespielt und getanzt. Dann zündeten
sich alle an einem Tisch im langen Flur die Lichter an und
vertheilten sich in ihre Gemächer. Mich nahm eine mit
aller Bequemlichkeit ausgestattete Stube auf, und ich schlief,
wie es sich nach einem so bewegten Tag erwarten ließ.

— — —

Campo Morino.

Das Anwesen, in dem ich mich nun häuslich nieder=
gelassen hatte, gehört zu einer Gattung, die, fern den
großen Städten, auf dem eigentlichen Lande weit verbreitet
ist, und ist darum beschreibenswerth. Es ergeben sich be=
zeichnende Unterschiede zwischen Italien und den Ländern
jenseit der Alpen. So viel ich mir vorstellen kann, sind
die hiesigen Verhältnisse denen im Innern Rußlands ähn=
licher als den deutschen, französischen und englischen. Jene
besonders ausgebildete Species des Landluxus existirt nicht.
Die wenigen derartigen großherrlichen Etablissements in
Italien stehen allein, lehnen sich an die Städte und an
das übrige Europa. Die große Menge der Besitzer, die
einige Sommermonate auf ihren poderi zubringen, ruht
von jedem Luxus vollkommen aus. Zunächst fehlt einmal
der große Stock von Familien, die das ganze Jahr auf
ihrem Gut leben, und nur Aufenthalt in Städten machen,
um die Töchter tanzen zu lassen. Diese haben bei uns
dem Landleben seinen Stempel gegeben. Die Herren tragen
zum Spazierengehen, Reiten, Jagen 2c. verschiedene, aber
immer elegante, herrenmäßige Kleider. Das Haus wird

Schloß genannt, wenn es irgend möglich ist, hat schönen
Garten und Park. Die Wirthschaftsgebäude stehen in ge=
bührender Entfernung, durch schöne Baumgruppen verdeckt,
aber imposant und eine rationelle concentrische Bewirth=
schaftung andeutend. Wo möglich ein großer Teich, ein
See mit Schiffchen, ein reich ausgestatteter Hühnerhof,
kurz, eine ganz durchgeführte kleine Welt, die sich sehen
lassen kann und etwas auf sich hält. Dabei ist das Haus
von oben bis unten mit einem feingefühlten Stich des
Ländlichen herrschaftlich ausgestattet. Und dieß Alles ist
in Deutschland immer noch so bescheiden, daß unsere
Herren ganz niedergeschlagen von England nach Hause
kommen. Nahe Nachbarschaft, häufige gegenseitige Besuche
in schönen Wagen, Vierspänner, wenn die Gnädigste selbst
ausfährt, Pony-Equipagen mit Galopins halten das Alles
zusammen, und bilden es immer weiter aus. Der Ita=
liener hat vor allem keinen nahen Nachbar. Weit und
breit gehört das Land ihm, dann folgen große Besitzungen
Anderer, auf denen gar kein Casino steht, weil diese auch
anderswo Besitze haben und dort ihre Villeggiatura
machen.

Das Haus hat nur einen kleinen Raum vor der Front
in seinen Bereich gezogen, eine Terrasse mit tiefem Schatten
von Akazien und Steineichen und ein Blumengärtchen. Der
Blumengarten kann überhaupt in Italien im Sommer keine
große Rolle spielen, weil in den vielen heißen, regenlosen
Monaten die größten Zierden solcher Anlagen verdorren
und versengen würden. Immergrüne Gewächse und eine
gewisse Anzahl von Blumenarten, die den Sonnenbrand
ertragen, müssen Genüge leisten. An den übrigen Seiten
des Hauses geht der Rasen bis an das Haus, und der

Acker drängt von allen Seiten bis dicht heran. Unmittel=
bar unter der Terrasse ist schon ein eingezäunter Raum,
indem die großen Ochsen ausruhen. Das Wirthschafts=
gebäude steht dem Herrenhaus ganz nahe und ist unbedeu=
tend, weil das ganze Gebiet unter die einzelnen Conta=
dini vertheilt ist, und der dem Haus nahe wohnende,
eben auch nur einer von den vielen ist. Dieses Wirth=
schaftshaus ist verwahrlost und schmutzig, wie alle Häuser
der Contadini, die Thüren desselben stehen offen, die Ar=
beiten der Leute geschehen in unmittelbarster Nähe des
Herrenhauses, die grunzenden Schweine=Heerden ziehen
dicht unter den hintern Fenstern her, begleitet von den
Rufen der treibenden Hirten; das Schreien, Lachen und
Weinen der Kinder, das Zurufen und laute Besprechen
der Arbeiter, das Antreiben der anfahrenden Ochsenwagen,
der Lastthiere, der Pferde=Carretten dringt unmittelbar in
die stets offenen Fenster des Herrenhauses. Wenn der
Herr eingezogen ist, legt er die guten Kleider ab, zieht
alte draußen verwahrte Sachen hervor, stülpt sich einen
weichen verschlissenen Hut auf, krämpt sich die Hosen in
die Höhe, läßt sich die Schuhe nicht mehr putzen, und
versetzt sich somit in den Zustand, den er mit Wonne be=
zeichnet: „stare in libertà.“ Die Dame hat einen leidlich
eingerichteten Salon, bleibt in guter Toilette, verläßt fast
nie das Zimmer, wenn nicht, um auf der Terrasse unter
den schattigen Bäumen im Grase zu liegen, und die im
Hause weilenden Herren versammeln sich um sie, die Zeit
vertändelnd und verplaudernd. Von täglichen Spazier=
gängen, Spazierfahrten ist keine Rede. Hie und da wird
ein Ritt durch den Wald gemacht. Das Haus hat im
hohen Untergeschoß neben der Außentreppe zur Hausthüre

eine alterthümliche gewölbte Küche, mit offener Thüre ins
Freie. Aus dieser Küche führt wieder eine Treppe auf
die Haustreppe im Innern. Diese Küche ist zugleich der
Durchgangsraum für die Herren (die Dame allein geht
regelmäßig durch die Hausthüre), ist der Sammelplatz der
fattori, guardiani, nahewohnenden Contadini, Arbeiter,
zufahrenden Kutscher rc. Morgens sitzen die Herren, ehe
sie auf die Jagd gehen, unten am Küchentisch, essen Fleisch
und trinken Wein, in fröhlichstem Geplauder mit den
Küchenmädchen, welche Töpfe scheuern, dem Koch, der
Salat wäscht, den Arbeitern, die schmauchend auf einer
Bank sitzen, ganz vollkommen wie mit ihres Gleichen.
Das Innere des Hauses besteht fast ganz aus gut ein=
gerichteten Gaststuben, die auch fast immer gefüllt sind.
Wenn man irgend ein Wort fallen läßt, daß man nicht
länger die Gastfreundschaft mißbrauchen möchte, heißt es:
„Lei ci fa un regale," so lange wie irgend möglich, zu
bleiben. Da schwirrt es nun ab und zu, mitunter Herren
und Damen von brillanten Namen, alle in derselben
Schlichtheit und Anspruchlosigkeit. Hie und da, wenn
einmal recht vornehme Marchesinnen in der Gesellschaft
sind, wird im Freien ein Tisch gedeckt, auf dem schöne
Service und reicher Blumenschmuck prangen, an der täg=
lichen Tafel ist aber auch das ganz einfach. Im Speise=
zimmer steht ein praktischer Anrichtetisch, und damit basta.
Aber die Mahlzeit besteht aus vielen Gängen und ist reich=
lich. Es wird sehr viel Wein getrunken, der aber nicht
leicht zu Kopfe steigt. Man kommt nicht weiter, als bis
zu einer angenehmen Aufheiterung. Die Jagd besteht,
bevor der October herannaht, darin, daß die Herren sich
die Doppelbüchsen umhängen und, im Walde schleichend,

die armen Singvögelchen, Meisen, Rothkehlchen, Gras=
mücken, auch Spatzen todtschießen. Daher in den Wäldern
nicht der Jubel des Vogelconcerts, wie bei uns. Gegen
den October hin wird der posto di palombe errichtet.
Um diese Zeit beginnen die Wildtauben ihre Wanderung
nach Afrika. Dieß sind nicht die Waldtauben unserer
Länder, sondern sehr große Tauben, grau mit grauschil=
lerndem Schwarz, die gerade so zu den zahmen aussehen,
wie der Wild=Enterich zum schwarzköpfigen schillernden,
zahmen Enterich). Sie sind im Sommer in Dalmatien
und im Winter im Innern Afrika's. Wie groß ihre Zahl
ist, kann man danach berechnen, welche außerordentliche
Menge jährlich auf der Hin= und Herreise durch das ge=
fährliche Italien zu Grunde geht. Man kann annehmen,
daß zehntausend solcher Jagdposten errichtet werden.
Zwanzig Tage, gering gerechnet, dauert der Durchzug,
und da mitunter 100 Tauben an einem Tage fallen, so
ist ein Durchschnitt von zehn Tauben täglich per Posten
eher zu gering angeschlagen. Dabei kommen zwei Mil=
lionen Tauben heraus. Und das ist noch die weit geringere
Beute. Im Frühjahr, wo sie bei der Rückkehr tief streichen,
werden sie in großen Massen in Netzen gefangen, wie die
Lerchen. In diesen Perioden speist nun ganz Italien
Tauben, der posto di palombe ist der Punkt, um den
sich Alles dreht, nach allen Seiten werden Geschenke an
Freunde und Verwandte expedirt, Dankbriefe laufen ein
— kurz, Tauben und wieder Tauben von Morgens bis
Abends, wenn nicht einmal, wie dieses Jahr, eine Auf=
lösung der Kammern dazwischen fährt, um das Interesse
einigermaßen zu zertheilen.

Der Taubenposten ist folgendermaßen eingerichtet: Auf

einer nach Beobachtung ausgewählten Waldhöhe sind in die höchsten Gipfel alter Bäume Jagdhütten mit Schieß= löchern gebaut. Lange Leitern führen hinauf. In einer dieser Hütten, die der Leiter der Jagd einnimmt, laufen Schnüre zusammen, deren andere Enden an verschiedenen Stellen dieser Baumgruppe an einem Ende einer Stange befestigt sind. Die Stange ist an einen Ast so gebunden, daß sie beweglich ist; am anderen Ende der Stange sitzt eine am Bein gefesselte Wildtaube, die im Netz gefangen ist. Etwas abseits von diesem Platze steht eine Hütte als Schlafstätte des Jägers, der die ganze Zeit auf dem Posten bleibt, und eine Hütte mit Bänken und großem Tisch, für die Geselligkeit bestimmt. Die Damen und nichtjagenden Gäste gehen oft für lange Stunden mit auf den Posten, müssen in der Hütte sitzen und genau Acht geben, wann das Jägerzeichen gegeben wird, um dann vollständig zu verstummen und still zu sitzen. Dieses Zeichen erfolgt, wenn die auslugenden Jäger Tauben anfliegen sehen. Nun zieht der Leiter seine Schnüre an, und die Tauben an den Stöcken fangen an zu flattern. Dieß zieht die Zugtauben an, sie lassen sich nieder, aber zuerst außer Schußweite, denn sie sind außerordentlich vorsichtig. Nun darf sich nichts mehr rühren, besonders was ihrem scharfen Auge sichtbar würde. Dann kommen sie näher. Der Leiter gibt verabredete Zeichen, die bestimmen, welcher Schütze zuerst schießt. Dann folgen rasch die anderen Schüsse. Mit schwerem Aufschlag fallen die großen Thiere zur Erde. Da sie sehr zähe sind, müssen viele dann erst erwürgt werden. Die Jagd ist sehr spannend und, wenn viele Tauben fallen, förmlich aufregend.

Am Morgen nach meiner Ankunft ließ der Graf zwei

Bergpferde satteln und führte mich weit und breit durch
seine Wälder. Er hat bei diesen Ritten eine Lanze mit
langer scharfer Spitze, und als ich bemerkte: „Gut gegen
die Hunde," antwortete er: „Und gegen die Menschen."
Wir ritten so steile Steinwege auf und ab, daß ich, dergleichen gar nicht gewohnt, oft den Athem anhalten mußte,
dem Pferd Alles überlassend. Wir besuchten ein sehr großes
anderes Gut, in dessen Casino die Besitzer kurze Zeit weilen.
Hier fiel nun auch die Schranke weg, die dem stare in
libertà doch noch dadurch gesetzt wird, daß meine Wirthin
den allervornehmsten Häusern angehört, und es trat mir
eine Einfachheit, eine Genügsamkeit entgegen, die wir mit
gar nichts Anderem vergleichen können, als wenn wir uns
erinnern, bei schlichten wohlhabenden Landleuten eingekehrt
zu sein. Derartiges Güterleben mag manchem Leser durchaus nicht beneidenswerth erscheinen, ob aber Italien nicht
darum zu beneiden ist, das ist eine andere Frage. So
wie es jetzt ist, mag es nicht ganz in der Ordnung sein,
denn ein gediegener Luxus bringt Geld unter die Leute;
aber wenn es sich in der Entwicklung des neuen Italien
nach den richtigen Lebensanschauungen vervollkommnet, so
enthält es gewiß nicht die Gefahr, einen Kastengeist, ein
Junkerthum, großzuziehen, wie wir es noch in so hohem
Maße zu erdulden haben. Das Leben im Casino war
nun die folgenden Tage das wahre nationale dolce far
niente, wie es unsere emsige Natur nicht kennt und nicht
duldet. Die großen Dichter des Vaterlandes liegen in
schönen Ausgaben auf allen Tischen; Schachbrett und
Damenbrett sind zur Hand. Teutsche und italienische
Musik enthält der Notenschrank vollauf. Ueber unserem
Kreise schwebte wie ein wohlthätig belebender Genius der

Geist der jungen Gräfin, welche die neueren Sprachen sehr
gut spricht, sehr viele Kenntnisse aus wissenschaftlichen und
poetischen Werken gesammelt hat, ganz vortrefflich Clavier
spielt und in wunderbarer Weise imponirenden Ernst mit
kindlichem Frohsinn vereinigt. Dieß Alles wird von der
höchsten weiblichen Grazie geadelt. Unsere größte Freude
war, wenn die Gräfin die Mandoline ergriff und das
Ständchen von Schubert spielte. Sie handhabt dieses Instrument in ächt nationaler Weise. Allem ihrem Thun
und Treiben mit Hoch und Niedrig ist keine Spur von
Eitelkeit oder Adelsstolz beigemischt, nur die wahre Frauen-
würde umgibt sie mit Schranken. Die Herren waren alle
musikalisch und sangen ohne künstlerische Prätension, aber
mit angeborenem Takt Opern-Arien, Chöre, großartige
Volksweisen. Dieß alles füllte die kühlen Abende bis tief
in die Nacht aus, und am Tage wurden viele Stunden
im Gras unter den Akazien vertändelt. Ich war dann
abwesend, mit Studien beschäftigt. Im neuen Italien
werden die Männer sich wohl auch mehr und mehr daran
gewöhnen müssen, in dieser Weise abwesend zu sein, denn
mit wie viel Grazie immer sie dieses süße Nichtsthun
treiben, wie gut es ihrem schönen Klima und ihrer herrlichen Sprache angepaßt ist, sie selbst haben doch einst den
Völkern den Beweis gegeben, zu welchen Zielen scharfe
Arbeit führt — ja, sie arbeiten, wenn sie einmal dabei
sind, noch heute ganz außerordentlich, wir haben ja den
Beweis davon bei unseren Bauten zur Genüge, und sie
werden sich entschließen müssen, zu sich selbst zurückzukehren.
Die wilden Schößlinge müssen abgeschnitten werden, daß
der Saft wieder in die Frucht geht, dann werden wir
bald gewahr werden, daß die Wurzel unverdorben und

der Boden vortrefflich ist. So aber, wie sie es jetzt noch treiben, werden sie mit jedem Tag um ein bedenkliches Stück zurückgelassen von den kolossalen Maschinen, die neben ihnen um die Wette arbeiten. Und keines ihrer Fehler sind sie sich alle so bewußt, als der gefährlichen inertia. Jetzt glüht das Eisen, die neuen Schulen sollen es zu Stahl hämmern. Mögen sie schmieden, weil es noch warm ist.

Piancastagnajo und Sta. Fiora.

———

Die Hochebene, auf welcher unser Casino liegt, ist be=
gränzt von der Montagna di Sta. Fiora, deren höchster
Gipfel der Monte Amiata ist. In edeln Formen dehnt
sich die hohe Kette am Horizont aus. Dante hat dieses
schöne Gebirge in seinen Cantiken verherrlicht. Die Her=
zoge von Sta. Fiora haben dort in dem Orte gleichen
Namens ihren Ursprung und Stammsitz und haben Luca
della Robbia lange Zeit beschäftigt. Herrliche Werke dieses
Meisters verewigen ihn dort oben. Der Präsident, der
früher einmal dort gewesen, erinnerte sich auch uralter
Kastanien, großartiger Felsen und eines Ueberflusses von
köstlichen Wassern. An unserer Seite leuchtete gerade am
Saum der tiefblau scheinenden großen Wälder über dem
röthlich schimmernden kahlen Abhange der Ort Pianca=
stagnajo herüber, man konnte deutlich Paläste erkennen,
denn Häuser konnten das nicht mehr sein. Niemand zwar
wußte die Entfernung sicher zu bestimmen, doch konnte
ein Berg, auf dem man Gebäude sehen kann, nicht gar
so weit entfernt sein. Ich konnte denn auch nach allen
Beschreibungen dem Anblick dieser freien Höhen nicht mehr

lange widerstehen, ergriff meinen Stab, hing mir Malstuhl,
Schirm und Tasche über die Schulter, und brach eines
schönen Tags auf, um dort hinüber und hinauf zu wandern.

Von Aquapendente, das am hohen Rand eines felsigen
Kessels liegt, ging es hinunter in das Paglia-Thal (der
Paglia entspringt auf der Montagna Sta. Fiora). In
dem Kessel von Aquapendente gegen den Fluß zu fand ich
die Weinberge so gehalten wie am Rhein und in Frankreich, niedrige Weinstöcke auf steinigen terrassirten Wein-
bergen. Hier gedeiht aber auch ein Wein erster Qualität,
der im Handel unter dem Namen Vino di Orvieto geht.
Also nicht die nächste Umgebung der Stadt, sondern ihr
ganzer Bezirk gibt dem Weine den Namen. Auf einer
alterthümlichen, langen schmalen Brücke überschritt ich den
Fluß und ging am jenseitigen Ufer aufwärts. Obwohl es
schon October war, herrschte eine so gewaltige Hitze, daß
ich kaum den Muth zu dieser Fußreise gefaßt haben würde,
wenn ich das vorausgesehen hätte. Nach vierstündigem
Marsche durch das von waldigen und felsigen Höhen umgebene Thal kam ich um Sonnenuntergang an den Scheideweg, wo in der Mitte auf einem großen Stein auf der
einen Seite geschrieben stand: Per la montagna di Sta.
Fiora, auf der andern: Per Siena e Firenze. Ein Contadino sagte mir, daß ich noch drei Stunden bis Piancastagnajo zu gehen habe. So stand ich denn bei ein-
brechender Nacht in einem ganz abgelegenen Thale mit der
Aussicht, drei Stunden einen fremden Berg hinauf zu
steigen. Es war kein Hercules am Scheidewege, das
merkte ich am sinkenden Muth. Ich fragte einen kleinen
Sauhirten, ob hier ein Wirthshaus in der Nähe sei. Auf
der Straße nach Siena kommen Sie nach zwei Miglien

an die Novella, eine kleine Locanda, antwortete er mir.
So zog ich denn ſchon im Dunkeln gen Radicoſſano und
kam müde und geängſtet an die Herberge. Nur die äußerſte
Noth, in der ich mich befand, vermochte mich, im Hauſe
zu bleiben, als ich in den Raum getreten war, wo die
Bewohner beim Licht jener römiſchen Meſſinglampen ihre
Abendmahlzeit verzehrten. Es war ein ſo abſchreckender
Schmutz um und an dieſen elend ausſehenden Menſchen,
daß ich förmlich zurückſchreckte. Als das Volk mit ſeinen
widrigen, öligen Speiſen fertig war und ſich verlaufen
hatte, zog die Wirthin eine Schublade hervor, deckte ein
blendend weißes Tiſchtuch auf, und legte Beſteck für zwei
auf. Auf mein Befragen: für wen das zweite? hörte ich,
daß ein alter Maurermeiſter, der in der Nähe ein Haus
baute, bei ihnen wohne. Das war mein Glück, denn
wegen dieſes Gaſtes hatten die Leute einige Vorräthe an-
geſchafft. Bald darauf erſchien mein convive, ein biederer
anſtändiger Alter. Eine ſehr gute Suppe, vortreffliches
Fleiſch mit Linſen und feuriger Wein wurden aufgetiſcht.
Ein wunderſchönes junges Mädchen, Namens Helene, blieb,
nachdem ſie aufgetragen hatte, mit ihrer Arbeit bei uns,
und ſtand freundlich Rede und Antwort. Mein Alter
ſprach über alles, was Baukunſt angeht, mit großer
Kenntniß und vielem Geiſt, ſtellte Vergleiche an zwiſchen
den Façaden von Orvieto und Siena, ſprach über römiſche
Kirchen, Gothik und romaniſchen Bau vortrefflich. So
war denn bald alles anders geworden. Von jenem Raume
des Jammers und Ekels war nur noch ein etwas ver-
dächtiger Geruch vom Fußboden übrig. Das große Bett
war wieder vortrefflich, wie alle Betten in dieſen Ländern.
Die Matratzen ſind mit gedörrten Maisblättern gefüllt,

weich und elastisch. Wenn man hinaufgeklettert ist und
sich auf dem Gefilde des Hypnos umschaut, kann man
mindestens für dreimaligen Wechsel der Lagerstätte während
der Nacht seine Pläne machen. Als ich bei Tagesgrauen
weiter wandern wollte, war nur ein alter Sauhirt auf
den Beinen. Dieser verhandelte mit meinem Wirthe durch
die Thüre seines Schlafzimmers und überbrachte mir die
Botschaft, daß ich una lira zu bezahlen habe. Beinahe
hätte ich mich entschlossen, ein Jahr in diesem Hause zu
bleiben, um noch einmal wieder für hundert Thaler jähr=
lich in unserem lieben theuern Europa gelebt zu haben.
Aber das Thal war von abschreckender Oede, und so zog
ich denn zurück an meinen Scheideweg und von dort dem
Berg entgegen. Auf Fußgänger über Land scheint man
hier gar nicht zu rechnen, denn die Straße ging einfach
in den reißenden Bergstrom und drüben wieder hinaus.
Erst wurde ich stutzig, dann lachte ich laut auf und schritt
todesmuthig bis über die Kniee durch die Fluthen. Nun
ging es langsam, gleichförmig, kahl und öde bergauf und
immer bergauf. Landleute, die Mais nach Piancastagnajo
brachten, luden mein Gepäck auf ihre Esel, so daß ich
wenigstens frei ging. Es war ein ermüdendes Aufsteigen,
um so mehr als der Scirocco wehte. Aber diese An=
strengung sollte reichlich belohnt werden. Zuerst mußte ich
freilich in dem Orte eine Herberge suchen. Hier hört nun
alle Beschreibung auf. Wenn ich bei der ersten Schil=
derung von Orvieto vielleicht noch ein wenig in der Hy=
perbel gesprochen habe, so war es hier wörtlich wie bei
den Schweinekoben; ein tiefen Abscheu und Ekel erregender
Grundschmutz, die Straßen mitten im trockenen heißen
Wetter von nassem Koth bedeckt, und obendrein rompicolli,

so daß ich mich des Malstockes als Stütze bediente um
nicht umzuschlagen. Und noch haben mir die Leute hier
erzählt, daß ihr Städtchen sich durch geringeren Schmutz
vor vielen ringsumher hervorthue, daß es welche gebe, in
denen ihnen selbst übel wird, in denen sie einfach auch den
Menschenkoth mitten auf die Straße werfen. Und dießmal
war ich in dem gesegneten Toscana. Müde und hungrig
schaute ich mich nach einem Kaffeehaus um. Abscheuliche
Spelunken mit verlumpten alten Weibern führten diese
Aufschrift. Ich trat denn nothgedrungen in eine ein und
würgte das braune Fluidum herunter, es mit einigen
Gläsern herrlichen Gebirgswassers hinabspülend. Dann
zog ich wieder durch den Ort, eine Locanda suchend. Sie
waren zu abschreckend, selbst für einen opferfähigen Rei=
senden. Verzweifelnd ging ich auf einen Platz, von dem
man in die blauen Fernen sieht, und klagte meine Noth
einem alten Priester. Dieser wies mich in eine Locanda,
in der die Leute allerdings von gleichem Schmutz waren,
aber doch das Zimmer leidlich, und mit der Bedingung,
daß ich in meinem Raum auch die Mahlzeiten einnehme,
eine Existenz denkbar. Ich fragte die blutjunge hübsche
Nichte des Wirthes, die Lätitia hieß, warum sie gar so
verlumpt gekleidet gehe. Sie erzählte mir, daß sie ein
Jahr lang in einer Stadt in der Nähe von Siena bei
einer Tante gewesen und von dort mit guten Kleidern und
der Gewohnheit solche zu tragen, wiedergekehrt sei. So=
fort habe man von allen Seiten auf sie hineingehackt:
„Wer weiß, was das Mamsellchen vorhat, wer sie wohl
aushalten und ihr die schönen Sachen bezahlen mag." So
habe sie keine Ruhe gehabt, bis sie wieder in den alten
Lumpen einhergegangen sei.

Sobald ich von meinem Zimmer Besitz genommen hatte,
ging ich aufwärts zum Thor hinaus. Was ich hier er-
blickte, gehört zu dem größten und schönsten, was Italien
aufzuweisen hat. Aus den überschrittenen kahlen Abhängen,
die nun von oben gesehen, einen höchst malerischen, großartigen Anblick gewährten, erhebt sich unmittelbar um den
Ort her ein terrassenförmiges Felsengebiet, von einem
Chaos einzelner Blöcke wild durchschleudert. Und auf
diesem Boden erheben sich uralte Kastanienbäume in riesigen Dimensionen, das Wurzelwerk mit den Felsblöcken
verklammert, wie die Feigenbäume aus Mauern, so aus
den Felsfugen hervorbrechend. Starke Quellen sprudeln
überall aus dem Gestein hervor, dicht umwachsen von
üppigen Pflanzen. Schöne Weingärten ziehen sich am
Rande zwischen den mit Schlinggewächsen überwucherten
Felsen hin, weit hinaus in Seitenschluchten sieht man auf
die Wipfel der uralten dunkeln Wälder, dann das mächtige schöngeformte Gebirge, drüber hinaus das Paglia-
Thal und am Horizont den Bolsener See. Trotz des Scirocco war auf diesen Höhen im Schatten der alten Bäume
bei den sprudelnden Quellen eine köstliche Luft. Und in
einem solchen Gottessegen wohnen die Menschen in solcher
Weise beisammen! ja sie setzen nie ihren Fuß in diese
paradiesischen Gärten, sondern lungern in ihren stinkenden
Gassen herum, auf alten Mauern sitzend und die Stunden
verplaudernd. Sie finden dieß un brutto deserto. Ich
blieb gleich, so lang es der gebieterische Magen irgend
erlaubte, in dieser großen Natur. Dann bestellte ich mir
einen Einspänner und fuhr am nächsten Morgen sofort
wieder nach Campo Morino, um meine Effecten zu holen und
mich für längere Zeit hier oben aufzuhalten. Der Scirocco

wurde immer drückender, und im Paglia-Thal war eine ungesunde Gluth. Mein Fuhrmann machte mich auf zwei große Complexe von Gebäulichkeiten aufmerksam, die auf je einer Anhöhe an der Straße einander gegenüber liegen, und deren Bestimmung nicht zu errathen war. Dieß sind die beiden Zollgebäude, das toscanische und das römische, aus vergangenen Zeiten.

Hier war übrigens der vierte Ort an der alten Courier-straße, wo mir alte Leute von einem Signor Müller er-zählten, dessen Andenken sich legendenhaft erhalten hat. Diesen Müller habe ich vor Zeiten in Rom gekannt, es war der kaiserlich österreichische Courier, der zwischen Wien und Rom reiste, zur Zeit, wo die österreichischen Soldaten bis Viterbo standen. Es war ein riesiger Ex-Feldwebel von den Grenadieren, der auch in Rom männig-lich bekannt war, weil er mehrere Räuberbanden, die ihn unterwegs anfielen, in die Flucht geschlagen hatte. Er trug auch wegen dieser Heldenthaten österreichische und päpstliche Orden. In Bolsena, S. Lorenzo, hier bei den Zollhäusern und in der Novella ist er noch wie ein sabel-hafter Held bekannt, denn gerade in dieser Gegend hatte er seine Siege erfochten. Dann war er oft bei Schnee-wehen und Unwettern durchgefahren, und die alten Leute hatten ihn ausgeschaufelt, ihm Vorspann von Ochsen ge-leistet und waren reichlich bezahlt worden. Bald wird niemand mehr von ihm wissen.

Nach Campo Morino hatte mich mein gutes Glück zu diesem Tage zurückgeführt. Der Koch bot seiner Herrschaft ein Fest in seiner Küche an. Nach dem Essen zogen sich die jungen Damen zurück, um bald darauf in wunder-schönen Nationalcostümen wieder zu erscheinen. Die Gräfin

sah unbeschreiblich schön aus, schlank wie eine Ceder, im
reichen Costüm der römischen Gebirge. Ihr Gemahl zog
ein dunkles Wollenhemd an, band eine rothe Leibbinde
um die Hüften, stülpte den Hut in den Nacken, ergriff
das Tamburin, und nun tanzte das junge Paar die Ta=
rantella mit einer solchen Leidenschaft und Grazie zugleich,
daß es ein seltenes Schauspiel war. Spät Abends wurde
endlich das Zeichen gegeben, das Fest zu beginnen. Die
alte gewölbte Küche war ausgeräumt, die Wände waren
mit weißen Tüchern behangen, auf die von Blumen und
Zweigen Verzierungen geheftet waren, die Thüren waren
reich umkränzt. Die ganze nahe wohnende Bauernschaft
war versammelt, und nun wurde die Tarantella fort und
fort getanzt, ein buntes wildes Treiben. In der Pause
trat der Koch, mit Handschuhen angethan, in die Mitte
der Küche, sang große Arien oder declamirte mit komischem
Pathos Stellen aus italienischen Dichtungen. Dann wurde
bis spät in die Nacht hinein statt des Cotillon der Lieb=
lingstanz der Italiener getanzt. Man kniet vor einer
Dame nieder, und klagt ihr, man habe sein Herz ver=
loren. An wen denn? fragt diese, und der oder die Be=
zeichnete muß dann herzutreten, sich neben den verrathenen
Anbeter knien, worauf sie dann im Tanz davon jagen.
Der Bezeichnete ist nun an der Reihe, und so spinnt sich
diese Liebeskette fort und fort. Kostbare Erfrischungen
wurden herumgereicht, und endlich ging man befriedigt
und ermüdet auseinander, tief in der Nacht. Der Wind
war indessen zum Sturm angewachsen und heulte furchtbar
um das ächzende Haus. Trotz aller Müdigkeit gelang es
mir bei diesem großen Lärm erst spät dem Schlaf in die
Arme zu fallen.

Als ich spät am Morgen erwachte, rührte sich kein
Lüftchen, und keine Wolke war am Himmel. So fuhr ich
bei herrlichstem Wetter wieder den Berg hinan und wurde
von den Wirthsleuten begrüßt, wie ein naher Verwandter,
mit einer Herzlichkeit, die wirklich rührend war. Gleich
am folgenden Morgen brach ich auf, um nach Sta. Fiora
zu gehen. Eine breite vortreffliche Straße führt erst auf
der Südseite des Gebirges mitten durch den großen Ka-
stanienwald, der in diesen Theilen des Gebirges den
Charakter riesiger Pflanzungen hat und in der Wirkung
den großen Parks in der Nähe alter königlicher Schlösser
ähnlich ist.

Alles Unterholz und Gebüsch ist sorgfältig vertilgt,
und die großen Bäume stehen jeder mit voller Freiheit
der Entfaltung neben einander. Denn dieß sind gepflegte
Besitzungen. Die Kastanien werden geerntet, gedörrt, zu
Mehl gemahlen, und dieses geht in den Handel. Weiter
ab von den Ortschaften gegen die Gipfel der Berge zu
wird der Wald wieder „vergine“. Die Straße tritt dann
aus dem Walde hervor, läuft am Abhang des Gebirges
hin, den Buchtungen folgend, den Blick nach links auf die
Wipfel der thalwärts gelagerten Wälder, nach rechts auf
nahe gewaltige Felspartien, von Riesenbäumen bestanden,
gewährend. Dann zieht sich die Straße dem Kamm des
Gebirges zu, fortwährend begleitet von den schönsten Baumgruppen, in deren dichtem Schatten malerische kleine Ortschaften zwischen die Felsblöcke geklemmt sind, und jenseit des Kammes geht es gerade wieder so am Gürtel
hin, nur fließt tief unten im Thale statt des Paglia die
Fiora, die auch in diesem Gebirg entspringt. Oben auf
dem Kamme tritt dem Deutschen ein ergreifendes Bild

vor die Augen. Ein Theil des Gebirges ist nämlich mit
prachtvollem alten Fichtenwald bestanden, und in den Lich=
tungen leuchten die grünen Bergwiesen hervor, gerade wie
in unsern Alpen. Nahe diesem Theile des Gebirges sind
die Einfahrten in die höchst bedeutenden Quecksilberwerke.
Eine italienische und drei französische Gesellschaften beuten
diesen Reichthum aus. Auf dieser nördlichen Seite des
Berges, wo die Straße über Arcidosso zu einer nahen
Eisenbahnstation führt, wimmelt es von französischen In=
genieuren, und jeder Fremde wird hier Signor Ingeniere
angeredet. Sta. Fiora liegt über alle Maßen schön über
dem Fiora=Thal am gewaltigen Rücken des Monte Amiata.
Ganz dieselben Felsen und Kastanien wie drüben, und
dabei ist der Ort auf einen Felsengrat zwischen zwei
Schluchten hinausgeschoben, in denen die Bergwasser in
kühnen Fällen über das Gefelse und Gemäuer rauschend,
abwärts stürzen. Ein hoher Aquäduct mit weiten schönen
Bogen führt über eine Schlucht; in die andere zieht sich
der Ort in malerischer Weise jählings hinab. Die Felsen
des Orts sind mit wahren Mähnen von Schlinggewächsen
üppig überwuchert, dazwischen Substructionen mit Bogen,
Treppen, Gärten mit überragenden Feigenbäumen und
Weinlaubengängen, hoch darüber schweben die leichten Cam=
panilen, und überall dazwischen sind riesige Kastanienbäume
mit ihren Felsblöcken. Es entstehen daraus Bilder von
solcher Gewalt und Schönheit, daß man sie nur mit
Staunen und Befremden ansehen kann. Sta. Fiora hat
wenigstens eine große reingehaltene Piazza, an der ein
erträgliches Kaffeehaus steht. Mit dem Nachtquartier sieht
es indeß wunderbarerweise auch hier höchst bedenklich aus.
Eine einzige Locanda, von der ich nun nicht mehr erzähle.

Und hier ist doch die Seite der Eisenbahn, der Verkehr
großer Bergwerke, die Sommerresidenz der Cesarini Sforza,
die jetzt die Erbschaft der Herzoge von Sta. Fiora an-
getreten haben; hier sind die großen Schätze des Luca della
Robbia, hier sind die kostbaren Riesenwälder, herrliche
Bergwasser in Hülle und Fülle. Uns steht dabei der Verstand still, wir würden hier mindestens fünf große Pen-
sionate und dreißig bis vierzig Villen suchen. Die ganze
Schweiz hat keinen schöneren Punkt. Was ist das nur
bei den Italienern! Doch am Ende der Mangel an Begeisterung für die freie Natur in der Nation selbst. Eine
wahre Nation der Städte und der Piazze!

Mitten aus dem berauschenden Genusse dieser großen
Scenerie einzutreten in die stille Basilika, die ein wahrer
Tempel des Luca della Robbia geworden ist, das ist ein
feierlicher Gang! Diese kleine Kirche birgt sechs bedeutende Werke dieses sympathischen und höchst eigenthümlichen Meisters, alle in Majolica, daher alle erhalten, als
wären sie gestern vollendet worden. Zuerst der große
Hauptaltar, ein Werk von kolossaler Größe. Oben schwebt
Gott Vater, von betenden Erzengeln umgeben. Darunter
auf der Haupttafel die Himmelfahrt Mariä. Sie ist von
einem Kreise geflügelter Engelsköpfe umrahmt und von
fliegenden anbetenden Engeln umgeben. Unter ihr ist
das Grab mit vier aufblickenden anbetenden Heiligen.
Diese Figuren haben über halbe Lebensgröße. Unter diesem
Hauptblatte folgen in den Predellen: Christus im Tempel
lehrend, die Taufe Christi und die Beweinung des Ge-
kreuzigten auf dem Grabstein. Das zweite Werk ist ein
Tabernakel: Gott Vater hat die Hände segnend erhoben,
umgeben von fünf geflügelten Engelsköpfchen. Darunter

in einer runden Vertiefung die Frucht der Erkenntniß.
Unter dieser die goldene Thüre, über die sich zwei wunderschöne betende Engel tief andächtig beugen. Das dritte
Werk ist ein großer Seitenaltar. Die Krönung Mariä
bildet das Mittelbild. Rechts von diesem ist Daniel in
der Löwengrube, links zwei heilige Mönche, denen ein
Engel eine Botschaft bringt. Darunter in der Predelle
die Verkündigung Mariä, die Geburt Christi, die Verkündigung der Hirten und die Anbetung der Könige. Das
vierte Werk ist die Kanzel, ein wahrhaft classisches Gebilde. Vorne ist das Abendmahl zwischen zwei Lorbeer-
vasen, links die Auferstehung und rechts die Bergpredigt.
Dem folgt ein ganz außerordentlich geistvolles Crucifix
und endlich, schöner, hinreißender, abgerundeter als alles
vorige, das Baptisterium! In einer flachen Bogennische,
in deren feiner architektonisch gegliederter Umrahmung eine
Fruchtguirlande von unbeschreiblicher Meisterschaft die innere
Platte füllt, ist über dem Taufbecken in sehr großer Gestalt die Taufe Christi mit ministrirenden Engeln dargestellt. Adel, Innigkeit, Grazie und Ebenmaß sind hier
auf das höchste gesteigert. Alle diese Werke enthalten weiße
Figuren und Umrahmungen mit dunkel gebrochen blauem
Grund und farbigen Fruchtguirlanden. Wenn diese Werke
noch nicht in Gypsabgüssen in einem deutschen Museum
existiren, so wäre es wahrhaft zu empfehlen, daß hierzu
an geeignetem Orte die Veranlassung gegeben würde. Es
würde dadurch ein seltener und großer Schatz für Deutschland erworben werden.

Bei meinem Marsche nach Sta. Fiora hatte ich bemerkt, daß die Straße auf der Nordseite des Berges eben
so weit vom Kamm des Berges zurückging, als sie auf

der Südseite zu ihm hingezogen war. Darum entschloß
ich mich keck, quer durch Feld und Wald in gerader Linie
auf Piancastagnajo loszugehen. Ich behielt dabei die dritt=
höchste kahle Spitze des Amiata im Auge, um diese zu
erklimmen. Ein überaus romantischer Klettersteig durch
große Wälder führte mich bis an die kahlen Rippen dieses
Kegels, den ich dann, abgesehen von großem Sonnenbrand,
ohne Beschwerde erklomm. Merkwürdigerweise lag auf dem
äußersten Höhepunkt dieses Berges ein Steinblock, nach
oben so zugespitzt, daß man also die höchste Spitze des
Berges mit dem Daumen zudecken konnte. Die Aussicht
war weit und großartig. Nach Nordwesten sah man über
ein Wellenmeer von Hügeln und Ländern ins Nebelhafte.
Mit dem Fernrohr hätte man die Seegestade zwischen
Porto S. Stefano und Livorno erblicken müssen. Nach
Süden sah man den Bolsener See, den Lago di Bracciano,
den Soracte, die ganze römische Campagna mit dem Sa-
biner= und Albaner=Gebirge, daneben die schönen Berge
von Viterbo, weiter östlich die Apenninen von Narni,
Terni, Spoleto; den Trasimener See mit Perugia's Höhen
deckte der hohe bewaldete Gipfel des Amiata. Nun schritt
ich, nachdem ich den Fuß dieses Gipfels glücklich wieder
erreicht hatte, über wilde Hochlande in gerader Linie auf
Piancastagnajo zu. Ein uralter, weißhaariger Schafhüter
sprach mir sein Befremden aus, daß ich so allein durch
dieses Gebirge wandere; er habe das noch nie erlebt. Er
beklagte sich bitter, daß er bei so hohem Alter dieses rauhe
Leben führen müsse. Wieder für unsere Vorstellungen höchst
befremdend, fand ich hier, wo alles in hohem Maß an
unsere Hochalmen erinnert, auf einmal große Flächen von
Kornfeldern mit Lehmhütten am Rande für die Unterkunft

der Arbeiter. Und mitten aus dem gepflügten Boden
schossen überall die unverwüstlichen tiefwurzelnden Farn=
kräuter hervor. Diese mit dem Ginster bedecken diesen
ganzen früheren Waldboden durchweg. Von Blumen fand
ich nur dieselben, wie bei uns im Gebirge, klein und
trocken, wegen der Sonnenhitze, keine einzige fremde Blume.
Nach langen Stunden in einsamen Wüsten kam ich an
einen Bauernhof, in dessen Nähe ich wieder mit den bösen
großen Hunden zu thun hatte, bis der alte Contadino sie
heraufpfiff. Dieser zeigte mir einen Pfad weiterhin und
machte mich mit großer Deutlichkeit auf die Stellen im
Wald aufmerksam, wo ich irre gehen konnte. Fünf Mi=
nuten abseits vom Hofe traf ich die erwachsene Tochter bei
den Schafen und redete sie freundlich an. Sie wurde
dunkelroth, eine unbeschreibliche Scheu und Angst malte
sich auf ihren Zügen, und sie ging raschen Schrittes auf
Felsblöcke zu, hinter denen sie sich barg. Dann machte
sie ihrem Schrecken durch lautes Singen Luft. Ich trat
nun wieder in den Wald und stieg durch ein felsiges Ge=
biet abwärts, bis ich eine halbe Stunde vor dem Orte
die Straße wieder erreicht hatte. Der Mond war in
ganzer Pracht aufgegangen und schickte sein mildes Licht
durch den edeln Hochwald, durch den ich nun eben hin=
schlenderte, bis ich meine Spelunke wieder erreicht hatte.
Mag alles andere einen im Stiche lassen, ein Glas feu=
rigen edlen Weines und einen Trunk frischen Bergwassers
findet man.

Piancastagnajo, Torre und Città della Pieve.

Herrliches Wetter begünstigte nun meinen Aufenthalt in den Wäldern rings um die Stadt. Ein großer Theil des Gebiets scheint in Bezug auf die Kastanien-Ernte preisgegeben zu sein, denn hier wimmelt es den ganzen Tag von Kindern, die mit Steinen und Knüppeln die Früchte abwerfen und gierig verzehren. Wie die Schweine im Eichenwald, so sind hier die Kinder förmlich auf der Weide, und bekommen gewiß in der Zeit der reifen Kastanien wenig oder keine andere Nahrung zu sehen. Ihre Zahl ist Legion. Ich fragte eine Frau von höchstens vierzig Jahren, deren Töchterchen ich zeichnete, wie viele Kinder sie habe. Acht lebende und sieben todte, war die Antwort. Mit fünfzehn Jahren hatte sie ihr erstes Kind. In diesem Alter heirathen hier die meisten jungen Mädchen, und ihre würdigen Gatten sind achtzehn, neunzehn Jahre alt. Da ist denn der ganze Ort und seine Umgebung von Kinderschaaren überschwemmt, die dem sicheren Elend entgegenwachsen. Fast alle Menschen sind hier Taglöhner auf dem unermeßlichen Gebiet eines Crösus. Sie müssen auch hier wieder stundenweit bergab und bergauf in glühender Hitze

gehen, bearbeiteten alles Land, das nicht in glatter Fläche
liegt, mit der Hacke und bekommen einen Franc Tagelohn.
Um einen etwas höheren Lohn zu erschwingen, wandern
sie hinab in die Maremmen, holen sich aber dort das
Fieber, und sind hinfort ganz elende Menschen. Jener
Millionär von guter Familie, der eine Herrschaft nach der
andern kauft und in der hiesigen Gegend längst alles kleine
Eigenthum verschlungen hat, ist wieder ein Exemplar ganz
eigener Art, wie man sie anderswo in der Welt nicht ahnt
noch kennt. Am Eingang des Ortes stehen auf hoher Ter=
rasse zwei große Schlösser; das eine gegen siebenzig Fuß
hoch und in entsprechender Länge und Tiefe, ein Prachtbau
der edelsten Architektur, ähnlich dem Palazzo Farnese in
Rom, war die Residenz des Herzogs Bourbon del Monte,
der diese Länder einst zu Lehen hatte, wie unter dem
Lilienwappen auf einer großen steinernen Tafel eingegraben
steht. Diese beiden Paläste besitzt und bewohnt jetzt der
Crösus. Seine H.H. Brüder und Neffen sind Monsignori
in Rom. In den Palästen hat er sich eine kleine noth=
dürftige Wohnung eingerichtet, alles übrige dient als Ma=
gazine, Trockenböden ꝛc. für die Früchte des Feldes. Der
alte Herr geht in denselben schmutzigen, abgetragenen Klei=
dern einher, wie die oben beschriebenen Bewohner der Stadt,
und ebenso seine Damen. Wenn diese in die Stadt gehen,
um etwas zu besorgen, schlagen sie sich ein altes graues
Tuch um den Kopf, und zeigen sich eben gerade so wie
die armen Frauen. Dieser Herr thut gar nichts für sein
Land und seine Leute, sondern sitzt nur wie ein furchtbarer
Vampyr oben auf dem Felsen. Wenn er seinem Stand
und kolossalen Reichthum gemäß sein Schloß einrichtete,
darin im Sommer Gäste empfinge, das Land verbesserte,

Muſterwirthſchaften einrichtete, er könnte ſpielend den Segen über die ganze Gegend verbreiten. Aber die Reichen Ita= liens haben nicht bloß den Fehler der Indolenz, die ſie dazu treibt, auf ihren unermeßlichen Beſitzungen alles gehen zu laſſen, wie es geht, wuchernden Speculanten, die das Land ſchonungslos ausſaugen, alles ohne Controle über= laſſend, ſo daß der Betrug von oben nach unten das Ganze durchfrißt — nein, ſie haben auch wirklichen böſen Willen. Sie können es nicht verſchmerzen, daß die neuen Geſetze ſie ihrer maßloſen Privilegien beraubt haben und ihrer zügelloſen Willkür den Zaum anlegen. Ihnen iſt es gerade recht, wenn das neue gottloſe Italien in Trüm= mer geht, und ſie thun das ihrige abſichtlich dazu. Sie ſind ein gewaltiger Hemmſchuh der neuen Entwicklung, mit einer Kette eingelegt, die nicht ſo leicht bricht. Und dieſe Kette iſt der Vatican. Jener hat Päpſte unter ſeinen Ahnen, dieſer hat einen Cardinal zum Oheim oder iſt der Sohn — ich wollte ſagen der Neffe — eines ſolchen. (Denn in Italien ſagt man: il figlio di un cardinale si chiama nipote.) Der hält es für vornehm, päpſtlich ge= ſinnt zu ſein (wir kennen dieß ja auch mehr als zur Ge= nüge) u. ſ. w. Solche Geſinnung gibt, wenn man nur einigermaßen weiß, welche Beſitzungen dieſe Herren in Süditalien haben, einen Begriff, mit welchen Schwierig= keiten die hieſige Regierung zu kämpfen hat, welche furcht= baren Verbündeten der Vatican beſitzt. Und die ganze aufſtrebende Jugend Italiens ſieht das, iſt damit beſchäf= tigt und häuft einen ſich raſch ſteigenden Haß gegen die Reichen in ſich auf. Wenn das einmal Feuer finge!

Das Municipium von Piancaſtagnajo hat, wie das ſo vieler anderen Orte, eine ſchöne weiße Marmortafel in

die Façade des Stadthauses eingelassen, auf der die Ge=
schichte des Plebiscits mit stolzen Worten eingegraben ist.
Am Schluffe heißt es: „Così constata il plebiscito del
popolo Toscano volere l'unione alla Monarchia costi-
tuzionale del Rè Vittorio Emanuele." Mit dieser Tafel,
dem einzigen reinen Fleck im Orte, soll sich das immer
mehr dem Elend verfallende Volk einstweilen trösten.

So reich an malerischem Stoff mein Aufenthalt auch
war, der elende Ort und die schlechte Verpflegung trieben
mich doch an, ihn früher zu verlassen, als es sonst viel=
leicht der Fall gewesen wäre. Lag mir ja Campo Morino,
ein kleiner leuchtender Punkt in der azurnen Fläche, immer
vor Augen. Und wie wohl that es hier wieder in außer=
lesener Gesellschaft ein gut zubereitetes Mahl einzunehmen.
Der Präsident war mit seiner Familie abgereist, um sich
das eiserne Joch seines Berufes wieder geduldig auf den
Nacken zu legen. Der Syndikus von Aquapendente mit
Bruder und Schwester, reiche Grundbesitzer, waren dieß=
mal Gäste des Hauses. Der Syndikus war eigentlich ge=
kommen, um den Bewohnern von Campo Morino seinerseits
ein ländliches Fest zu bieten. In seiner Gesellschaft war
noch ein sehr gebildeter Finanzbeamter aus Rom, ein alter
Freund beider Häuser, und Campo Morino war verstärkt
durch einige lustige Taubenjäger. Morgens früh kamen
die vier Pferde der Gäste aus Aquapendente, alles was
im Stalle von Campo Morino war, wurde gesattelt, und
nun ritten wir in langem Zuge, voran der Fattore und
einige Guardiani, in den Wald hinein. Ueber zwei Stun=
den kletterten unsere Thiere durch das Gefelse auf und ab,
bis wir auf dem hohen Plateau eines Felsennestes Na=
mens Torre angelangt waren. Jetzt ging es in gestrecktem

Galopp über ein flaches Weidegebiet dem Orte zu, dessen
Bewohner in Menge vor dem Thore standen, um uns
ankommen zu sehen. Der Syndikus hat bei Torre große
Besitzungen und im Ort ein Haus. In diesem war auf
luftigem Söller eine reiche Tafel gedeckt, um die wir
schmausend, zechend und toastend fröhliche Stunden ver=
brachten. Dann erstiegen wir die Terrasse des alten
Schlosses, welches den Ort beherrscht, ein großes Ritter=
schloß mit weitem Turnierhofe, das dem Hrn. Bourbon
del Monte zu eigen ist. Der Bau ist großartig, aber sehr
zerstört. Hie und da sieht man noch schöne Reste der De=
corationsmalerei an den Wänden, steinerne Büsten von
Ahnen in Harnischen und Wappen. Diese letzteren zeigen
die Verschwägerung der Bourbon mit den Sforza an.
Sforza ist, wie mir der Syndikus sagte, der alte Haus=
name der Monaldeschi. Die Rundschau von der Terrasse
ist außerordentlich reich, man sieht das Paglia=Thal weit
auf= und abwärts, die Kette von Sta. Fiora und zahl=
reiche andere Bergketten nah und fern. Als wir im Grase
gelagert der Ruhe pflegten, trat durch das große Burg=
thor ein uralter weißhaariger, hochgewachsener, aber ge=
bengter Priester ein, auf einen Knaben gestützt. Er hatte
Kunde erhalten, daß die Enkel zweier alten Häuser heut
auf der Burg weilten, und hatte sich heraufgeschleppt, um
sie zu begrüßen. Ein Sessel wurde herbeigebracht, und
der Greis saß zwischen dem lagernden jungen Volke, jedem
von seinem nonno und bisnonno mit lauter zitternder
Stimme erzählend. Mich sah er mit mißtrauischen Blicken
an, er mochte den teutonischen Ketzer wittern.

Der tiefe Stand der Sonne mahnte uns zum Aufbruch,
aber doch waren wir schon zu spät aufgesessen. Mitten im

Wald überraſchte uns die Nacht. Jeder hatte nun mit
ſich ſelbſt genug zu thun, und ſo mußte ich auf unbe=
kanntem Pferd unbekannte und unſichtbare jähe Felsſteige,
von Gebüſchen überwachſen, im Finſtern dahin reiten.
Nur der Gedanke, daß vor mir her zwei junge Damen
denſelben Weg ritten, half mir über die unangenehmen
Empfindungen weg, die dieſe rauhe Vergnügungsart her=
vorzurufen drohte. Und als wir aus dem Walde traten,
wieder geraden Weg unter den Füßen, war ich doch ſehr
zufrieden. Beim Abendeſſen kamen nach und nach die Ge=
ſtändniſſe zum Vorſchein, daß niemand dieſen Theil des
Feſtes beſonders anmuthig gefunden hatte. Aber den jungen
Damen wurde mit vollem Recht für ihre Unerſchrockenheit
das größte Lob ertheilt.

Nach dieſem Ausfluge mußte ich mich bald entſchließen,
das gaſtliche Dach für dießmal ganz zu räumen. Unter
der Verſicherung dauernder Freundſchaft, mit den herzlich=
ſten Abſchiedsgrüßen, ſchied ich von dannen, von allen
bis an den Wagen begleitet, der, von Aquapendente unter
dem Hauſe vorbeifahrend, mich aufnahm, um mich wieder
nach Orvieto zu bringen. Als ich dießmal die Wälder
hinter mir hatte und die nahe Stadt durch die Nacht zu
uns herüber ſchimmerte, war ich doch froh, endlich mit
einer Straße quitt zu ſein, auf der man fortwährend von
Räubern ſpricht. Wenn man die italieniſchen Blätter dieſes
Herbſtes durchſieht, ſo wird man bemerken, in wie bedenk=
lichem Maße das eigentliche Wegelagern, ſtatt zu ver=
ſchwinden, wieder zunimmt. Verzweiflung mag dazu treiben!
Und ſo lange das Landvolk ſich nicht entſchließt, die Heh=
lerei aufzugeben, wird alles Bemühen dieſem tiefeingewur=
zelten Uebel ein Ende zu machen vergebens ſein.

In Orvieto hielt ich mich diesmal nur auf, um den
Zug abzuwarten, der mich nach Chiuſi bringen ſollte.
Abends war ich angekommen, und ſchon vor Tagesanbruch
fuhr der große Omnibus zum Thore hinaus. Mit dieſer
Fahrt ſchloß ein Zeitabſchnitt meiner Reiſe ab, während
deſſen alles, was ſich darbot, in einem gewiſſen Zuſammen=
hange ſtand. Freundliche, gaſtfreie und viele intereſſante
Menſchen hatten mich überhäuft mit Beweiſen der Güte
und Zuvorkommenheit. Freundſchaftliche Beziehungen waren
angeknüpft für das Leben, Natur und Kunſt hatten ihre
Schätze reichlich dargeboten. Scheiden und Meiden thut
weh! Und doch war dieſes Scheiden auch wieder eine Be=
freiung, denn der ganze Boden, auf dem ich mich bewegt
hatte, war doch im Grund ein finſterer. Ernſte Trümmer
vergangener Größe, ſtrenge, großartige Landſchaften, Fieber=
gegenden, Räuberboden, tiefſtes Elend der Menſchheit
wirkten fortwährend verdunkelnd auf die Eindrücke. Ich
war mir einer heiteren Welt bewußt und eilte ihr ent=
gegen. Die rieſige dunkle Maſſe der Felſenſtadt, die wir
hinter uns ließen, als wir im Morgengrauen das Paglia=
Thal aufwärts fuhren, ließ nicht einmal ein ſehnſuchts=
volles Zurückblicken zu, und als die liebe Sonne wieder
Licht und Farbe verbreitete, war der lange Tunnel durch=
fahren, und wir waren in heitere Länder verſetzt. Ueber
die Abhänge des Monte Cetona goß ſie ihr erſtes roſiges
Licht, und die Bergſtädte, ſowie die unzähligen Häuſer,
die längs ſeines Gürtels hingeſtreut ſind, ſchienen in
Flammen zu ſtehen durch den blendenden Wiederſchein der
Fenſter. Leichte Morgennebel umſchleierten noch das Bett
des Chiana. Hoch über dem waldigen Berglande zur
Rechten zeigte ſich bald eine thurmreiche Stadt, an der

wir vorüberfuhren. Dieß war Città della Pieve, der Ge=
burtsort des Pietro Perugino. Bald darauf waren wir
in Chiuſi. Dieſe Stadt iſt nur wegen ihrer etruskiſchen
Gräber eines Aufenthalts werth, und dieſe werden nach
und nach in Folge der neuen Ausgrabungen ſo zahlreich,
daß man nicht mehr allen nachgehen kann, wenn man nicht
eben ſie zum Gegenſtand eines beſondern Studiums macht.
Mir aber winkte der vielgeliebte hochgeprieſene Meiſter
unſeres Rafael!

Ich ließ mein Gepäck auf dem Bahnhofe zurück, und
ſchlug ſofort die Straße nach Città della Pieve ein. Nach
kurzer Zeit trat dieſe ſchon in die großen ſchönen Eich=
wälder. Es war der achtzehnte Tag ununterbrochenen
ſchönen Wetters mit reinem blauem Himmel, der dritte
Sonntag des October. Die Straße ſteigt im Waldgebirge
raſch aufwärts, große Waldſchluchten umgehend, die ſich
in das Flußthal ziehen. Zwiſchen den Aeſten und Stäm=
men der nahen alten Bäume leuchtete das ſonnige Land
hervor, der Horizont erweitert ſich, neue Bergſtädte tau=
chen auf, namentlich das große majeſtätiſche Montepulciano
im Norden. Schaaren von Landleuten kamen mir entgegen,
die nach Chiuſi gingen, die Mädchen mit flachen Stroh=
hüten, deren Rand mehr als einen Fuß breit iſt und die
ſie ganz hinten im Nacken tragen, ſo daß aus ihnen die
freundlichen hübſchen Geſichter wie aus einer großen Glorie
hervortraten. Sie gingen muntern Schrittes durch den
Waldſchatten bergab, plaudernd, ſcherzend und lachend.
Nach anderthalb Stunden war das Hochland erſtiegen,
aber nicht eine Hochebene, ſondern ein reichbewegtes Ge=
birgsland mit unzähligen abwärtsziehenden Einſchnitten.
Zur Linken ſtehen auf Waldboden alte Eichen weit von

einander entfernt, hinter deren Stämmen sich die blaue
Fläche des Trasimener Sees ausbreitet. Die umgebenden
Bergketten schimmerten goldig im Morgenlichte. Gen
Süden stiegen aus den Oelgärten die Thürme der Stadt
empor. Der Wald hörte nun auf und die Sonne wurde
auf dem offenen Wege sehr empfindlich. Aber weit vor
der Stadt nimmt den Wanderer eine schattige Allee auf,
so daß er abgekühlt und behaglich dem Thore zuschreiten
kann. Alles ringsumher ist schön bewachsen und bewegt
sich in feinen edeln Formen. Je mehr ich mich der Stadt
näherte, desto mehr beschäftigte ich mich im Geiste mit dem
kleinen Peter, der hier seine Kindheit verlebt, seine Jugend-
eindrücke empfangen hat. Alles ist hier vereint, was die
große Seele rasch und glücklich entfalten mußte. Man
athmet eine herrliche elastische Bergluft ein, nach allen
Seiten bieten sich weite Horizonte, die große Wasserfläche
unterbricht die üppige, wellige Landschaft, leichtgefiederte,
fast kugelförmige Baumkronen zeichnen sich am reinen Himmel
ab, aus dem Silber der Oliven, dem ernsten Grün der
Eichen emporragend. Klöster strecken ihre langen flachen
Dächer dazwischen aus, fein profilirt und von feinen Campanilen überragt — es ist ganz die Landschaft des Perugino!

Voll Verlangen Bilder des Meisters zu sehen, ging ich
gleich in den Dom und stellte mich dort hinter dem jetzigen
Hochaltar auf, um das am Ende des Chors befindliche
große Altarbild zu betrachten. Aber die Chorstühle füllten
sich rasch mit acht in Seide glänzenden, mit Spitzen be-
hangenen Priestern, die ohne Verzug einen solchen Heidenlärm anfingen, als gelte es, noch zu dieser Stunde den
Himmel zu erstürmen. Ich wich dieser Naturerscheinung

und verschob meine Betrachtung auf einen ruhigeren, weniger
feierlichen Moment. Mein Weg führte mich zum andern
Thore des Städtchens wieder hinaus. Dort steht unweit
der Stadt am Abhange des Berges eine schöne Villa. Tief-
schattige Alleen von Elci (immergrünen Eichen) umgeben
den Platz vor dem Hause. Wie ein Schild gegen die
Sonnenstrahlen zieht sich der dichte Baumwuchs des Gartens am Abhange hin, überragt von schönen Gruppen von
Pinien und Cypressen. Dieß ist die Wohnung des Cavaliere Bolletti, des Sindaco von Città della Pieve, der
ein naher Verwandter des Sindaco von Aquapendente ist,
und an den ich ein Empfehlungsschreiben hatte. Der Herr
empfing mich auf das freundlichste, bot mir an, bei ihm
zu bleiben und führte mich ohne Verzug die Treppe hinauf
in eine Halle, auf die er mit vollem Recht stolz ist. Hier
sieht man in der Mitte der einen Wand das Bildniß des
Perugino nach dem Original in Perugia im Cambio und
ringsum an allen Wänden eine vollständige Sammlung
von Kupferstichen und Photographien, durch die alle Ori-
ginalwerke des Meisters veranschaulicht sind. So errichtet
dieser Kunstfreund dem berühmten Sohne seiner Heimath-
stadt an schöner Stelle ein passendes Denkmal. Der Katalog, den er selbst angefertigt hat, enthält die vollständigen
Notizen über die Geschichte jedes einzelnen Bildes. Ebenso
ist Bolletti ein treuer Pfleger der Wissenschaften, und hat
das werthvolle Archiv der Stadt, in dem sich mehrere
uralte Dokumente von Wichtigkeit befinden, aus staubigen
Winkeln, aus alten vergessenen Truhen, wieder hervorge-
zogen, zweckmäßig geordnet und den Katalog ausgearbeitet.
Jetzt ist er beschäftigt mit dem Katalog einer großen sehr
merkwürdigen Bibliothek, die in dem Kloster zurückgeblieben

ist, welches heutzutage den Schulen eingeräumt worden.
(Die Italiener haben bei ihrer modernen Kulturarbeit den
Vortheil, daß sie überall großartige zweckmäßige Gebäude
finden, die dem Staate durch die Aufhebung der Klöster
zugefallen sind.) In dieser Bibliothek findet sich eine große
Zahl von Folianten, die in der ersten Zeit der Erfindung
der Buchdruckerkunst gedruckt worden sind. Den gleichen
Fleiß verwendet Volletti auf seinen Amtsbezirk, wie überhaupt durch das ganze neue Italien die Sindachi eine
tiefeingreifende bedeutungsvolle Thätigkeit in aller Stille
und Unscheinbarkeit verrichten. Der Sindaco ist ein vom
Staat über einen Bezirk gesetzter Beamter, der im Haupt-
orte residirt und gewöhnlich begütert ist. Der Bezirk ist
aber nicht der Regierungsbezirk, sondern eine Gruppe von
Orten, in denen er Gemeindevorstand ist. Es ist also nur
eine Aehnlichkeit mit dem Landrath in Preußen vorhanden,
und zwar in Bezug auf den Einfluß, den dieser gebildete,
wohlhabende Mann in der Gegend, deren er ganz kundig
ist, gewinnen kann. Nach der Mahlzeit machte nun Volletti selbst mit wahrer Begeisterung den Cicerone, um mir
die großen Werke vorzuführen, die dieses Städtchen wie
Heiligthümer birgt. Man kann sich leicht vorstellen — und
mancher Leser mag es auch erfahren haben — wie intensiv
die Wirkung dieser Bilder an solcher Stelle auf den hin-
gegebenen Beschauer ist. Es sind wahrhaft feierliche Stunden, die man so zubringt. Und bei dem Hauptwerk, dem
großartigen Frescogemälde, welches die ganze Hinterwand
einer Kapelle ausfüllt, wird diese Zusammenwirkung der
Empfindungen noch gesteigert durch einen Brief Perugino's,
der neben dem Bild an die Wand geheftet ist, und in
welchem dieser eben seine Ankunft zur Anfertigung anzeigt.

Durch den Anblick dieſes Schreibens werden die Jahrhun=
derte, die uns vom Schaffen des Meiſters trennen, einer=
ſeits weggewiſcht, andrerſeits auch wieder deutlich fühlbar
gemacht. Es heißt in dieſem köſtlichen Briefe:

„Charo mio Sennore. — Sabeto me manne la mula
che veronne a ſentora. Mi saluta la chomare — lo
pietro penetore mano propria perussia 1 d. marzo
1504.“

Während zweier unvergeßlichen Tage, die ich unter
dem gaſtlichen Dache des Cavaliere zubrachte, in dieſer
herrlich gelegenen Villa, von der aus man Fluß und See
und alle Nähen und Fernen beherrſcht, lernte ich einige
bemerkenswerthe Perſönlichkeiten kennen: zunächſt den Direk=
tor der techniſchen Schulen, Giovanni Battiſta Gobani,
Profeſſor der Naturwiſſenſchaften, der als ſolcher einen
guten Namen hat. Dieſer ernſte, geiſtvolle Mann zeigte
mir ſeine ganze Anſtalt, deren Entſtehen wieder das Ver=
dienſt Volletti's iſt. Alles war nach den beſten neuen
Syſtemen eingerichtet und die Ausſtattung eine vollſtändige,
ja reiche. Da dieſes Gebiet eine Fundgrube für Foſſilien
iſt, ſo ſieht man wirklich eine ungewöhnlich intereſſante
Sammlung derſelben ſchön geordnet. Das chemiſche Kabinet
enthält die beſten, werthvollſten Inſtrumente. Der Pro=
feſſor durchſtreift mit ſeinen Schülern emſig das vulkaniſche
Gebiet, ſammelnd und lehrend. Die zweite Perſönlichkeit,
mit der ich in Berührung gekommen bin, iſt der Profeſſor
der bildenden Kunſt an dieſer Anſtalt, Namens Pio Ber=
nabei. Dieſer, auf der Kunſtſchule Perugia's ausgebildet,
hat ſich von Jugend auf in die Werke Perugino's vertieft
und copirt ſie mit großem Glück in Waſſerfarben. Er
trifft, außerdem daß ſeine Zeichnung vollſtändig genau iſt,

den Gesammtton vortrefflich, auch da, wo er die alten
verwitterten Bilder viel farbiger hält, und erschöpft wirklich die Wiedergabe des Ausdrucks in diesen tieftheiligen
Köpfen. Seine Preise sind sehr bescheiden. Eines der in
Città della Pieve aufbewahrten Werke Perugino's war vor
dreißig Jahren nach einem Erdbeben dem Untergang nahe.
Man hat es deßhalb von der unsicher gewordenen Mauer
abgenommen und auf Leinwand übertragen. Diese wichtige
Aufgabe ist aber leider Menschen anvertraut worden, die
derselben nicht gewachsen waren, und es stellt sich nun
heraus, daß das Bild sich langsam und stetig abblättert.
Man rechnet, daß es in zehn Jahren zerstört sein wird.
Eine Copie desselben, etwa in der halben Größe, würde
Bernabei, der an Ort und Stelle ist, vollkommen genügend
anzufertigen im Stande sein. Die deutsche Regierung sollte
diese Gelegenheit benützen, um dadurch wenigstens das
Mögliche zu retten.

Das vorhin erwähnte Erdbeben war für die Bewohner
von Città della Pieve ein eben so schreckenvolles, wie merk-
würdiges Ereigniß. Es begann mit einigen so gewaltigen
Stößen, daß sofort in einer Menge von Häusern die
Mauern große Risse bekamen. Die ganze Bewohnerschaft
floh zu den Thoren hinaus. In den ersten Nächten waren
hundert Fuß lange Pritschen, mit Zelttüchern überdeckt, die
Schlafstellen, auf denen sich alles durcheinander niederließ.
Da sich die Stöße immer Nachts wiederholten, so wurde
nach und nach draußen eine ganze Baracenstadt erbaut, in
der das verscheuchte, geängstete Volk drei Monate lang
lebte. Jetzt haben sie durch die ganze Stadt ein Netz von
starken Eisenstangen gezogen, so daß alle Häuser zusammenhängen und sich so halten, daß nur alle miteinander stürzen

könnten. In der Stube, wo ein älterer Herr mir diese
Geſchichte erzählte, wurde mir zugleich die ſtarke Eiſen-
ſtange gezeigt, die unter der Zimmerdecke herlief.

An den Straßenecken der Stadt fand ſich während
meines Aufenthalts folgender drollige und pomphafte Theater-
zettel angeſchlagen:

„L'umile direttore previene questo colto publico,
che trovandosi in questa illustra citta etc." — Aufgeführt wird werden: „la tremenda battaglia di Wissem-
burg con variazioni sui motivi dell' carnevale di Vene-
zia, esseguite dalla prima ballerina assoluta di rango
Francese."

Ich brachte den Abend in dieſem Winkeltheater in der
Loge des Sindaco zu, und wohnte ſomit einer der komiſch-
ſten Aufführungen bei, die man ſich vorſtellen kann. Es
war auf der Bühne die kleine Bühne für das Puppentheater
aufgeſchlagen. Auf dieſer hantirten nun etwa fußhohe
Puppen, alle jene typiſchen komiſchen Figuren, die ſich auf
ſolchen Schaubühnen wiederholen. Aber es war ſtaunens-
werth, mit welcher Geſchicklichkeit dieſe kleinen Menſchen
an ihrem Mechanismus geführt wurden. Alle feinſten Bewegungen des Körpers, vollkommen verſchieden je nach dem
Charakter der Puppe, zeigten ſich ſo täuſchend und treu,
daß man wahrlich vergaß, Puppen vor ſich zu haben. Viele
bewegten auch den Mund beim Sprechen in höchſt drolliger
Weiſe. Und es kamen da Situationen zum Vorſchein, bei
denen es wie ein Wunder erſcheinen mußte, daß die Illu-
ſion nicht einen Augenblick geſtört wurde. So kleidete ſich
ein komiſcher Kerl aus, der eine Geſpenſternacht in einem
verwünſchten Schloſſe durchzumachen hatte, ging dann im
Hemd durchs Zimmer, blies das Licht aus, tappte nach

dem Bette, legte sich hinein, schlug die Decke über den
Kopf, fuhr erschreckt in die Höhe, als das erste Gespenst
kam und so weiter. Es war eine Lust anzusehen. Die
Art der Komik ist überall dieselbe, in Wien, Köln, Mün=
chen, und ist männiglich bekannt, aber eine so raffinirte
Kunst zu bewegen, hatte ich nie gesehen. In den Logen
dieses nämlichen Theaters saßen wieder Marchesen, Com=
tessen mit großen alten Namen, daß es nur so klang.

Was ich an Werken Perugino's in dieser Stadt sehen
und bewundern konnte, steht im Gsell=Fels so genau und
schön geschrieben, ist auch sonst so viel von Berufenen dar=
gelegt worden, daß ich mich nicht dabei aufhalte. Ich ziehe
weiter nach Perugia, in dem einmal angeschlagenen Tone
die Eindrücke des Augenblicks mittheilend.

Perugia und Assisi.

Auf der Fahrt von Chiusi nach Perugia wird dem
Reisenden die große Ueberraschung zu Theil, daß er un=
mittelbar am Wasser längs des ganzen Trasimener Sees
hinfährt. Das Wasser dieses großen Sees ist so scharf
blaugrün, wie das des Tegernsees, und der Anblick der
Scenerie an dieser Seite ist ein viel schönerer, als jener
auf dem Wege nach Orvieto. Auf der Hälfte des Weges
zeigt sich ein ungewöhnlich wild = malerisches Dertchen auf
einem Felsen über dem See, eine große Insel mit einem
alten Castell ragt aus den Fluthen hervor. Drüben am
Ufer tritt Castiglion del Lago auf seiner felsigen Landzunge
in den See hinaus, zahlreiche Berg = und Hügelketten
steigen überall auf, und draußen am Horizont über den
Wassern ragt majestätisch das Geschwisterpaar Monte Cetona
und Monte Amiata in den Aether. Dieß ist eines der
großen Bilder Italiens. Auf dieser Fahrt wurde mir ein
ganz neues Schauspiel zu Theil: in einem großen Morast
nahe der Bahnlinie, wälzten sich Schweine und nackte
Kinder um die Wette. Ob dieß moderne Fröbel'sche
Kinder = Schlammbäder waren, in denen die Schweine

hospitirten, um ihr altes Anrecht geltend zu machen, oder
ob die animali neri hier die Herren waren und die
Kinder sich nur nach altem Landesbrauch durch deren
schönes Beispiel verführen ließen, das habe ich nicht fest=
stellen können.

Am Bahnhof in Perugia stieg ein Schwarm drolliger
Engländer von der großen Cook=Armee in den Omnibus,
schlichte Leute aus dem Bürgerstande. Es waren zufälliger=
weise nach langer Zeit die ersten tramontanen Gesichter,
die ich wieder sah. Von so verzeichneten Gesichtern hatte
ich gar keine Vorstellung mehr. Es gibt überall häßliche
Menschen genug, wenn wir jenseit der Alpen uns aber er=
lauben, von der Schönheit abzuweichen, wozu wir sehr
disponirt sind, dann nehmen wir uns Freiheiten in der
Gesichtsbildung heraus, die jedem Gesetze spotten. Wir
nennen diese verwaschenen Formen mit Vorliebe die indi=
viduelle Ausbildung der Köpfe. Die Cook=Engländer
schritten mit einer staunenswerthen Todesverachtung auf
das erste Hôtel Perugia's los. Sie können nicht geprellt
werden. Ich fand Unterkommen in einer sehr empfehlens=
werthen Locanda, genannt del Belvedere, in der That wie
lucus a non lucendo, aber am Corso in der Stadt sehr
bequem gelegen. Ich war von Pontane an dieses ächt
italienische Haus gewiesen.

Perugia macht auf den Reisenden so recht den Ein=
druck eines Pioniers des Südens. Denn man kann wirk=
lich das neue Italien mit einem wunderschönen Vogel ver=
gleichen, der sich auf den freigewordenen Schwingen erheben
will, und an dessen Füße ein ungeheuer schweres Blei=
gewicht gebunden ist. Und dieses Blei ist der Süden.
An Talent geben die Völker dieses von der Natur geseg=

neteren Theiles gewiß jenen des Nordens nichts nach),
aber der Stoß, den die modernen Culturreiche jenseit der
Alpen gegeben haben, läuft an der Grenze des Südens
aus. Hier ist, wie Gregorovius sagt, Alles so, wie es
vor tausend Jahren gewesen ist. Es ist also keine her=
untergekommene Masse, sondern unberührter Rohstoff.
Wenn Riehl mit seinen Anschauungen im Recht ist, so
liegt darin für die weitere Zukunft Italiens ein großer
Segen. Denn wenn diese Völker auch leider nur zu selten
mehr im Walde wohnen können, so wohnen sie doch in
der Wildniß, und sie sind mit solchen Gaben ausgestattet,
Talent, Gedächtniß, Begriffsvermögen, poetische Neigung,
Drang zum Ueberirdischen sind so allgemein, daß man fast
jedes Individuum auf dem kürzesten Wege zu den höchsten
Lebensstufen erheben könnte. Hierin liegt der bedeutsame
Unterschied von slavischen und asiatischen, wilden Völker=
massen. Auch hält christliche Religion und Sitte, aber
auch nur dieß, den Ausbruch der vollen Wildheit fern,
und gibt die Wege an die Hand, direkt einzugreifen.

Perugia ist in dieser Thätigkeit begriffen. Hohe Schulen
aller Zweige blühen dort, umdrängt von mannigfachen
Erziehungsanstalten, so daß die Menge der Zöglinge,
Lehrer, und Gouvernanten lebhaft an Genf und Lausanne
erinnert. Auch für den äußern Glanz der Stadt sieht
man hier mit Entschiedenheit eintreten. Aber ach, es ge=
lingt ihnen nur allzu gut, modern anzufangen. Da steht
ein theurer Prachtbau prunkhaft am Eingang hoch über
den Landen, ein wahres Renommirstück, und das schlägt
allen großen Traditionen, allem, was dicht hinter ihm in
Fülle steht, dummdreist ins Gesicht. Es ist eine moderne
Kaserne mehr. Daneben steht ein von außen mit Orna=

menten beklexter Zinshausthurm der geschmacklosesten Art.
Und diese beiden Häuser mit einem Terrassengeländer, auf
dem (in Umbrien!) Vasen von einer unbeschreiblichen Uni=
form prangen, finden nun die Italiener wunderschön, weil
sie endlich einmal neu aussehen wie die Sachen in Berlin
und Hamburg. So wird denn da auch wieder durch die
anspruchsvolle Geistlosigkeit jetziger Baumeister so drauf
los gesündigt, daß alle edle Menschheit aufs neue um ein
halbes Jahrhundert betrogen wird. Daß man sich am
Ende in der Kleidung die Mode unmächtig gefallen lassen
muß, ist traurig genug, daß aber auch Baumonumente,
die stehen bleiben, nachdem sie Geld und Raum ver=
schlungen haben, der Mode unterworfen sind, das ist zu
schlimm! O wenn wir das Ende des Fadens wieder auf=
nähmen! Gott erleuchte unsere Baumeister. Uebrigens
wenn Hand angelegt wird, eine Stadt des Südens auf=
zufrischen, so stößt man auf uns fernliegende Schwierig=
keiten. Eine solche Stadt ist ganz durchwachsen von
wichtigen interessanten Bauresten, um die sich unbequeme
Gassen drängen, treppauf, treppab. Dieß Alles ist alters=
grau und verwettert, interessirt auch nur den gebildetsten
Theil der Menschheit. Und nur aus diesem Grunde muß
es stehen bleiben, jede Erneuerung hemmend und unter=
brechend. Ueber die größte Frage der Zweckmäßigkeit aber
können sie gar nicht wegkommen, denn unten durch das
ferne Thal ziehen die Betriebsadern der neuen Welt, wäh=
rend sie einen vollkommen paralysirenden Aufwand von
Zeit und Geld machen müssen, theils um die prachtvollen
Kunststraßen nach oben zu bauen und zu erhalten, theils
um den Rohstoff, sowie die fertige Arbeit mit der Achse
auf und ab zu führen. Sie müßten eigentlich damit

anfangen, den Berg ganz zu räumen und sich unten anzubauen.

Wenn man aber davon absieht — was einem heutzutage schwer wird, denn wer mag das schöne Italien verdammen, ewig nur ein Antiquitäten-Cabinet zu bleiben — dann gibt der Aufenthalt in Perugia gewiß mit die schönsten und reinsten Eindrücke in Italien. Es ist ja eine wahre Verschwendung unerschöpflicher Kunstwerke, die alle wie eine große Familie zusammenhängen. Lange saß ich auf dem Stein gegenüber dem Hause, was als an der Stelle gebaut, wo einst Pietro Perugino gewohnt haben soll, bezeichnet wird und stellte mir vor, wie er und der Knabe Rafael aus und eingingen, drinnen ewig Dauerndes schafften, künstlerische Heilande der Menschheit. Am Hause steht eine würdige Inschrift, welche besagt, daß die Stadt dieselbe hier eingelassen hat, „perchè ancor essa testimoniasse alle genti la venerazione di Perugia al fondatore della sua scuola, al maëstro di Raffaello." Ebenso ergreifend ist in ihrer stolzen Vornehmheit die Inschrift am Eingang des Fresko-Gemäldes, an dem beide Meister vereint gearbeitet haben:

Quid Raphael pictor longaevus, quidque valeret
Petrus opus muro ductum testatur eodem.

Wer Perugia nicht gesehen hat, kann sich gar nicht vorstellen, welche Augenweide auch nur die Gänge in der Stadt und um sie her bieten. Ueber ein gar nicht zu enträthselndes System von hohen Bergrücken mit tiefen Schluchten breitet sich dieses phantastische Mauergebilde aus. Lange breite Treppenstraßen verfolgt man in die Tiefe, während kolossale Substruktionen neben einem

aufwachsen. Ein Viadukt auf kühnen Bogen führt über
die Dächer und Gärten weg, einen Stadttheil mit dem
andern verbindend. Aus urgewaltigen Grundmauern steigen
Bogen von unglaublicher Höhe auf, durch die man schreitet.
Und hie und da entzückt mitten in diesem Gewaltigen ein
kleines zierlich gebautes Werk der Baukunst das Auge.
Sobald man aber einen freien Platz gewinnt, öffnen sich
große, höchst mannigfache Horizonte mit imposanten
Bergmassen. Und immer noch ragt, als der schönste
edelste Anblick, aus der Ferne meine kastanienreiche Montagna die Santa Fiora hoch empor, eine wahre Königin
der Gebirge. Auch sieht man in dem großen Bild Assisi,
den Urquell umbrischer, ja italischer Kraft und Größe,
lockend von seinem wilden Berghange herüberleuchten.
Es ist in all diesen imposanten Umgebungen so viel Harmonie und Lieblichkeit durch die zahllosen kleineren Hügel,
die hindurchgestreut sind, und die weiten üppig blühenden
Thäler. Obendrein ist der Menschenschlag ein sehr hübscher.
Schöngeformte Männer und Frauen beleben die reiche
Landschaft, und die Köpfe der jungen Mädchen, die vom
Lande herein kommen, sind mitunter so eigenthümlich, so
zart und sinnig im Ausdruck, daß sie noch heute zu Vorbildern für heilige Frauen dienen könnten, wenn die Maler
noch nach solchen suchten. So wie es jetzt ist, erscheinen
sie als späte Nachkommen in einem rührenden Zusammen-
hange mit den Werken der Vorzeit. Als ich in der Pina-
kothek weilte, in dieser wahrhaft erbauenden Gemälde-
Sammlung, der es einen eigenen Zauber verleiht, daß sie
in einer Kirche aufgestellt ist, wollte es der Zufall, daß
ein sehr großes Pensionat von Töchtern hereingeführt ward.
Abgesehen davon, daß es einen wohlthuenden Eindruck

machte zu sehen, wie ihnen die Bilder gezeigt und erklärt wurden, muß ich gestehen, daß ich ganz erstaunt war über das Durchschnittsverhältniß der Schönheit: es war fast kein einziges Kind in der ganzen Schaar, das man nicht lieblich genannt haben würde, und wenigstens zehn von diesen zarten Wesen waren bildschön.

In Perugia ist mir das Glück zu Theil geworden, zuerst nach mehr denn zwei Monaten wieder einen Deut= schen zu sehen. Er war auch Gast derselben Locanda, hatte wie ich den kostbaren Führer Gsell=Fels zur Seite und war, wie ich, diesem Führer so treu, daß er seinem Plan in der Reihenfolge der Besichtigungen folgte. So ist es geschehen, daß wir im selben Zimmer gespeist, überall in kleinen Kapellen dieselben Bilder beschaut, ge= meinsam die Initialen desselben Folianten bewundert haben; wir waren zusammen auf einen engen Balkon über dem Abgrund gesperrt, um den Zugwind von uns abzuhalten, wir gingen dieselben Straßen entlang, saßen stundenlang in dem kleinen Cambio; wenn ich irgendwo einsam stand, versunken in den Anblick edler Theile eines Baues, nach einigen Minuten hörte ich ihn wieder ankommen, ich kannte schon seinen Schritt — aber wir haben kein Wort ge= wechselt, keiner hätte es gewagt, den andern in seiner ernsten Arbeit zu stören, und ich hätte ihn so gern geküßt; er hat nicht geahnt, wie lange ich keinem Deutschen be= gegnet bin, aber er war unnahbar, bei jedem Impuls ihn doch anzureden, stockte mir das Blut. Auch schön diese feierliche fast übernatürliche Reserve, dieser furchtbare Ernst, den Heine sich die Mühe gegeben hat, den Fran= zosen begreiflich zu machen. Schön, aber gruselig! Gewiß habe ich in dem Andern dieselben Gedanken hervorgerufen!

Ein kurzer Sprung hinüber von einer dieser Schwester=
städte zur andern, und um so unmittelbarer die Wirkung
der Gegensätze! Wenn man den Berg hinanfährt, über dessen
Rücken die langgedehnte Stadt mit ihren Kirchen so hell
und herrlich ausgebreitet liegt, überragt von der hohen
Burg, dann imponiren einem die überaus großen Sub=
struktionen der Doppelkirche des heiligen Franciscus der=
maßen, daß man ein Gefühl hat, wie beim Anblick einer
Weltstadt. Von unabsehbaren Bogenreihen durchbrochen,
dehnt sich dieser Riesenbau längs der Abhänge aus, und
oben strahlt die schöne berühmte Kirche. Wenn man aber
zum Thor hineingefahren ist, so ist man mit einem Schlag
aller Gegenwart, allen großen Verhältnissen entrückt. Eine
stille Hirtenstadt, scheinbar unberührt von dem Strome der
Zeiten, hat uns aufgenommen. Das Wirthshaus steht
nahe der Kirche des heiligen Franciscus hart am Abhang,
und von meinem Balkon hatte ich wieder die große schöne
umbrische Landschaft in neuer reizender Verschiebung zu
Füßen, wunderbar verklärt durch die majestätische weiße
Kuppelkirche, die mitten im Thal aus den Pflanzungen
der Landleute aufsteigt wie ein Wunder. Ja, die Herren
von Rom haben schon gewußt, die feinsten Mittel anzu=
wenden, um die Sinne zu umstricken!

Ich zog durch den stillen öden Ort. Vor der Fran=
ciscuskirche breitet sich eine Weide aus, bis hart an das
Portal, von einem Fußsteig durchzogen, eine alte Mauer
begrenzt dieses Hirtenfeld. Eine Heerde Schafe graste
auf demselben, darüber erhob sich die helle Kirche, es war
als wenn sich der Stall, in dem der Heiland geboren, in
einen Dom verwandelt hätte. Im schönen Gegensatze zu
dieser Legenden=Stimmung steht dann der wohlerhaltene

römische Tempelbau, das Wahrzeichen irdischer Machtfülle. Die römische Kirche hat den Bastard groß gezogen, der diesen beiden Elementen entsprungen ist, und voll Geist und voll Poesie, wie alle Bastarde, nach der Weltherrschaft ringt, daß die arme Erde um all ihren Frieden gebracht ist. Assisi, so vereinsamt und friedlich es daliegt, ist nun noch heute ein Brennpunkt dieses Weltenkampfes. Ich habe nur zwei Tage dem Schauspiel beigewohnt, was müßte einer für Beobachtungen machen können, der Monate hier zubrächte! Das ist ein Wallfahrtsort ganz anderer Art als Lourdes, eine Parallele im offenen Kampf, als Mariahilf, der Sammelplatz alter Weiber und altväterischer Bauern. Nach Assisi und Loretto wandern die Generale und Officiere der furchtbaren Armee, Mönche, geistliche Herren und Laien, Männer von Bildung und Einfluß, die mitten im Kampfe stehen, um sich durch dieses berauschende Gedicht zu stärken — im Aberglauben. Gsell-Fels macht einen Versuch, durch umständliche Erzählung einen für diesen heiligen Franciscus zu interessiren, damit der Anblick der Bilder eine tiefere Wirkung hervorbringe. Aber gerade, weil wir auch an diese heilige Stätte der Väter der Kunst wallfahrten, kann es nicht ausbleiben, daß wir nach kurzer Zeit auf das empfindlichste gestört werden durch jenen anderen mächtigeren Strom, der uns umgibt. Sollte nicht die Wallfahrt zu den Meisterwerken gottbegabter Künstler auch gottgefälliger sein, als die zu einem wunderlichen Heiligen, der seine krankhaften Poesien und Visionen der Welt mit einer furchtbaren Zähigkeit aufgedrängt hat, so daß der Papst und die ganze Welt sich vor ihm beugte? Franciscus hat den Bettel kanonisirt, und sobald man sich Assisi nähert, wird man in einem

folchen Maße von Bettlern angefallen, daß alle anderen
Erfahrungen diefer Art in nichts verschwinden. Wenn er
sich die Armuth zur Braut gewählt hat, so ist es ihm
auch in erschreckender Weise gelungen, seiner Heimath die
Erbschaft dieser heiligen Ehe zu hinterlaffen. Und zu
diesem Prediger der Armuth wandern die englischen Lords,
die spanischen Granden, die westphälischen Grafen, die
römischen Prinzen, die in Reichthum schwelgen, das Volk
zurückhalten und bedrücken, um an dieser Stätte ihre Seele
neu zu tränken mit Haß gegen den Protestantismus und
das neue Deutschland. Alle diese dämonischen Frommen,
die Nachtvögel unserer Tage, haben kaum ein Auge für
die verwetterten Wandbilder in den düstern Räumen der
Kirche, fallen aber in Verzückungen an der Stelle, wo die
Reliquien aufbewahrt werden und die Wunder geschehen
sind. Es ist ein böses durchdachtes Spiel, und so lange
es ein Spiel bleibt, wollen wir uns wieder beruhigen.
Ich habe gerade verschiedene Sorten zu sehen bekommen,
Herren von der übelberüchtigten spanischen Wallfahrt,
einen jungen Mann vom westphälischen, einen vom pol-
nischen Adel in geistlichen Weiberröcken, eine himmelnde
kreuzschlagende englische Gesellschaft, Italiener, die wirklich aberglaubten, alraunartige Mönchsgestalten aus Asien
und Spanien, man glaubt gar nicht, welch ein verzwickter
Gedankengang unser einfaches, nach Wahrheit strebendes
Zeitalter mit seinen Wallfahrtsfäden durchzieht. Unten im
Dome, der über dem Häuschen des Franciscus aufgebaut
ist, stand eine Schaar Mönche aller Länder, barfuß mit
Kutten und Stricken, abscheuliche, alte, magere und dicke
Faulenzer im Halbkreise vor dem Häuschen, glotzten es
an und erhoben ein so mörderisches, barbarisches Geschrei,

daß ich die Flucht ergriff und draußen mit den Thränen kämpfte, in Trauer und Schrecken darüber, daß unsere Zeit noch solche Ausgeburten hat. Ich war so glücklich, auch Stunden zu finden, wo ich allein war, und das Herz erfreuen konnte an dem Geiste Giotto's, an den eigenthümlichen und großartigen Architekturen, an den Meisterstücken der Bildhauerei. Welch ein Denkmal, diese Kirche des S. Francisco!

Die Schnellzüge von Florenz nach Rom gehen von Terontolo über Orvieto, an Perugia, Assisi, Terni vorbei, und hier verkehren nur noch Personenzüge. Dieß bestimmt Tausende von Reisenden vorüberzufahren. O lasse sich kein Deutscher abhalten, hier einzubiegen, er ahnt nicht, was er liegen läßt! Und ist es denn so schlimm, durch eine reizende Gegend in kurzen Etappen langsamer zu fahren! Da ist das große Hinderniß der Koffer und die vollkommen unbegründete Annahme, daß auf den italienischen Eisenbahnen keine Ordnung herrsche. Ich habe jetzt genügende Erfahrungen gemacht und, weil ich merkte, wie regelrecht die Bedienung war, mich rechts und links, wo ich konnte, erkundigt. Meinen Koffer, der gar keine Adresse hat, habe ich an den verschiedensten Stellen der Bahn zurückgelassen, ohne irgend jemanden ein Wort zu sagen, und wenn ich oft nach zwei Tagen weiter fuhr, habe ich meinen Gepäckschein der vorigen Reise an einen Fachino gegeben, der mir den Koffer sofort brachte. Ich habe ihn zurückgelassen, von Italienern nach meiner Abreise nachsenden lassen, diese haben mir im Briefe das Recepisse geschickt, und so habe ich meinen Koffer nach aller Regel wieder abgeliefert bekommen. Außerdem nehmen die Omnibus, die einen zu diesen Bergstätten hinaufbringen, alles Gepäck ohne Umstände mit.

Und so sollte niemand um solcher kleinen Hemmnisse willen, es versäumen, so belehrende und erquickende Eindrücke sich zu verschaffen. Wir Deutschen haben hier ohnedieß noch einen feierlichen Besuch abzustatten. An dem Häuschen des heiligen Franciscus ist ja das schöne Freskogemälde von unserm Overbeck. Wenn man sich in die Seele dieses Meisters versetzt, so thut es einem wohl, zu denken, daß es ihm gegönnt gewesen ist, an dieser für ihn so bedeutungsvollen Stätte sich zu verewigen. Und obendrein kann man sich keinen Ort denken, an welchem ein Bild besser wirken könnte. Ganz allein auf der Giebelwand eines Häuschens, das mitten in einem hellen Kuppelbau steht! Eine höchst poetische Wirkung macht an dieser Kirche ein außen längs ihrer Grundmauer hinlaufender, sehr langer Marmortrog, in den 25 Röhren, die aus der Kirchmauer hervortreten, das Wasser speien. Neben der kleinen Kapelle, in der das Herz des Heiligen beigesetzt ist, und in der so überaus schöne Köpfe von Beati und Santi, Klosterbrüdern jenes, von Lo Spagna gemalt sind, zeigt man nun den kleinen eingepferchten Raum, wo die Rosen ohne Dornen mit Blutflecken auf den Blättern immer fortwachsen, und der ganz verheuchelte Kirchendiener sagt einem in diesem Moment mit Emphase: „Eine fortwährende Erneuerung des Wunders." Dieß wird die rosa alpina aus den Alpen oder aus dem Himalaya sein, und bei diesem Anblick werden bei den Wallfahrern alle Zweifel niedergeschmettert.

Auf der Burg, die über Assisi emporragt, habe ich zum erstenmal eine bei uns ganz unbekannte Pflanze im Freien bemerkt, eine kleine Distel, deren Blume, sowie die ihr zunächst stehenden Pflanzenblätter von wunderschönem Blau sind, ein Uebergang von Stahlblau zu Kornblau. [1]

In Assisi kauft man große Photographien von allen Fresken, den schönsten Architekturtheilen, sowie köstliche Ansichten des malerischen Orts, um einen geringen Preis. Ich bringe das Verzeichniß mit und werde versuchen, dasselbe in weiteren Kreisen bekannt zu geben. Man erwirbt einen außerordentlichen Schatz mit dieser Anschaffung.

So einsam und unberührt vom neuen Geiste der Völker sich nun diese Bergstadt dem Besucher auch darstellt, sie hat doch schon ihren beträchtlichen Antheil an den jetzigen Bestrebungen. In den weiten Klostergebänden ist ein großes Seminar errichtet, in welchem ausschließlich Söhne von Lehrern jedes Ranges und jedes Faches Aufnahme finden. Die obere Kirche ist dem Gottesdienst entzogen, und wird, nachdem sie neu ausgeputzt ist, feierlich als Kunsttempel der Nation übergeben werden. Dieß legt von officieller Seite einen Nachdruck auf die Wallfahrt der Geister zu diesem bedeutsamen Ort. Es ist eines jener Parolis, die ohne Ermüden die italienische Regierung im ganzen Reiche dem klerikalen Geist biegt. Einen sehr bedeutenden Einfluß übt übrigens auch hier, wie überall im Reiche, die allgemeine Wehrpflicht aus. Die jungen

[1] Von mehreren Seiten sind mir über diese Blume Mittheilungen in Briefen zugegangen, von denen ich eine aus Tyrol hier folgen lasse:

„Sie haben ohne Zweifel Eryngium amethisticum gesehen. Diese Pflanze wächst auch auf deutscher Erde. Ihre Nordgränze ist zwischen Klausen und Bozen. Dort ist sie im Sommer streckenweise ganz nahe der Landstraße auf Porphyrschutt zu finden. Das ganze genus Eryngium heißt Mannstreu, auch Brachdistel. Eine verwandte Art ist auch nördlich der Alpen nicht selten (Eryngium campestre), die auch ein wenig ins Blaue sticht. Der Name Eryngium kommt schon beim älteren Plinius vor.“

Männer durchziehen während ihrer Dienſtzeit ganz Italien und kommen mit neuen Vorſtellungen nach Hauſe. Abgeſehen davon, iſt in Aſſiſi unter der eingebornen Jugend der Bürgerklaſſe ein ganz beſonderer Eifer für das neue Italien wach. Die Jünglinge widmen ſich, wenn irgend ihre Mittel es zulaſſen, den Studien auf Hochſchulen, und treten als Beamte und Jugenieure in das öffentliche Leben. So mögen denn dieſe beiden Städte geſegnet ſein in ihrer Arbeit!

Ueber Terni nach Rom.

Bei der Weiterfahrt von Assisi gen Rom bietet der wilde breitrückige Berg Subasio, an dessen Fuß die Stadt sich aufbaut, einen ganz besondern Anblick, weil am andern Ende desselben sich in ähnlicher Weise wieder eine Stadt über einen Vorberg ausbreitet, so daß sich förmlich ein symmetrisches Bild darbietet. Es ist dieß Spello, auch reich genug an Denkmalen von Wichtigkeit. Aber wie lange müßte man wohl in Italien reisen, um alles zu sehen! Man fährt im Thale längs des Gebirges hin, und es fällt uns hier wie an so vielen Stellen auf, daß dieselben Berge, die in der Ferne so lockend, so verklärt vor uns liegen, in der Nähe das Interesse verlieren und sich unschön darstellen, zum großen Unterschied von unseren Alpen. Sie sind eben des Waldes beraubt bis zum Scheitel und bis hoch hinauf angebaut. In dieser Beziehung mögen sie freilich im Mai und Juni anders aussehen, wo alles von Blumen strotzt und ein saftig grüner oder goldener Pelz von Fruchtfeldern die Stelle der eingeschrumpften verdorrten Rinde einnimmt, die sich jetzt zeigt. Foligno, die erste Stadt in der Ebene nach so langer Zeit, erweckte heimathliche Empfindungen; ebenso Terni, von außen gesehen. Wenn man aber hineinfährt, vergehen einem gleich wieder derartige Gefühle.

Die Städte dieser Länder, die sich einigermaßen dem Begriff einer anständigen Stadt zu accommodiren bestrebt sind,
haben immer noch das Besondere, daß es verboten ist, in
die Nebengassen zu schauen. In eine solche fuhr ich aber
sogar ein, und stieg in einer Locanda ab, die in einem
alten mächtigen Palast eingerichtet ist. Dann fuhr ich sofort wieder zur Stadt hinaus, durch die ersten hochstäm-
migen alten Olivenhaine, die ich auf meiner Reise zu sehen
bekam, und hinein in eine malerische Schlucht, aufwärts
vorbei an einem über die Schlucht ragenden Felsennest,
und nun hoch ins Gebirge hart an den riesigen Abgründen
hin. Dann zeigten sich neue hohe Gebirge in der Ferne
und der obere Ansatz des Wasserfalls. Dieser ist berühmt
genug, und es bedarf keiner Schilderung des überwältigen-
den Eindrucks, den der Sturz in die schattigen Tiefen mit
dem vom Schluchtenwind wieder aufwärts gejagten Schaum-
nebel auf den Beschauer macht. Nach Möglichkeit wurde
er mir noch erhöht dadurch, daß eine feurige Gluth von
der untergehenden Sonne über die fernen Kulmen gegossen
war, während es in der grausen Schlucht schon nachtete.
Bei einem Mäuerchen, das an einem der besten Ansichts-
punkte vor dem Absturze schützt, erzählte mir der Führer,
ein Müller, der dieses Weltwunder zu einem Drittel über
seine Räder führt, bevor es zu dem Schauspiel mitwirken
darf, daß im vorigen Jahr ein junger Römer hier verun-
glückt ist. Der Wasserfall war im Mai in seiner ganzen
Fülle, der Jüngling war an die Brüstung gelehnt, und
rief seinem nachfolgenden Freund in voller Begeisterung
entgegen: „O wie schön!“ als der Stein wich und er im
Schaum verschwand. Die Verzweiflung des Freundes hatte
dem Müller einen bleibenden Eindruck hinterlassen. Als

im Hochsommer das Wasser klein war, suchte er mit schar-
fem Auge nach Spuren des Verunglückten, und fand endlich, daß die Kraft des Wassers ihn tief unten an der
senkrechten Wand in eine Höhle geschleudert hatte. Er
machte seine Vorbereitungen, ließ sich an einem Strick nieder
in diese schreckenerregenden Tiefen, holte den zerschmetterten
Leichnam hervor, ließ sich mit seiner Bürde aufwinden und
lieferte dieselbe der Familie aus. Ein wahres Gegenbild
zum Taucher! Die Regierung hat ihm für diese That
einen Orden verliehen. Ein fernerer Punkt heißt das
Napoleonshäuschen, weil der Feldherr hier gestanden hat.
Es mischen sich unter diesem Dächlein in aller Blitzesschnelle
viele Gedanken mit dem Gefühl der Bewunderung. Das
Municipium von Terni hat auf dem Bahnhof und in den
Gasthöfen Zettel anschlagen lassen, auf denen zu lesen ist,
daß, um den Beschauer eines so großartigen Naturbildes
in seinen weihevollen Empfindungen nicht zu stören, be-
stimmte Führer mit festgesetzten Taxen angestellt seien.
Nichtsdestoweniger wird man oben überlaufen und in hohem
Maß gestört. Ich hielt den Leuten unter Begleitung des
Donners eine Standrede, worin ich sie auf die Menschenwürde und auf die Bedeutung des großen Schauspiels aufmerksam machte. Sie lachten mir ins Gesicht und sprachen
höchst zuvorkommend: „fatte buon viaggio!" Es wird
also wohl vorderhand noch so bleiben, und ich habe mich
so angestrengt! Zurück flogen wir nur so die Berge hinunter, vor uns die goldene Fluth des Aethers über schön
umrahmten Fernen schwimmend, zu den Seiten den übermüthig reichen und mannichfachen Wuchs der feuchten
Schluchten im letzten Flackern der Abendlichter schimmernd,
bis uns die Nacht in den Oelhainen umfing. Abends im

Kaffeehause war es voll von Cavallerie-Officieren, deren
Regiment in Terni steht. Es waren schöne junge Männer
von schlankem Wuchs und vornehmer Erscheinung, die das
völlig freie unbefangene Wesen auch im Gemisch mit ihren
Stabsofficieren ganz vortrefflich kleidete. Keine Spur von
Adelshochmuth war zu bemerken, nur natürlicher Anstand.

Am Morgen ging's weiter nach Rom. Hoch und kühn
auf riesigen Felsen starrte Narni mit seinen Nadeln in die
Luft, und hing mit phantastischen Unterbauten noch über
uns, als wir mit der Bahn in die überaus malerische
Klamm getreten waren. Das ist ein herrlicher Gruß auf
der Fahrt nach Rom, eine Klamm von so brausender
Wildheit, wie unsere schönsten in den Alpen. Sobald man
herausgetreten ist, leitet sich in höchst interessanter Weise
der Uebergang in die Hirtengebiete ein, die Rom umgeben.
Der Pioppo hört endlich einmal wirklich auf, man fährt
ohne Pioppo durch Italien, welch eine Erlösung! Doch
nein, da ist er wieder, die Freude war zu rasch; nochmal
für eine halbe Stunde, dann wird der Weingarten seltener
und verschwindet endlich. Der Tiber beginnt seine viel-
verherrlichten Windungen zwischen hohen Uferrändern mit
den Zungen von gefährlichem Flugsand, die kleinen schöngeformten Felsen am Abhang gestreckter Hügel treten auf,
erhaben steigt der einsame Soracte in die Luft, man sieht
Gruppen der großen silbergrauen Rinder, rasch wächst die
Zahl, die Heerden werden groß, Reiter mit Lanzen sprengen
daher, und nun erblickt man die unabsehbar großen Schaf-
heerden, umgeben von fellbehangenen Hirten. Die weißen
Hunde bewegen in Wellenform ihren Rücken durch das hohe
verbrannte Gestrüpp, ein furchtbarer Stier, wie ein Gebilde der Urzeit, steht nah an der Bahn — ein Thier, so

groß und mächtig und schön, wie sie nicht nach Rom
kommen. Wer sein Bild hätte, um es zu zeigen! Nun
wird die Gegend bald bekannt und traulich, es kommen
die Erinnerungen. Da liegt Tivoli, dort das Albaner=
gebirge. Aber die Kuppel bekommt man nicht zu Gesicht.
Die Bahn hat nicht einmal diese Rücksicht auf die Reisen=
den genommen, sondern schleicht nach starrer Gewohnheit
durch die Gräben. Und wie stolz ist nun die Einfahrt!
Ein hohes dreifaches Thor ist in die alte Römermauer
eingelassen. Durch das mittlere gleitet, vorher eine lange
Curve durchziehend, das Dampfroß, des Gewichtes spot=
tend, das es in langem Zuge nach sich zieht. Links der
Lateran, dort Sta Maria Maggiore, gewaltige Trümmer
der Thermen ringsum, vor denen die langen Reihen der
Packwagen allerdings einen wunderlichen Anblick gewähren.
Wir werden ja nur deßhalb, weil uns in Rom so bedeu=
tende Reste aus uralter Zeit geblieben sind, zu solchen
Empfindungen geführt, und versetzen uns mit Leichtigkeit
Jahrtausende zurück, das Damals in das Jetzt hinein=
ziehend. Es kommt einem unwillkürlich der Gedanke: wenn
ein alter Römer von derselben Mauer herunter diesen
Einzug hätte ansehen können! Auf der Fahrt in die Stadt
sieht man gleich die im Bau begriffene via nazionale, die
erste neue Ader, die hinein geführt wird, eine breite Straße
mit Baumreihen und modernen Zinshäusern. Ganz natür=
lich, Rom hat ja uns zum Muster zu nehmen, um die
hohe Kulturstufe zu erklimmen, deren herrliches Wahrzeichen
das Zinshaus ist. Bald kommt man in sein gutes altes
Rom, und sieht und weiß nichts mehr von seiner neuen
Bestimmung. Da ragt der Palazzo Barberini empor, da
bläst der alte Tritone in seine Muschel, da ist die Baum=

terrasse vor den Capucinern, die propaganda fide, das geschmacklose Denkmal des Dogma's von der immaculata, alles wie sonst. Ich stieg im Hôtel Anglo=Americain ab, dessen Wirth ich viel bei Fontane gesehen und auch auf seinem Landgut besucht hatte, und wurde demgemäß empfangen wie ein Freund des Hauses. Ich begab mich so=fort auf die Wanderung, und ging hierhin und dorthin, alte Erinnerungen wachzurufen. Aber die zwanzig Jahre und darüber waren wie weggewischt, ich hatte zu lange in Rom gelebt, es war alles, als hätte ich es gestern noch gesehen. Ueberall hatte man mir gesagt: Sie werden es sehr verändert finden, und keine Spur einer Veränderung ist zu bemerken. Höchstens sind auf dem Corso mehr Häuser verputzt als sonst, ein Schritt, zu dem sich die Italiener am allerletzten herbeilassen. Gegen das Verputzen innen und außen müssen sie einen natürlichen Widerwillen haben. Hier sind die Farben zu grell gewählt, so daß sie nicht mit dem Styl und den Profilen harmoniren. Das Orange=gelb, Fleischfarben, Chamois mit grellgrünen Fensterläden steht den neapolitanischen Häusern gut mit ihren flachen Dächern, ihren langgezogenen Fenstern und luftigen Bal=cons, die Römer müßten feines Grau, Weiß und Braun wählen. Im Corso sind einige Erdgeschosse großer Kauf=läden mit grauem und schwarzem Marmor in schönem Styl bekleidet und mit Goldbronze oder grüner Bronze reich verziert. Das ist ein außerordentlich taktvoll gewählter Schmuck. Wenn sie in diesem Sinn und Styl fortfahren, dann kann ihr schmaler Corso eine prachtvolle Straße von großer Eigenthümlichkeit und von römischem Geiste werden.

Rom ist noch immer eine wunderbar stille Stadt — „quieta" nennen sie die Italiener. Mit Ausnahme der einer Stunde gegen Sonnenuntergang, wo die Equipagen, vom Monte Pincio zurückkehrend, den Corso auf- und absahren, belästigen selbst in diesen engen Gassen nicht einmal die Wagen den Fußgänger. Die Menschen sind nicht zahlreicher, als daß man immer den Einzelnen ins Auge fassen kann, und sie bewegen sich zumeist langsam schlendernd. Da ist von dem geschäftigen Treiben, der Eile in der Bewegung, durch die sich die Großstadt sonst kenntlich macht, keine Spur zu sehen. Es ist, als ob alle Menschen, die hier weilen, die Welt mit ihren Sorgen und Mühen hinter sich gelassen hätten und sich hier erholten, einem beschaulichen Dasein hingegeben. Da ist denn auch in den bewegtesten Stadttheilen der vierte Mensch ein Fremder, und in dem Bewußtsein, wie viel ernstes, bedeutendes Studium hier gemacht wird, blickt man die Vorübergehenden immer mit dem Gedanken an: „Wer weiß, was für ein berühmter Mann das sein mag!" Demselben forschenden Blick begegnet man auch von der anderen Seite, und man kann sich nicht einmal gegenseitig beruhigen, daß es mit dem Ruhme keine Gefahr hat.

Müde schlendern die wunderhübschen Töchter Deutschlands und Englands oft auf etwas großen Füßen neben den Beschützern her, von irgend einer anstrengenden Besichtigung heimkehrend, im verklärten Ausdruck der „veredelten Bummelei," wie Keudell als junger Mann das Reisen in Italien bezeichnete. Rom als Ganzes genommen, mit seinem System von Hügeln, seinen unermeßlichen Weiten, seinen riesigen Denkmälern, seinem überschwänglichen Reichthum an wahrhaft schönen Punkten, um gar nicht von seinem geistigen Gehalt zu reden, ist wohl in einem anderen Sinn eine Weltstadt, oder die Weltstadt. Aber die Haupt-

stadt eines blühenden Reiches stellt es nicht dar. Die
Reisenden fahren rasch von einer Herrlichkeit zur andern,
oder sie sind, wenn sie germanisches Blut haben und zu
Fuße gehen, getragen von der Erwartung des nächsten
großen Eindrucks, wenn sie abseits vom Corso und wenigen
anderen Straßen durch die Stadt ziehen. Wenn man aber
darauf achtet, um den Stand Roms als Capitale zu be=
messen, dann gewahrt man, daß unmittelbar neben dem
Corso ein Labyrinth finsterer, schmutziger, ganz enger
Gassen sich ohne Unterbrechung in ungeheure Entfernungen
hin ausdehnt. Kein Trottoir, schlechtes Pflaster, Mias=
men aller Art, die unbedingte Herrschaft des niederen
Bürgerstandes, kein Haus, das sich irgend durch interessan=
ten Styl auszeichnete, keine Thüre, kein Fenster mit einem
Schmuck — so kann man eine gute halbe Stunde, ja noch
mehr, dahinziehen. Und dieses Rom bewohnen die Ita=
liener, die Beamten aller Art, die Kaufherren, Lehrer,
Schüler u. s. w. Hier hinein sind die sechzigtausend Men=
schen getaucht, die bei der Ueberfiedelung der Regierung
von Florenz eingewandert sind; durch diese langen Gassen
müssen die Herren und Damen wandern, um ihre Woh=
nungen zu erreichen, wenn sie sich im Freien ergötzt haben
oder von ihren Geschäften kommen. Darum berührt das
„Roma Capitale“ den Italiener immer noch in sehr ver=
schiedener Weise. Das politische Stichwort feuert ihn an
und macht ihn opfermuthig, aber sein eigenes Leben in
Rom freut ihn nicht. Sie können nicht immerfort alle für
die Loggien Rafaels und den Moses von Michelangelo
schwärmen, wie die Reisenden und Studirenden, und so=
bald man die Perlen herausnähme, bliebe, außer der schönen
Landschaft von Rom, ein häßlicher Rest. Die Italiener

nennen es eine Città sporca, brutta, und träumen von
Florenz und Mailand. Schwerlich wird es auch so bald
wesentlich anders werden, es sei denn, daß die Tagesparole:
Roma porto di mare, zur Wirklichkeit würde. Denn die
Italiener bleiben, wie die Deutschen, in ihren Heimath=
städten trotz allem Ruhm. Einem Turiner, Mailänder,
würde es gar nicht in den Sinn kommen, nach Rom zu
ziehen, um sich mehr geltend zu machen. Das ist nicht
wie in Frankreich, wo jeder nach Paris gehen muß. Ein
Italiener kann sein ganzes Leben in einem abgelegenen
Winkel zubringen und doch in aller Welt Munde sein.
Sein Fleckchen Heim wird mit ihm berühmt. Große In=
dustrien aber hat Rom nicht, die breite bequeme Verkehrs=
adern mit der Zeit zur absoluten Nothwendigkeit machen
würden, und solche Adern bloß à la Haußmann durchzu=
legen, damit die Stadt vornehmer und eleganter aussicht,
dazu ist hier kein Geld vorhanden. So wird es wohl im
wesentlichen bleiben wie es war, mit Hinzufügung jenes
theuren Luxusquartiers, das sich in der Nähe des Bahn=
hofes bildet, wo die Häuser nach neuester Façon im Garten
stehen. Seine wesentliche Veränderung, bis zu dem Sta=
dium, wo es sich jetzt befindet, hat Rom seit der Zeit
durchgemacht, wo Koch und seine Zeitgenossen dort hausten.
Der alte Plattner, Kestner, der Bildhauer Wagner, die
wir in jungen Jahren als die alten Herren in Rom ver=
ehrten, wußten uns nicht genug zu erzählen von dem
früheren Zustande Roms und konnten ihn nicht verschmer=
zen. Diese Herren kamen sich wie bevorzugte Abenteurer
in weiter, weiter Fremde vor, und jede Spur tramontanen
Lebens verkürzte sie in diesem Gefühl. Diese Art von
Reiseschwärmerei, bei der aller Reiz in dem Ungewöhn=

lichen, durchaus Fremdartigen liegt, wird immer weniger
Nahrung finden, je weiter sich das Eisenbahnnetz ausdehnt.
Man wird nach Marokko, Persien, Indien gehen müssen,
um diesen Drang zu befriedigen.

Auf den Kaiserpalästen war am Sonntag Nachmittags
ein Fest der turnenden Jugend. Die großen neuen Ausgrabungen, die für die Männer der Wissenschaft ein be-
neidenswerthes Gebiet des Streites sind, aber dem Auge
des Unwürdigen keineswegs schmeicheln, der weit ausge-
dehnte öffentliche Garten, der mehr eine Sammlung fremdartiger Pflanzen zu wissenschaftlichen Zwecken, als ein lieblicher Vergnügungsort ist, die Masse Menschen mit Cylindern, die Turner — das alles wollte auch mir nicht recht
scheinen im Vergleich mit unserer früheren geheimnißvollen
Wildniß dort oben. Hier hatte ich zuerst seit Monaten
das Glück, einen Bekannten zu treffen, deutsch zu sprechen
und deutsch zu hören. Und zwar war es Hr. v. Dachröden, der treue fleißige Römer, den ich traf. Aber die
Freude sollte nicht lange dauern; ich wurde plötzlich von
Fieberschauern überfallen und hatte meine Noth, noch in
einen Wagen und ins Bett zu gelangen. Nach mehreren
Stunden heftigen Unwohlseins, während dem mir wie
im Traum eine fremde Arztgestalt erschien, erfolgte eine
gewaltsame Krisis, und am Morgen nahm ich nach Vor-
schrift Chinin-Pulver ein. Weil ich ohnehin noch weiter
nach Süden wollte, ehe ich mich hier aufhielt, so reiste
ich, sobald ich mich stark genug fühlte, schleunigst ab, und
war froh, dießmal mit der Angst vor dem römischen Fieber,
in dessen Klauen ich schon zu sein glaubte, davon zu
kommen.

Neapel.

Jäger und Maler wissen nicht mehr, mit welchem Aufwande von Schwierigkeiten es in früherer Zeit verbunden war in sein Revier zu gelangen. Heutzutage fahren sie in der Frühe ein paar Stationen auf der Eisenbahn, und sind zu guter Zeit unermüdet in medias res versetzt. So setzte auch unser Zug in der Campagna ein Anzahl rüstiger Männer mit Ledergamaschen ab, die, mit ihren Flinten und Hunden die einen, die andern mit den Malergeräthen sich seitwärts schlugen. Wenn man Velletri hinter sich hat und auf das Hochland gekrochen ist, wird es recht öde und unschön um uns her. In dieser Gegend ist es, als ob uns die Karte in die Hand gegeben würde, um zu sehen, wie schädlich der Großgrundbesitz in Italien wirkt. Stundenlang fährt man durch ein Land, dessen Boden von Fruchtbarkeit strotzt, und sieht kein Haus und nur elende Menschen. Aber bald erregen diese ein anderes Interesse. Die malerische Tracht der Ciociari wird allgemein. Die Männer sieht man freilich noch, wenn auch in dem bekannten Schnitt der wandernden Modelle, in starker weißer Leinwand, gehen, aber bei den Frauen erscheinen

die schönen Farben, und zwar in diesem Theile Nüancen,
die bei den Modellen nie vorkommen, besonders ein ge-
sättigtes bräunliches Orange, verbunden mit Braun und
tiefem Blaugrün, was mit dem dunkeln Gesicht und dem
saltigen Schneeweiß auf dem Kopf und an der Brust außerordentlich schön wirkt. Endlich treten die schroffen Abhänge
des Volskergebirges wieder nah' und beschäftigen das Auge,
so kahl sie auch sind. Aber rasch wird es schöner und
schöner zu beiden Seiten. Die wundervollen Bergketten
des Liris, die mächtigen Höhen von Sora erheben sich gen
Osten in der Ferne, und dann gleitet der Zug durch das
großartige Gebiet des Garigliano dahin, gewaltige nackte
Felsmassen zur Linken, rechts die waldigen Höhen von
Pontecorvo, bis das Riesenschloß Monte Cassino auf hohem
Berge leuchtet. Unmittelbar hinter diesem sieht man in
ein weites Seitenthal, das von der mächtigen wilden Apen-
ninenkette eingeschlossen ist. Als höchste Spitze ragt der
Monte Cavallo hervor. Dann geht es dicht unter diesen
Gebirgen hin den neapolitanischen Gefilden zu. Wie es
uns bei dem raschen Vorrücken überschleicht! Citronen- und
Orangengärten, Aloë-Umzäunungen, Cactus, Pinien, Lor-
beer- und Granatbäume, flache Dächer, kleine afrikanische
Kuppeln, weiche Sommerluft und die wunderschönen,
strotzenden Pflanzungen! Längst schon sieht man zur Rechten
den Epomeo auf Ischia, dem meerumspülten; jetzt wendet
sich die Bahn nach Westen und, da steht der Vesuv mit
einer großen schwarzen Rauchsäule. Nichts Stolzeres und
Passenderes konnte den Neapolitanern in den Sinn kommen,
als daß sie auf deutsche Meilen weit vor der Stadt Pinien
längs ihrer Bahn gepflanzt haben, eine herrliche Avenue!
Von den Stationsgebäuden geht's im windesraschen Wägel-

chen gleich hinab ans Meer! Ach, das Meer! Ich bin am
Meer geboren, habe als Kind am Strande gespielt und
habe es seit mehr denn zwanzig Jahren nicht gesehen.
Welch' eine Augenweide! Spiegelglatt breitete sich das
tückische Element aus, im Sonnenglanz leuchtend. An
Netzen, Barken, buntem Fischerleben jagten wir vorüber,
da kam der Mastenwald der Seefahrer, am Eingang des
Kriegshafens ein russischer Koloß, ein Panzerschiff erster
Classe mit der Admiralitätsflagge. Nun ging's wieder
etwas stadteinwärts am königlichen Schlosse vorüber, ans
Meer zurück nach Sta. Lucia. Dort hielt der Kutscher,
und ich wurde im thurmhohen Haus in das oberste Stock=
werk geleitet, wo ich ein Zimmer bezog, den weiten Golf
zu Füßen, Capri, das edelgeformte, gerade vor Augen,
sobald sich die Thüre öffnete. Wenn man die breiten
Treppen des Quai von Sta. Lucia hinabgestiegen ist, findet
man auf dem Steindamme unmittelbar am Meere feste
Zelte aufgespannt, an die Mauer gelehnt, nach außen auf
Säulen gestützt. Zwischen den aufs Trockene gezogenen
Booten, die mit ihren Kielen bis an diese Zelte reichen,
treibt sich das Schiffervolk herum; unter den Zelten sind
Tische gedeckt, in gewölbten Räumen unter dem Pflaster
von Sta. Lucia sind die Küchen und auch Gastzimmer,
für den Fall, daß kalter Wind es verbietet, draußen zu
sitzen. In einem dieser Gastzimmer stand ein schönes
großes Boot, auf dem Tauben gurrend hin= und hergingen.
Hühner und Kalikuten liefen zwischen den Tischen herum.
Dort hielt ich meine Mahlzeit, allem Gewohnten wunder=
bar entrückt. Man gab mir eine kräftige Suppe mit kleinen
Muscheln, Austern, eine Frittura von Fischen und See=
ungethümen, Trauben und schweren Wein von Capri. Dazu

das lustige Geschrei ringsumher, das leise Anschlagen der
Brandung, das Einathmen der Seeluft und das Anbrechen
einer Mondnacht! — —

Während der Nacht hatte sich ein frischer Wind erhoben,
so daß Morgens der Schaum an den dunkeln Klippen des
Castelnovo aufspritzte und die Luft erfüllt war von dem
Getose der Brandung. Ich nahm ein Boot und fuhr weit
in den Golf hinaus, mit geschwelltem dreieckigen Segel die
Wellen scharf durchschneidend. Der Rauch des Vesuvs,
welcher gerade jetzt in gewaltiger Masse aus dem Krater
aufsteigt, war von der Morgensonne hell beschienen und
vom Höhenwinde auf die Flanken des Berges niedergedrückt,
so daß er wie lange weiße Locken an dem dunkeln Nacken
herabhing — ein seltsamer Anblick! Der Schiffer hatte
einen Knaben mitgenommen, der zur Seekrankheit neigt,
und häufig hinausfährt, um sich dagegen abzuhärten. Das
arme Kerlchen wurde bald kreidebleich und mußte sich auf
dem Boden der Barke ausstrecken. Wir fuhren dicht unter
dem Rumpf lavirender Kauffahrer dahin, und begegneten
zwei großen Paketbooten, die nach Genua und Bombay
ausliefen. Dann kam in vollen Segeln eine russische Fre-
gatte gefahren, und von dem Panzerschiffe, sowie von der
Hafenfestung erdröhnten die Salutschüsse. Es scheint gerade
kein sehr bequemer Besuch zu sein, den das russische Ge-
schwader in dieser Zeit den Häfen Italiens abstattet. Es
soll in denselben überwintern, was die Engländer im Fall
eines Krieges nicht sehr freundlich aufnehmen würden.
Zwei Dampfschiffe jagten dicht hinter einander her, furchtbar heizend, um den Vorrang streitend. Diese Schiffe
fahren tagtäglich nach Jschia, laufen gleichzeitig aus, und
erhalten die Passagiere während der ganzen Fahrt in der

Todesangst, in die Luft zu fliegen. So wird hier die
Concurrenz aufgefaßt! Unwillkürlich dachte ich an die ab=
scheulichen Kerle beim Pferderennen in Orvieto, mit ihrem
toddrohenden Haß auf den Gesichtern. Man möchte den
ganzen Tag vor Neapel kreuzen, es ist ein so großes und
so lachendes Bild, das sich vor einem ausbreitet, um so
mehr, da die schneebedeckten Häupter der Apenninen, so=
bald man eine halbe Meile weit vom Land ist, mit hin=
eintreten. So kostete es keine geringe Ueberwindung, meiner
Mannschaft den Befehl zur Heimkehr zu geben. Der Knabe
war von diesem willkommenen Worte so erregt, daß er
freudig auffuhr und sich auf die Bank setzte. Aber er
mußte doch gleich wieder hinab auf den Boden, weil wir
bei der Rückfahrt viel mehr tanzten, in Folge unserer
neuen Stellung zu den Wellen.

Nach unserer Landung blieb ich noch lange Stunden,
wie in einen Zauberkreis gebannt, auf den Treppen und
Steindämmen von Sta. Lucia, dem kleinen, abgeschlossenen
und doch so lärmenden Treiben zuschauend. Sobald ich
mit noch so großer Vorsicht eine Gruppe aufzuzeichnen
begann, wurde sofort Lärm gemacht, nicht um die Betref=
fenden zu warnen, sondern um sie zu necken und sich lustig
zu machen. Dabei ward ich mit einer Keckheit angeredet,
wie ich sie sonst nie erlebt habe. Und auch die jungen
Damen dieses Fischparadieses sind nicht zurückhaltend zu
nennen. Eine derselben hielt mir ein kleines Kind dicht
unter die Augen und sagte mit starker Stimme: „Nicht
wahr, das ist ein schönes Kind! Was sagt Ihr dazu?“
Als ich nachher auf der Steinbrüstung saß, kamen drei
andere rasch und keck auf mich zu. Die eine setzte ihr
Kind neben mich und stellte sich dicht daneben, die zweite

lehnte auf meiner anderen Seite den Arm auf die Brü
stung, die dritte drängte vorn dicht an mich heran. Nach=
dem sie mich so eingeschlossen hatten, begann der Angriff.
Ich sollte sie ritrattare. Mit drolligen, neckischen Worten
drangen sie in mich. Die in der Front war die hart=
näckigste, eine bleiche, schlanke, junge Frau mit lang=
geschnittenen Augen, deren Iris halb unter dem großen
dunkelgeränderten oberen Augendeckel lag und träumerisch
glimmend in dem schattigen Weiß auf mich gerichtet war,
die Sinne umstrickend. Neben ihr stand ihre Schwester,
ein fünfzehnjähriges, dunkelbraun verbranntes Mädchen mit
brennenden Kohlen im Kopf. Da ich dauernden Wider=
stand leistete, so verlangte die junge Frau, ich sollte ihr
dann wenigstens einen Soldo geben. Ich antwortete mit
einer weisen Auseinandersetzung über die statistischen Stu=
dien in Bezug auf den Bettel, und bewies ihnen, daß
wir weithergereisten Menschen, wenn wir täglich den Hun=
derten gerecht werden wollten, die uns angingen, nicht
mehr bis nach Hause gelangen würden und selbst zu Bett=
lern werden könnten. Sie versicherten mir aber feierlich,
daß es damit in Neapel keine Noth hätte, hier würde ich
gewiß von niemanden belästigt. Es hatte sich indessen
schon ein Kreis von Zuhörern eingestellt, der uns dicht
umschloß. Ich fuhr nun fort, mit der mittleren zu ver=
handeln, und erklärte ihr: ich könne ihren Blick nicht er=
tragen, ich habe mein Herz an sie verloren. Der Chorus
rief mit lautem Lachen: dice, che ha perduto il cuore!
Sie sagte: Gut, also jetzt wirst du mir etwas schenken!
Ich darauf: Ich will dich heirathen, und dann werde ich
dir viel schenken, ein Haus, einen Garten, schöne Kleider,
Maccaroni u. s. w. Chorus: la vuol' sposare! Sie

erklärte sich bereit, mir sofort in die Ehe zu folgen. Lautes
Lachen ringsum. Jetzt drängte sich ein junger Mann
heran, der mir als Fachino gedient hatte, und erklärte
mir, dieß sei seine Frau. Und, rief ich aus, wie hast du
gesagt, du willst meine Frau werden, du hast mich be=
trogen, du Schlimme! Chorus: dice, che l'ha ingannato!
Sie machte ein reizendes schelmisches Gesicht. Ja, was
ist da nun zu machen, fuhr ich fort — da muß ich deine
Schwester heirathen, die braune Fischerin! Chorus: mò
vuol' sposare l'altra! Ach, sagte der Fachino, die ist ja
zu jung! Ich zupfte an meinem grauen Bart und antwor=
tete: Ich bin auch noch zu jung, wir warten eben noch
ein paar Jahre. Lautes Gelächter ob dieses vorzüglichen
Scherzes, und ich konnte endlich aus diesem Liebeskerker
entschlüpfen.

Wahrhaft ergötzlich sind die Tramway=Fahrten in
Neapel. In offenen eleganten und bequemen Wagen, mit
Maulthieren bespannt, die bis auf das Bruststück mit Zug=
riemen ganz nackt sind, gleitet man von Portici bis weit
hinaus am Posilippo längs des ganzen Golfes dahin, und
zwar große Strecken dicht am Meer, umgeben von dem
vielbeschriebenen bunten Getreibe. Wenn man sich Portici
nähert, fährt man durch eine majestätisch breite Straße,
die nach der Seite des Meeres von einer ununterbrochenen
Reihe von Palästen eingeschlossen ist. Durch jeden der
großen Thorwege sieht man in einen wunderbar üppigen
Garten, der sich bis an das Meer erstreckt. Die Küste ist
hier felsig, so daß die Bewohner dieses schwelgerisch schönen
Gebiets am Ende ihrer Gärten an einen zwanzig bis
dreißig Fuß hohen Abhang treten, tief versenkt in Orangen=
und Citronenhaine, umschattet von Pinien und immer=

grünen Eichen, umgeben von phantastischem Pflanzenreich=
thum, die Brandung zu Füßen, die blauen Fluthen überall
hin ausgedehnt, beide Inseln, Capri und Ischia, vor
Augen und über ihren Palästen den Gipfel des nahen
Bulcans mit seiner Wolke. Und dazu fast das ganze Jahr
hindurch schönes mildes Wetter. Nur dann, wenn unsere
Freunde nach der römischen Osterwoche, bevor sie heim=
kehren, noch nach Neapel eilen, um im tiefen Süden zu
schwelgen, dann gerathen sie in die Schneestürme des Früh=
jahrs, die ganz Europa durchziehen, und werden jämmer=
lich betrogen. Unterdessen haben die Neapolitaner schon
seit Mitte Februar im herrlichsten Frühjahr gelebt, und
sind, wenn Ostern spät fällt, sechs Wochen vor der Weizen-
ernte. Jetzt aber, im November, wird es auf Feld und
Flur erst wieder saftig grün nach der langen Dürre des
Sommers. Das Volk, welches nur in seltenen Fällen
einen Garten am Gestade betreten kann, hält sich schadlos,
das niedere Volk am Strande weilend, der Bürgerstand
sich niederlassend in einer Unzahl von Trattorien, die über
das Meer hinausgebaut sind oder deren Terrassen unmittel=
bar am Wasser aufragen. Dort hausen sie, übermüthig
scherzend in ihrem abscheulichen Dialekt, unter fortwähren=
den Salven von Gelächter und übermäßig essend und trin=
kend. Ganz besonders romantisch ist die Trattoria am
Fuße des alten berühmten Schlosses der Donna Anna.
Dieses selbst ragt ja mit seinen riesigen Massen ganz ins
Meer hinaus. Auf einer schmalen Felsplatte am Fuße der
Mauer stehen Tische und Stühle unter Lauben, und in
den den Wettern preisgegebenen riesigen Räumen des
Schlosses ist der Herd aufgerichtet mitten zwischen trocken
gelegten Barken. Die Welle leckt bis an die Füße der

Stühle, die nach außen stehen, wenn man dort sitzt, durch koloffale Mauern, an denen man auf einem schmalen Treppchen im Zickzack niedergestiegen ist, abgeschieden von der ganzen Welt, die salzige Fluth förmlich einathmend, in Austern, Fischen, Muscheln und dunklem Weine schwelgend.

Wenn man diese wahrhaft brillante Stadt ansieht unter dem Brausen ihres Lebens, so möchte man sie eine Welt= stadt nennen! Aber es dauert nur wenige Tage bis man dahinter kommt, daß diese Bezeichnung nicht zutreffend ist. Sehr volkreich ist die Stadt; wie sollte es auch anders sein, zwischen der Campagna felice und dem fischreichen Golf Jahrhunderte hindurch eine Königsresidenz! Aber das niedere Volk und der ihm nahe kleine Bürgerstand bilden die ganz überwiegende Masse. Von den Hunderttausenden wohlgekleideter Menschen in Paris, die dicht gedrängt im Geschäftsschritt dahin eilen, von den großen geschlossenen Wagenreihen, hin und her, oft dreifach, vierfach, die halbe Stunden lang langsam zu fahren gezwungen sind, oft ganz stocken, ist in Neapel nichts zu finden, auch nichts von den großen Schaufenstern und Prachtläden, Kaffeehäu= sern u. s. w. Die Läden sind denen im Quartier latin in Paris entsprechend, und wenn man einige wenige herren= mäßige Kaffeehäuser mittlerer Art im Centrum des Lebens hinter sich hat, dann sind gleich alle übrigen derartigen Locale durch eine so weite Kluft von ersteren getrennt, daß sie durch die Bank nur Volkskneipen sind. Man sieht daran am deutlichsten, wie gering verhältnißmäßig die höheren und wohlhabenden mittleren Stände vertreten sind. Die zahllosen Droschken, die wegen der großen Menge von Fremden immerfort in Bewegung sind, und zwar be= kanntlich in ungewöhnlicher Geschwindigkeit, machen den

meisten blinden Lärm. Das Wagenfahren ist, abgesehen
von diesen, mit den Weltstädten gar nicht zu vergleichen,
und sie können auch nur deßhalb so unmäßig dahinjagen.
Der Hafen aber, der so imposante Hafen, hat ein so ge-
ringes Handelsleben, daß es nicht an das des kleinsten
Docks von Liverpool heranreicht, sondern eher dem von
Flensburg und Kiel zu vergleichen ist. Mit Ausnahme
der großen Paketboote rührt sich wochenlang nichts, und
nicht ein bedeutender Kauffahrer fremder Flagge liegt vor
Anker. Die mehr als eine Meile weite Ausdehnung von
Portici bis zum jenseitigen Ende hat aber, sobald die
eigentliche Stadt aufhört, gar keine Tiefe, sondern nur
einfache oder doppelte Häuserreihe. Und doch, wie immer
auf diese glänzende majestätische Stadt hinzuschauen und
sich zu sagen, daß dieß eine Provincialstadt ist, das bringt
uns in einen seltsamen Widerspruch! Auch gravitiren alle
Ortschaften des gewesenen Königreichs noch heute nach
Neapel, und man ist in ihnen noch sehr wenig mit Rom
beschäftigt, nicht einmal nahe der alten römischen Gränze,
geschweige denn in den schmalen, langgedehnten Ländern südlich
von Neapel. Bei den Wintergästen Italiens, die von jenseit
der Alpen gekommen sind, herrscht nach wie vor dieselbe
Anschauungsweise, förmlich von jeder Gruppe auf die
folgende übertragen und den unbefangenen Genuß in pe-
dantischer Weise beeinträchtigend. Der Genuß Roms ist
ein vollkommen schulgerechter geworden, auf Schriften
und Vorträgen aller Art begründet, und es hat sich eine
wahre Augenkunst ausgebildet, die ächt römischen Ansichten
zu unterscheiden; jeder Mauerstrunk spielt dabei eine
Rolle. Das Auge wird aber auch wirklich verwöhnt durch
die feinen interessanten Profile, mit denen sich römische

Bauten aller Art und Größe unter den glücklichsten land-
schaftlichen Bedingungen darstellen. So zubereitet sehen
die Reisenden die Stadt Neapel mit einer gewissen geistreichen Geringschätzung an, denn einen classischen Anstrich
hat die üppige Stadt in der That nicht. Aber es gibt
auch andere als classische Schönheiten, die wir mit unbe-
fangener Hingebung bewundern dürfen, ohne Furcht uns
etwas zu vergeben. Neapel hat den großen Reiz eines
eigenthümlichen Stempels, ist dabei so großartig, majestätisch, reich, so malerisch und reizvoll in der Vertheilung
seiner Baugruppen auf dem Terrain, so durchleuchtet vom
hellen Aether, daß sein Anblick etwas Berauschendes hat.
Oft steigert sich dieser Eindruck bis zum Märchenhaften,
wenn eine ganz unbegreifliche Farbenpracht darüber hin-
gestreut ist oder die entschieden südliche Lage mit allen
ihren Vortheilen hervortritt. In manchen Gärten am
Posilipp und auf den Höhen um die Stadt wird uns
wahrlich zu Muth, als wenn man nicht erlebte, was auf
uns wirkt, sondern der Erzählung eines Märchens lauschte.
In der Fasanerie von Capo di monte ziehen schöne breite
Wege zwischen grünen Matten unter uralten riesigen Baum-
massen hin. Mächtige Pinien überragen die schwarzen
Massen der immergrünen Eichen, Palmen stehen am Rande,
tief unten schimmert das Meer wie ein Purpurstoff mit
einem feinen Goldnetz überzogen. Dort stehen herrliche
Gruppen von Tulpenbäumen, deren hohe breite Kronen
übersäet sind von den großen Wunderblüthen, und in den
Zweigen wiegen sich ganze Schaaren bunter und weißer
Pfauen, deren Prachtschleppen zwischen dem Laub nieder-
hangen, von den durchsickernden Sonnenstrahlen mit Gold
und Smaragden besäet.

Bei meinen Streifereien durch die Stadt und längs
der Küste suchte ich zugleich neben Allem her, was mich
beschäftigen mochte, nach einem alten Freunde, aber freilich
mit gar wenig Hoffnung ihn zu finden. Die häßlichsten
Kerle zwischen dreißig und vierzig Jahren hatte ich dabei
fortwährend im Auge und suchte in diesen Fratzen die
Züge, den Blick meines Beppo wiederzuerkennen. Nie
wohl sind solche abscheuliche Menschen so sehnsüchtig liebe=
voll angeschaut worden, aber roth wurde keiner von ihnen,
wenn ich auch oft genug bemerken konnte, wie unerklärlich
ihnen mein forschender Blick war. Besonders bei den
kleinen Kramladen hielt ich mich auf, denn ich hatte mir
früher einmal fest eingebildet, Beppo müßte einen solchen
errichtet haben, weil er im letzten Augenblicke unseres Zu=
sammenseins die ganze Mütze voll Silber bekam. Der
Schmerz der Trennung war in Folge dessen für Beppo
viel geringer als für mich — er hatte in jenem Augen=
blicke keinen Raum für Schmerzen, ja kaum überhaupt
noch eine Empfindung und mußte obendrein springen wie
eine wilde Katze, um nicht unfreiwillig noch länger mit
mir vereint zu bleiben. In Neapel sind viele kleine Kram=
läden und ich habe wohl nicht den zwanzigsten Theil der=
selben gesehen, aber auch meinen Beppo nicht gefunden.
Wer weiß, ob er nicht ganz etwas anderes treibt, oder
ob er überhaupt noch lebt. Vielleicht ist er in den Re
Bomba-Bataillen zu Grunde gegangen oder hat gar ge=
stohlen und sitzt im Zuchthause. Aber nein, dieß letztere
kann doch nicht sein, obgleich er ein Neapolitaner ist, er
ist zu häßlich und zu gutmüthig dazu. Beppo war der
einzige männliche Dienstbote, der mein bescheidenes Dasein
geschmückt hat, aber eigentlich mehr mein Sklave, denn er

war mir mit Leib und Seele ergeben und bezog keinen
Lohn dafür. Nur durfte ich ihn nicht verkaufen, sonst hätte
ich ihn wahrlich auch als Affen verkaufen können. Ein
Auge, das sich nicht am Golf von Neapel darauf eingeübt
hat, gewisse Wesen noch für Menschen zu erkennen, zum
Beispiel die Tochter eines schlesischen Landmannes, hält
sie unbedingt für Affen. Haben sie ja doch Voltaire in
jener Zone der Intelligenz sogar für einen Affen genommen
und mit Stöcken in den Wagen hineingekitzelt, und Voltaire
war, als unschuldiger Knabe wenigstens gewiß nicht so
garstig, als diese Strandaffen. Und doch! Jeder wird es
bezeugen, der diese Kerlchen gesehen, mit ihnen verkehrt
hat, ein Auge haben sie, das einen fesselt wie kaum ein
anderes! Es ist nicht das große tiefliegende, langge=
schnittene, dichtumschattete Gluthauge der Orvietaner Buben,
das auch klug ist, aber vor Allem bezaubernd schön, es
sind kleine runde, nahe zusammenstehende Augen, unge=
mein pfiffig=neckisch, liebevoll und treuherzig, Thieräugelchen.
Diese Jungens braucht Italien glücklicher Weise nicht zu
seinem Aufschwung, sonst würde es sich nicht weit schwingen
und der Strand von Neapel käme obendrein um sein Bestes.

Dieses Strandes hübschester Theil existirt jetzt nicht
mehr, er war da, wo die englische Gesellschaft jetzt baut,
unter den Mauern des giardino reale. Er hatte den be=
sonderen Zauber aller jener stillen Plätze inmitten eines
großen Stadttreibens. Zur Linken ragte das castel uovo
ins Meer hinaus, alles Hafenleben maskirend, gerade vor
lag Capri, hinter sich hatte man die schönen Baumgruppen
des Gartens.

Ich reiste damals mit der Gräfin Dohna=Tönhoffstedt,
der älteren Schwester jener Gräfin Schwerin, deren Leben

die jüngere Schwester, Baronin Romberg, herausgegeben
hat, und mit deren Nichte. Wir stiegen im Hotel Victoria
ab, das am Eingange des giardino reale unmittelbar an
jenem Strande lag. Jetzt ist es weit zurückgedrängt und
ein ungeheurer Spekulationskasten ihm vorgebaut. Es
werden schon noch mehrere nachkommen. Hingerissen von
dem neuen prachtvollen Anblicke war ich gleich nach unserer
Ankunft an die Brandung getreten. Da kam eine Schaar
Buben in Lumpen gehüllt mit phrygischen Mützen oder
zerrissenen Strohhüten zu mir gerannt, Beppo, der größte
und häßlichste von ihnen, voran, und meldeten mir, die
Damen erwarteten mich zum Frühstück. Sie waren schon
in den Dienst genommen. Den nächsten Morgen schlenderte ich mit Mappe und Wasserfarben längs des Strandes,
um einen Punkt für eine Studie zu suchen. Kaum hatte
ich diesen fixirt, als wie aus dem Boden gefahren, die
Buben mich wieder umschwärmten. Beppo schleppte einen
großen flachen Stein herbei, um ihn unter meine Füße zu
legen. Unterdessen war seine Schaar oben im giardino
an einen Springbrunnen gelaufen und hatten ein großes
blaues Glas, Gott weiß, wo das herkam, mit Wasser
gefüllt. Dieß brachten sie dem Beppo, der sich neben mich
auf einen Stein gesetzt hatte und nun unverwandt das
Glas so hielt, daß ich mit dem Pinsel bequem hinein-
fahren konnte. Da half kein Depreciren, kein Bedauern
seiner Mühe, er rührte sich nicht, und sah mich dabei unverwandt an, als, saugte er mit Wonne mein Bild ein.
Sobald ich mich erhob, um aufzubrechen, schob mich Beppo
mit aller Energie von meinen Geräthschaften weg und
sagte ich solle nur heimgehen. Als ich in mein Zimmer
kam, lagen die Sachen schon auf dem Tische, Schirm und

Stuhl standen in der Ecke, von Beppo und seinem Stamme
war nichts zu sehen gewesen. Als ich den nächsten Tag
wieder eben so da saß, unterbrach ein Lärmen von der
Seite des Victoriahotels her die Stille, und wie ich mich
danach umsah, gewahrte ich die Nichte, umgeben von der
kleinen Schaar, die sie zu mir geleitete. Beppo meinte:
ecco la sua sposa che viene. So lebten wir wochen=
lang von diesen Wichtelmännern des Südens sorgfältig
gepflegt und bedient. Wer zu Hause kam, während die
andern ausgegangen waren, konnte immer hören, wo sie
hingegangen, wann sie wieder kämen, ob man warten
oder nachkommen sollte u. s. w. Immer wenn man sie
brauchte, waren die Kerlchen plötzlich da, sonst sah man
nichts von ihnen. Ich bat Beppo öfter, er möge mir
Lieder vorsingen. Grinsend antwortete er immer, das
könne er nicht. Eines Tages aber hörten wir den Klang
einer Harfe unter unserm Balkon, als wir eben vom
Tische aufstanden. Als wir hinaustraten, sahen wir einen
schönen kleinen Knaben mit der Harfe, umgeben von
unsrer Schaar. Beppo's Augen strahlten triumphirend
und der Knabe sang mit lauter Stimme das erste Lied,
ein kurzes, frisches Lied, ich weiß es noch und schreibe es
hier nieder:

> Io te invito Josephina
> a venir' di cuor' contento,
> anderemo pel momento
> Sotto al ombra passegiar'!
> a goder' quel bell' freschetto
> a sentir' quell' ariatina
> Viene cara Josephina,
> Io ti voglio contentar!

Es regnete Mandeln, Rosinen und Confetti vom Balkon
hinab und auch ein hübsches Stückchen Geld. Der Minne-
sänger aber gehörte fortan zu unserem stattlichen Hofhalte.

Eines Morgens verlangte uns nach einer Fahrt auf
dem Golf längs der stolzen Stadt hin. Kaum hatte ich
Beppo diese Absicht mitgetheilt, so flog er davon, und in
kürzester Zeit kam er in einer stattlichen Barke mit zwei
Ruderern wieder durch den Brückenbogen des Castells.
Wir fuhren nicht gar weit hinaus und dann längs der
Stadtfront dahin, am Hafen vorüber gegen Portici zu.
So mochte eine Stunde vergangen sein, als wir vom
Strande lautes Geschrei vernahmen. Wir blickten hin und
sahen auf einem Mauervorsprunge unsere Schaar, die
Mützen schwenkend und in die Luft werfend. Wie die
Hündchen waren sie bei ganz Neapel vorbei an der Küste
immer neben uns her gelaufen und salutirten uns nun,
da es wieder stiller und weniger belebt ringsum war.

Es waren nach und nach viele preußische Herren in
Neapel zusammen gekommen, darunter auch der jetzige
römische Botschafter, Baron Keudell, und sein Genosse,
Hr. von Diest der jüngere, von denen ich auch später
noch Einiges zu erzählen habe. Alle diese Herren fuhren
mit uns zusammen nach Palermo und mehrere waren zugegen als wir unser Hotel verließen, um an Bord zu
gehen. Man wußte wahrlich nicht mehr, ob man weinen
oder lachen sollte, bei diesem Abschiede von den Buben.
Es war herzzerreißend und doch wieder ungemein drollig,
ein sonderbarer Kummer wie aus einer Spukgeschichte.
Mir war aber ganz bitterweh dabei, ich gestehe es offen.
Und jetzt erst begreife ich ganz dieses Weh, denn nun,
nach schier dreißig Jahren kann ich ermessen, wie lieb mir

mein Beppo geworden war, ich habe ihn nie vergessen, mich
oft nach ihm gesehnt, und ihn gesucht auf allen meinen
Wegen. Wir waren am Bord versammelt, und harrten
willig der Stunde des Scheidens, denn es ging ja nach
Sicilien — nur von einer Rose zur andern — schwärmende
Sommervögel! Viele Herren und Damen stiegen ein und
machten sich's bequem, für kürzere Zeit freilich als sie
wünschten, denn es ward ihnen bald nachher allzu unbequem.

Da hörten wir Harfenklänge aus der Tiefe. Wir
neigten uns über die Brüstung und sahen dicht am Rumpf
unseres großen Dampfers eine kleine Jolle, besetzt von
Beppo und seiner Schaar. Am Spiegel stand der kleine
Harfner und schlug in die Saiten.

Es war überwältigend, Beppo wurde gleich herauf-
citirt, küssen konnte man so etwas nicht, aber Alle zogen
die Börsen heraus und jeder gab ihm ein großes Silberstück.
Dieß Alles war vor den Augen der Fremden geschehen,
hatte großes Interesse erregt und so kam es, daß auch
eine große Zahl fremder Herren und Damen ein Geldstück
in Beppo's Mütze warfen. So angenehm zurückgehalten,
kam er noch mit Ach und Krach vom Schiffe herunter,
mit einer Summe beladen, wie er sie gewiß noch nie ge-
träumt, geschweige denn gesehen hatte. Und nun war sie
sein eigen. Was mag er damit angefangen haben? Möge
sie sich ihm verhundertfacht und vertausendfacht haben. Er
hat's um uns verdient. Er liebte uns.

Diese allgemeine und gleichzeitige Abreise von Neapel war
eine Flucht; wir hatten Entsetzliches erlebt. Noch heute sehe
ich nie auf den Besuv, ohne daß Bangigkeit die übrigen
Empfindungen umdunkelt, damals erschien er uns wie die
dunkle Pforte jähen Todes, wie das schauerliche Grab eines

Freundes und Landsmannes, und wir konnten seinen Anblick nicht länger ertragen. Vor wenigen Tagen hatte der
schreckliche Krater dieses unheilvollen Feuerspeiers einen
herrlichen, hoffnungsvollen deutschen Mann in erster Jugendfülle verschlungen, Dr. Delius aus Bremen. Er hatte
sich den Naturwissenschaften gewidmet, kam eben aus noch
südlicheren Zonen zurück und hatte gleich nach seiner Ankunft in Neapel den Vesuv bestiegen. Nach dieser vollkommen gelungenen Unternehmung hörte er in Neapel von
der Anwesenheit vieler jungen Herren aus dem Norden.
Er erkundigte sich nach der Wohnung derselben (sie hatten
sich in einer der Pensionen von Santa-Lucia eingemiethet)
und ging, um sicher zu sein, daß er sie nicht verfehle,
schon Morgens um fünf Uhr zu ihnen hinauf. Allerdings
fand er die Herren schon vollständig gekleidet, aber eben
mit den letzten Vorbereitungen zur Expedition auf den
Vesuv beschäftigt. Sein schönes Gesicht, sein feines und
freies Wesen, seine kluge Rede nahmen gleich in hohem
Maße für ihn ein, so daß die junge lebensfrohe Gesellschaft ihn bestürmte, sich ihnen wieder anzuschließen. Lange
sträubte sich Delius, denn auf den Vesuv klettert man
bekanntermaßen nicht so mir nichts dir nichts. Aber es
riß ihn mit fort und riß ihn in sein frühes Grab. Ich
selbst war mit den Damen vor Kurzem auch oben gewesen und konnte nicht so frei über Zeit und Wege ver-
fügen, sondern war für denselben Tag zu einem andern
Ausfluge in Anspruch genommen. So ist es mir erspart
geblieben, dem Entsetzlichen beizuwohnen. Delius war,
nachdem sich die Gesellschaft, oben angelangt, an Speise
und Trank gelabt und an den über Alles herrlichen und
großen Aussichten geweidet hatte, in den antiken Krater,

der gegen Pompeji hin gelegen war (wie es jetzt oben
aussieht, weiß ich nicht zu berichten) hineingestiegen, und
stellte an dessen schrägen Trichterwänden Beobachtungen
über die Wärmeverhältnisse an, als sich am oberen Rande
dieses Kraters unter dem Fuße eines Führers ein Stein
löste. Dieser Block rollte mit Blitzesschnelle gerade auf
Delius zu, worauf von allen Seiten sein Name laut und
heftig hinabgerufen wurde. Es war der letzte Gruß der
entsetzten Gefährten, die dann zusahen, wie er sich auf=
richtete, bemerkte, was ihm drohte, seitwärts sprang, den
Boden unter den Füßen verlor und mit dem Steine und
der Lavine von Asche und Schwefel, die dieser aufwühlte,
über den Rand getragen wurde. Die Wand dieses aus=
gebrannten Kraters war von diesem Rande an, bis an
welchen sie schräge abschloß, senkrecht und setzte sich bis zu
solcher Tiefe fort, daß man auch vom gegenüberstehenden
Rande, der damals die höchste Spitze des Vesuvs ent=
hielt, nicht bis auf den Boden sehen konnte. Dahinein
war der Verunglückte gestürzt. Es läßt sich denken, was
unter den Gefährten nach diesem Sturze vorging. Ver=
zweiflungsvoll mußten sie sich gestehen, daß sie im Besitze
gar keiner Art von Mitteln waren, um dem unglücklichen
Bruder Hülfe zu bieten. Es wurde also in rasender Hast
beschlossen, den Berg zu verlassen und von Resina Mann=
schaften und Stricke zu requiriren. Aber am Rande des
obersten Bergrückens machte man auf einmal Halt bei dem
furchtbaren Gedanken, daß der Gestürzte nun, vielleicht
noch am Leben, ganz allein auf dem Berge zurückbliebe.
Herzhaft sagte der eine der Herren, „nur vorwärts, ich
bleibe hier." Und in halber Geistesabwesenheit stürzte sich
die übrige Gesellschaft den Aschenkegel hinab.

Aber von der Spitze des Vesuv bis nach Resina ist ein
weiter und kein ebener Weg, wie nun erst wieder auf=
wärts! Nachdem der Zurückgebliebene eine Weile den
Davonjagenden nachgeschaut hatte und nun in furchtbarer
Einsamkeit seinem Schrecken und seiner Betrübniß durch
einen heißen Strom von Thränen zuerst Luft gemacht hatte,
ging er zurück an den Rand des Kraters und rief laut
den Namen Delins hinab. Ein leises Stöhnen gab ihm
Antwort, der Freund lebte. Nun that sein Wächter mehrere
Fragen an ihn, aber immer nur tönte dieses eine herz=
erschütternde Stöhnen zurück. Von Zeit zu Zeit wieder=
holte er seine Zurufe, aber nicht auf viele mehr erfolgte
überhaupt ein Zeichen des Lebens. Dem Gefährten sant
nun die Hoffnung, daß noch zur rechten Zeit Hülfe ge=
bracht werden könne. Er fühlte sich allein mit einem
Todten und während dessen legte sich die Nacht um die
dunkeln Scheitel des hohen Berges. Die schwarzen Lava=
klumpen und gelben Schwefelstriche verschwammen in ein=
ander und schienen sich somit zu regen, wie eine Gespenster=
welt. Er hielt es denn auch nicht mehr aus, in der
eingeschlossenen Gegend dieses Kraters zu verweilen, faßte
noch einmal einen männlichen Entschluß, laut hinabzurufen
und eilte, da wieder keine Antwort erfolgte, vom Grausen
über seinen eigenen Schrei in dunkler Einsamkeit erfaßt,
vornehin an den Rand des Berges, wo ihm wenigstens
der Blick in den offenen Raum gestattet war, und wo ihn
das Auslugen nach den erwarteten Rettern beschäftigte.
Sobald sich die Zickzacklinie der Fackeln in rascher Auf=
wärtsbewegung in den Tiefen zeigte, verließ das entsetz=
liche Grausen ihn einigermaßen und es dauerte dann auch
verhältnißmäßig kurze Zeit, so tönte ihm schon aus der

anstürmenden Masse sein Name entgegen, mit der Frage
ob Delius noch lebe. Wenig tröstlich lautete die Antwort
und vielleicht hätten seine erschöpften Freunde gar nicht
mehr die Kraft gefunden, so rasch wieder den Gipfel zu
erklimmen, wenn sie nicht von der Hoffnung getragen
worden wären, noch als Retter zu erscheinen. Es war
nun voll Leben und Treiben oben auf dem vor Kurzem
noch so einsamen Plateau. Starke Seile wurden an Fels-
rippen befestigt, ein beherzter Führer knüpfte sich die andern
Enden fest um den Leib, die ganze Schaar von Männern
stellte sich in Reihen, die Seile in die Hände nehmend
und darauf glitt der Führer in die nächtlichen Tiefen
hinab, eine brennende Fackel in der Hand. Es ist vor
einiger Zeit geschehen, daß ein Engländer sich an einem
solchen Seile in das Innere eines Kraters hinabgelassen
hat ohne der Hitze Rechnung zu tragen und daß dieses
Seil in Brand gerathen ist. So überläuft es einen noch
hinterher nach so langen Jahren kalt bei dem Gedanken,
daß damals dasselbe Unglück hätte eintreten können, und
die eifrig bemühten Retter somit nur noch ein zweites
Opfer den Abgründen überliefert haben würden; bevor
sie dann noch wieder mit langen Ketten zurückgekehrt wären,
möchte es auch für diesen Zweiten zu spät gewesen sein.
Indessen, so heiß der Hinabgestiegene es unten gefunden
hat, bis zum Sengen heiß war es doch nicht. Athemlos
erwartend standen die Männer oben, bis das Zeichen
zum Ziehen gegeben wurde. Bald darauf kam das Paar
über dem Rande zum Vorschein, ein Lebender einen Todten
umklammernd. Unsäglicher Schmerz ergriff die Schaar,
lautes Weinen und Schluchzen erfüllte die einsame Stätte.
Delius hatte seinen Plaid während des Kletterns leicht

um die Schultern gehängt, unten hatte ihn der Führer zusammengefaltet unter dem Kopfe des Unglücklichen gefunden. Er hatte sich also Anfangs noch regen können und sich mittelst des Plaids gegen die Hitze geschützt. Der Leichnam mußte mit einer Wache auf dem Gipfel des Berges gelassen werden, bis die gesetzliche Todtenschau von Seite der betreffenden Behörde vorgenommen sein würde.

Diese Geschichte erzählten uns unsere armen Freunde am nächsten Tage um die Mittagszeit mit von Schrecken und Anstrengung entstellten Zügen. Aber der eine, der oben geblieben war, war noch nicht unter ihnen, er wohnte nicht mit ihnen, sondern wie wir im Hotel Victoria. Ich ging zu ihm in sein Zimmer, es war ein guter alter Freund von mir, und fand ihn noch im Bett, in tiefem Schlafe. Seine Züge waren so schrecklich verzerrt, daß man aus diesem Anblicke die Geschichte seiner Qualen deutlich ersehen konnte. Furchtbar war dann noch das Erwachen. Wie er nach und nach zu sich kam und sich auf das Geschehene besann, da ergriff ihn ein namenloser Schmerz. Wir Alle fürchteten, es werde ihn eine heftige Krankheit befallen, aber seine starke Natur half ihm und uns glücklich über dieses Ungemach weg.

Nachmittags fuhren wir Alle wieder hinaus, um die Leiche in Empfang zu nehmen. Im letzten Hause des Oertchens Resina versammelten wir uns. Es fand sich auch der preußische Gesandte mit seinen Herren ein. Tiefe Betrübniß, ja noch immer ein verzweiflungsvolles Gefühl beherrschte die Versammlung. Man konnte von der Veranda dieses Hauses den Weg weit den Berg hinauf verfolgen. Hinter dem düsteren Gipfel stand schon lange eine unheildrohende, weiße Riesenwolke. Bald begann sich diese

dräuende Masse zu bewegen, braune und blauschwarze dichte
Wolkenmassen stürzten sich über den vordern Rand, rasch
den Berg einhüllend, Blitze schleudernd und die rasselnden
Donnerschläge folgten sich einer dem andern. Schwere
Tropfen fielen vor uns auf die heiße Straße, aber über
uns an den Hängen des Berges goß es in Strömen vom
Sturme gepeitscht. In diesem Aufruhre der Natur gewahrten dann unsere spähenden Blicke den Zug, der die
traurige Bürde langsam und beschwerlich abwärts führte.
So kam er denn bei uns an, während das Unwetter nun
auch hier in seiner ganzen Gewalt hauste. Die Züge ent-
stellt von Schrecken und Schmerz, vom Winde zerzaust,
durch und durch naß, so sahen sie ihn wieder, den schönen
lebensfrohen Gefährten, der Tags zuvor mit ihnen dasselbe
Sträßchen in munterem Geplauder aufwärts gezogen war.
Das Donnern und Blitzen war in diesem Augenblicke so
stark, daß wir unter dem Eindrucke eines so gewaltigen
Naturereignisses abwartend dastanden. Dicht beim Haupte
des Verunglückten stand ein Führer, der bei der ersten
Besteigung mit dem jungen Doktor oben gewesen war und
ihn sehr lieb gewonnen hatte, mit dem Ausdrucke des
tiefsten Schmerzes, die Züge des Verstorbenen fortwährend
betrachtend, während Thräne um Thräne über die braune
Wange rollte. Der Anblick dieses Mannes vermehrte noch
die allgemeine tiefe Ergriffenheit. Sobald das Wetter sich
einigermaßen verzogen hatte, nahm Herr von Diest die Bibel
zur Hand und las mit lauter kräftiger Stimme den neunzigsten
Psalm.

„Gleich wie ein Gras, das doch bald welk wird;
Das da frühe blühet und bald welk wird
Und des Abends abgehauen wird und verdorret."

Gestärkt durch die herzhaften Worte dieses großartigen Gebetes, das uns mit seinen Schlußworten auf das Werk unserer Hände hinweist, als auf die reiche Quelle des Segens und des inneren Friedens drückten wir uns Alle stumm und innig die Hände und geleiteten dann die Leiche nach Neapel.

Am folgenden Tage wurde Delius in Anwesenheit einer zahlreichen deutschen Gemeinde auf dem evangelischen Kirch=hofe beigesetzt, jeder warf ihm sein Häuschen Erde auf den Sarg und dann drang über dem sich schließenden Grabe ein deutsches Kirchenlied aus aller Versammelten Munde gen Himmel — fern im Süden.

Pompeji und der Golf von Neapel.

Die mächtige Rauchwolke, die in diesem Herbst aus
den Kratern des Vesuv aufsteigt, gibt dem dunkeln Lava-
berg etwas drohendes, und lenkt die Gedanken fortwährend ab von dem heiteren übermüthigen Getreibe der sorg-
losen Gegenwart und hinüber an die jenseitigen Abhänge
des Zerstörers zu den öden Straßen der aus der Asche
gegrabenen Stadt, in der vor Jahrtausenden ein anderes
Menschengeschlecht sich seines Daseins gefreut hat. Der
Gedanke dieses unfaßlichen Gegensatzes beschäftigte mich
von meiner Ankunft in Neapel an zu jeder Stunde mehr,
und sobald ich einige volle Züge aus dem Becher des Ge-
nusses dieser herrlichen Stadt gethan hatte, zog es mich
unwiderstehlich hinüber. Auch diese Fahrt ist so erheiternd,
so reich an freudigen Ueberraschungen; eilt man doch auf
der hohen Felsenküste dahin, das Meer unmittelbar zur
Seite, umgeben von einer fremdartigen üppigen Vegetation.
Hell und prachtvoll wie Königsstädte erglänzen die un-
bedeutenden Hafenorte in bunten Farben über den schwarzen
Schlackenrissen, mit Fischerbarken übersäet. Erst nahe dem
Ziele biegt man landeinwärts, es wird still und einsam
um uns her, wie in der Nähe eines Kirchhofes. Es ist

als ob das profane Treiben sich schon zurückzöge von dieser
feierlich ernsten Stätte. Vom Stationsgebäude führt durch
die Felder eine kurze Baumallee auf jenen geheimnißvollen
Damm zu, hinter dem eine große Stadt mit ihren Straßen,
Plätzen, Theatern, Palästen, Grabmälern ausgebreitet liegt,
nur schattenhaft belebt von den Geistern, die, durch die
stark erregte Einbildungskraft des Beschauers aus tausend
und tausendjährigem Schlummer erweckt, wieder herauf-
beschworen werden. Spricht ja alles, was sich bei dieser
Dante'schen Wanderung der Reihe nach den Blicken darbietet, von ihnen in der deutlichsten Sprache. Das Pflaster,
die Thüren, die Höfe und Treppen, die Säulen, Nischen,
Gewölbe und Becken, alles wird in der fast widersinnigen
Stille ringsum so beredt, daß es ist, als begänne wieder
um uns her, sich mehrend und steigernd, das Rauschen
des Daseins.

Den Tag über begegnete ich, der ich einen Permeß
hatte, allein zu gehen, doch noch hie und da einer Gruppe
von Beschauern mit ihrem Führer, dessen Stimme in
dieser Grabesruhe überlaut tönte. Gegen Abend ward es
ganz still und leer. Nur von Zeit zu Zeit sah ich in der
Ferne einen Wächter quer über die Straße gehen, wie um
drei Uhr Nachts in unseren von Schlummer umfangenen
Städten noch ein Einzelner seiner Behausung zuschleicht.
Dicht vor der Gräberstraße sind hochgelegene Höfe, von
denen aus man das Meer sieht. Dort sank die Sonne
zwischen glühenden Streifen nieder, drüben stand der
Vesuv, in langen Falten sein tiefpurpurnes Gewand gegen
den Golf ausbreitend, gen Osten in schaurige Nacht gehüllt, über dem Haupte die entsetzliche Waffe schwingend,
mit der er hier alles vernichtet hatte, und die fein-

gemeißelten Grabsteine leuchteten im Schimmer der Abend=
gluthen wie Blüthen des ewigen Lebens. Ist nicht das
Beste, das Wesentliche, was jenes uralte Menschengeschlecht
gehabt hat, doch erhalten, aus der Asche aufgestiegen, um
den Geist später Nachkommen mannigfach zu befruchten!
Darin liegt gewiß der größte Reiz des Besuches von
Pompeji, daß wir hier, wo alles sich vereint, um uns in
höchstdenkbarer Weise dem Gewohnten, Unsrigen, Gegen=
wärtigen zu entrücken, wo jede Eintheilung, jede Gliede=
rung von vollkommen verschwundenen Gesichtspunkten und
Anforderungen zeugt, doch wieder so angeheimelt werden;
ja, daß vielleicht jeder, der diese verlassenen Stätten
durchzieht, sich beim Anblick derselben mancher Räume
erinnert, in welchen er bei guten Freunden trauliche
Stunden verlebt hat, und noch zu verbringen hofft. So
schlingt sich der Faden alles Guten und Gediegenen, was
Menschengeist erschafft, fort und fort durch das Gewebe
der Zeiten, den ganzen Stoff zu seinem Theil reicher und
interessanter machend, und das gibt immer neuen Muth
zu erdenken und zu schaffen.

Es dämmerte schon, als ich zum letztenmal die Stadt
von einem Ende bis zum andern durchzog, die Seele nach
so langer Einsamkeit fast traurig umflort, als wäre ich
ein Schatten in der Unterwelt. Nur das laute Dröhnen
meines Schrittes erinnerte mich daran, daß mir ein lobens=
werther Wiener Schuster ein paar starke Sohlen unter die
schreitbaren Füße gelegt hatte. Unterdessen waren die
Wächter ausgezogen, um zu sehen, ob ich noch am Leben,
oder vielleicht ob ich auf Diebswegen sei. Im Geleite
dieser kräftigen, schönen Männer mit Schwertern an der
Seite, schritt ich wieder durch das Thor, das uns in

zwanzig Sekunden um zweitausend Jahre weiterbringt.
Bald erscholl denn auch der Pfiff, der am meisten das be=
deutet, was uns vom Antiken trennt.

Ich fuhr nur bis Torre dell' Annunziata, weil mich
auf der raschen Eisenbahnfahrt des Morgens ein unwider=
stehliches Gelüste angewandelt hatte, an jenen Felsenküsten
mit Muße zu weilen. So lange ich mich nun jetzt wieder
in Italien herumtreibe, immer doch sind die heimathlichen
Vorstellungen noch nicht überwunden. So schritt ich denn
vom Stationsgebäude bei Mondschein unbekümmert berg=
auf bis in die lange Hauptstraße des Ortes, um hier
„das Wirthshaus“ aufzusuchen. Mächtige Gebäude, ja
Paläste, gab es genug, aber ich ging und ging bis zum
letzten Hause, nichts war zu sehen, was einem Wirths=
haus glich. Ich war von der Mitte des Ortes gegen
Neapel zu gegangen, kehrte also zurück, um die andere
Hälfte zu recognosciren. Ich fragte aber nun den Schenk=
wirth in einem Kaffeehause, wo eine gute Locanda sei.
Dieser wies mich an das entgegengesetzte Ende des Ortes,
dort seien drei, vier neben einander. Ich schritt also die
unermeßlich lange Straße gen Castellamare bis zum letzten
Haus, suchte, fragte — keine Spur von einem Wirths=
haus. Ich bat einen wohlgekleideten Herrn um Auskunft.
Dieser dachte eine Zeitlang nach, und wies mich an eine
stattliche Madame in einem andern Kaffeehause. Die Frau
sah mich höchst bedenklich an, rief einen kleinen Jungen,
und wies ihn an, mich zu führen. Wir stiegen eine steile
enge Treppe hinauf und pochten an eine Thüre. Eine alte
Frau machte auf und gab mir den Bescheid: ein Bett könne
ich haben, aber kein Zimmer für mich. Entmuthigt kehrte
ich zu meiner Beschützerin zurück, und klagte ihr meine

Noth. Diese besann sich lang und gab dem Jungen eine
andere Adresse an. Nach langem Wege kam ich denn end=
lich dazu, in einem Hinterhaus ein Zimmer zu bekommen,
zu dem zu gelangen ich die Küche und Wohnstube und
drei Schlafstuben durchschreiten mußte. Nun denke man,
daß ich mich in einer Stadt von mindestens dreifacher
Größe wie etwa Murnau, Tölz, Dachau, mit langen
Reihen von Palästen und einem Seehafen, befand, und
erinnere sich, wie viele stattliche Wirthshäuser außer der
Post in solchen Orten sich befinden. Wehe dem Reisenden,
der in Italien, und selbst am Golf von Neapel, auch nur
einen Schritt abweicht von der großen Reisestraße, auf
welcher der Strom der Fremden sich bewegt. Er ist sofort
vollständig rathlos und verlassen. Die Sitte des Ein=
kehrens und Uebernachtens auf Ausflügen ist hier fremd.
Mein Wirth machte wieder ein höchst besorgtes Gesicht,
als ich ihm meinen Hunger klagte. Er selbst konnte mir
nichts geben, er hatte nur Betten, auch konnte ich nicht
in Person dahin gehen, wo etwas zu finden war, er wollte
aber schicken. Nach einer Viertelstunde erschien ein kleiner
drolliger Knabe mit dicken Hängebacken, einer spitzen ge=
bogenen Nase, stechenden gekniffenen Augen, aufgeworfener
Oberlippe und einem Bauche, wie der eines alten Mannes,
mit grauer Leinenschürze drapirt, eine schmierige phrygische
Mütze hinten auf dem Schädel. Dieser packte aus einem
Korb eine Flasche Wein, eine Schüssel mit weißen Bohnen
in Oel, einen großen kalten, in Oel schwimmenden, ge=
backenen Fisch, ein Weißbrod und eine alte dünne Zinn=
gabel. Der Wirth zog ein Klappmesser hervor und legte
es mir hin. Vom Waschtisch wurden der Spiegel und
der Napf entfernt, um dort die Speisen aufzustellen, und

nun würgte ich sie hinunter, weil mich der Hunger zwang.
Der Wirth leistete mir während dieser Operation Gesell=
schaft und gab sich alle erdenkliche Mühe, mir seinen Dia=
lekt verständlich zu machen, es gelang aber nicht. Als ich
ihm sagte — denn mich verstand er seinerseits vollkommen
— daß im ganzen übrigen Italien die Menschen auch das
rein Italienische wenigstens leidlich sprechen könnten, meinte
er, sie seien hier zu Lande ignoranti und könnten nicht
anders als maccaronicamente sprechen. Und diese Stadt
baut seit zehn Jahren an einem Werke, das an Groß=
artigkeit dem Damme zwischen dem Lido und Chioggia,
welchen Napoleon erbaut hat, nicht nachsteht — einen
mächtigen Molo von siebenhundert Schritt Länge ins Meer
hinaus, aus riesigen Felsblöcken aufgeführt!

Zunächst dem Wasser läuft ein breiter mit Quadern
gepflasterter Hafengang längs einer hohen acht Fuß dicken
Mauer. Und an dieser Mauer gegen die Brandung zieht
sich ein gigantischer schräger Bau von mindestens fünfund=
zwanzig Fuß Breite, der aus Hunderten einzelner, mäch=
tiger Würfel besteht, zu denen die Felsblöcke mittelst
kleiner Steine und Mörtel zusammengearbeitet sind. Auf
dieser Mauer weilte ich noch Stunden lang in der lauen
Mondnacht. Gelagert auf einer Klippe am äußersten Ende,
blickte ich zurück auf die prachtvoll aufgebaute Stadt, hin=
über auf die zart umschleierten Abhänge des Monte
St. Angelo, zu dessen Füßen Castellamare's Lichter schim=
merten, und hinaus ins Meer, wo hier und dort Fischer
mit ihren Fackeln auf das Wasser tupften. Um Mitter=
nacht schlich ich bei schnarchenden Viehhändlern und Hau=
sirern vorüber in meine Kammer.

Am Morgen schälte ich mich so früh wie irgend möglich

aus all diesen widerwärtigen Umgebungen heraus und
trat an das frische Meer. Von Torre dell' Annunziata
bis Torre del Greco folgte ich der Küste. So viel Verlangen mir auch der Blick aus dem Eisenbahnwagen erweckt hatte, doch hatte ich mir diesen Gang nicht so lohnend vorgestellt, wie ich ihn nun zu meiner Freude fand.
Zunächst reizte mich eine sehr große Aehnlichkeit mit der
Küste von Catania, die ich hier nicht gesucht hatte. Imposante Felsmassen, kohlschwarze Schlackenrippen erstrecken
sich in das Meer, kleine Buchten bildend, und hohe alte
Aloëstanden, sowie indische Feigen, wachsen aus dem Gestein hervor. Hie und da ragt ein altes Castell unmittelbar über den Wassern in die Luft, kleine Aquäducte, zum
Theil zertrümmert, ziehen sich von einer Erhöhung zur
andern (auf letztere muß ich noch zurückkommen), die weißen
Fischerhäuser mit flacher Kuppel, Außentreppe und Wein-
laube sind hineingestreut, umgeben von uralten, dickstäm-
migen Cactusstanden von der gleichen Höhe des Hauses.
Aloëhecken führen zu ihnen hin. Knorrige, vom Seewind
im Wuchs gestörte Feigenbäume, gruppirt mit Oelbäumen,
stehen zerstreut zwischen den üppig bestellten Gemüse-
ländereien, einzeln und in Gruppen von dreien oder vieren
ragen Pinien darüber auf, ihre Dächer ausbreitend. Ein
reinliches Fischervolk mit freundlichen Mienen, Alte, Frauen,
Kinder, braune gesunde Mädchen mit Spulen beleben den
Raum. Sie lachten mir zu, antworteten mir freundlich,
aber fast ganz unverständlich, brachten mir Stühle, wo ich
zeichnen wollte, zeigten höchste Dankbarkeit, wenn ich den
Kindern Soldi schenkte, und waren dabei durch die Bank
hübsch und malerisch anzuschauen, prächtige Staffagen in
der seltsamen, eminent südländischen und wahrhaft bezau-

bernden Scenerie. Der Küstensand, ein Gemisch von Asche
und Schlackenstaub von dunkelgrauer Farbe, ist nur für
den Augenblick hart geschlagen da wo die Welle ihn fortwährend beleckt, sonst überall so weich, daß man tief ein-
sinkt und schwer vorwärts kommt. Ich ging deßhalb immer
unmittelbar am Saum der Welle hin, wo mich nicht der
schroffe Fels zwang, mir höher oben einen Verbindungs-
pfad zu suchen. Eben bei solchen Veranlassungen gerieth
ich zu all jenen eben erwähnten Anblicken. Ganz besonders eigenthümlich ist noch dieser Campagna Felice, daß
für die Bewässerung ein unerhörter Aufwand gemacht wird.
Ueberall sieht man große Cisternen mit mächtigen Substructionen aus den Felsen hervorragen, und wenn ein
Landmann Felder hat, die höher liegen, als sein Haus,
dann ragt neben dem Haus ein Thurm empor, der oft
dreimal so viel Mauerwerk enthält, als das ganze Haus.
Im hohlen Raum dieses Thurmes läuft ein System von
Gefäßen an Ketten, genau wie bei Baggermaschinen. Oben
auf dem Thurm ist ein Zahnrad, in dem die Ketten laufen.
An dieses schließt sich ein flachliegendes zweites Zahnrad,
in das an der anderen Seite wieder ein großes drittes
eingreift. Dieses läuft in einem zweiten Rundbau an
einer dicken, stehenden Walze, an der unten Hebel angebracht sind, um Zugthiere einzuspannen oder auch Men-
schenhände anzulegen. Von diesem complicirten Bau, der
oft noch obendrein Unterbauten mit Ställen und Geräth-
schaftsräumen hat, geht nun auf Bogen, manchmal sieben,
acht, aber auch zwanzig und mehr Fuß hoch, eine Wasser-
leitung zu jenen oberen Feldern. Das alles ist die Zu-
that einer kleinen Fischerhütte!

Bei meiner Wanderung bemerkte ich bald, daß dieses

freie Bolk sich den Eisenbahndamm als Berkehrsweg zu-
geeignet hat, und sparte mir von da an manchen Umweg,
indem ich deßgleichen that. Uebrigens ist dieß für jene
Menschen förmlich ein kleiner Ersatz für einen ganz un-
denkbaren Berlust, den sie erlitten haben. In den kleinen
etwas landeinwärts reichenden Buchtungen haben sie ihre
Häuser gebaut, ihre schönen üppigen Gärten angelegt und
gepflegt, vor sich den offenen Strand und das geliebte
Meer, ihr Element und die Quelle ihres Wohlergehens,
ohne die Schrecken der Nordsee, und jetzt trennt sie der
hohe einförmige Eisenbahndamm vom Strande, ihnen alle
Aussicht entziehend, sie einklemmend zwischen sich und die
hinteren Felsen. Auch können sie nicht mehr direkt vom
Wasser an das Haus, sondern müssen bis zum nächsten
Durchgangsthor gehen und wieder zurück. Wer sich das
recht vorstellt, der wird die ganze Grausamkeit erkennen,
die hier einem glücklichen Volksstamme widerfahren ist,
weil die Ingenieure diesen Weg als den besten fanden.

An einsamer Stelle nahm ich ein Seebad, im Anfang
des November, so warm, wie es kaum im Kieler Hafen
im Hochsommer wird. Dann hatte ich das schöne Schauspiel eines großen Fischzuges. Sechzig bis achtzig Fischer
zogen mit ihren Schulterriemen an den beiden Enden des
Netzes, dessen Korke man in großer Elipse in das Meer
hinausreichen sah, und immer, wenn sie an jedem der
beiden Enden an den Ort gekommen waren, wo zwei
Männer das Tau aufrollten, eilten sie in raschem Laufe
dem Meere wieder zu, sich neu einzuhaken. Daher ewige
Hin- und Wiederbewegung bei dem gewaltigen Lärmen
des Anfeuerns, Zurufens, Befehlens. Es war ein ganz
großartiger Anblick und ein höchst malerischer. Denn hier

war jede Altersstufe vertreten: hagere Greise mit weißen
Locken, mächtige Männer, schlanke Jünglinge und feine
Knaben standen neben einander. Und die Arme und Beine
waren ganz entblößt, oft auch die Brust und der ganze
Oberkörper. Ein tiefer goldiger Ton war allen an ihren
herrlich ausgebildeten Gliedern gemein, die Grundfarbe
auf dem schwarzgrauen Sande zu einer außerordentlichen
Nüancirung aller zarten Stofffarben. Dieß zeigte sich
etwas später in noch überraschenderer Wirkung an einer
andern Gruppe. Der Fischzug war ein überaus er-
giebiger. Die Männer standen, saßen, knieten, lagen nun
in Reihen dahin, das feine dunkle Netzwerk in Festons
durch ihre Hände ziehend, um die Alici herauszunehmen
— ein Fischchen wie Anchovis, das auch so bereitet und
gegessen wird. Wie hunderttausend Silberflocken erglänzten
sie auf dem braunen Netzwerk. Wenn hie und da ein
größerer Fisch sich gefangen hatte, nahm ihn derjenige,
dem er in die Hände fiel, aus den Maschen, und steckte
ihn lebendig in seine Mütze, daß man ihn auf dem Kopfe
zappeln sah. Dieß verräth keine zu reizbaren Nerven.
Eine halbe Stunde weiter gen Torre del Greco zu sah
ich dann das schönste Bild, welches sich mir dießmal am
Golfe dargeboten hat. Eine andere gleichgroße Schaar
von Fischern ruhte von der schon abgethanen gleichen
Arbeit aus. Dort, wo sie lagerten, ging ein stark ge-
bauter Bootsteg über den breiten Strand bis ins Meer
hinaus. Auf diesem Steg hatten Mädchen ihre Körbe mit
Früchten abgestellt, mit denen sich die Fischer erquickten.
Manche Gruppen standen, andere saßen oben auf dem
Steg, wieder andere lagen an den Rumpf dunkler Barken
gelehnt, die meisten aber lagen in Sternen, die Köpfe

nach innen, auf dem Bauch im heißen Sande, lustig plau=
dernd. Die Sonne schien scharf auf alle diese Menschen,
während der dunkle Sand fast alles Licht verschluckte. Das
Gold der Gliedmaßen blendete förmlich und stand wunder=
schön zusammen mit den Farben der Hemden, die ich mir
nicht so schön und mannigfach gedacht hatte. Pfirsich=
blüthen, Apfelgrün, Lila, Chamois, zartes Vergißmein=
nichtblau, dann wieder kräftiger Purpur, Tizian'sches
Blaugrün, Schneeweiß — es war ein ganz überwältigen=
der Farbenzauber. Und eine Schönheit der Glieder, über
jede Beschreibung erhaben! Nie hätte ich mir vorgestellt,
daß aus dem einfachen alltäglichen Treiben niederen Volkes
ein so imposantes, glänzendes Bild hervorgehen könnte.

In Torre del Greco, einem Orte, der ebenso prächtig
erscheint, wie Torre dell' Annunziata, hatte ich genau die=
selben Schwierigkeiten, überhaupt zum Essen zu kommen
und das Dargebotene zu mir zu nehmen, wie Tags zuvor,
so daß ich doch sehr froh war, als ich auf der Eisenbahn
wieder in Orte gelangte, wo man gewohnt ist, den Frem=
den zu sehen.

Wir sehen deßhalb auch die Schönheit Italiens immer
in ähnlicher Weise aufgefaßt und dargestellt, weil es kaum
möglich ist, außerhalb der einen so viel ausgebeuteten Linie
längere bequeme Aufenthalte zu machen, um eingehend zu
beobachten, vollständig zu sammeln. Landschaftsmaler und
Genremaler würden auf ganz neue Spuren kommen, wenn
sie den Muth hätten, diese großen Schwierigkeiten zu
überwinden. Mir hat das flüchtige Dahinziehen in den
verschiedenen abgelegenen Gebieten dießmal eine ganze
Reihe unerwarteter Genüsse bereitet.

St. Biagio und Cardilo.

Die Wechselwirkung des Besuches von Pompeji und
der Besichtigung der Fresken und Mosaiken aus jener
Stadt im Nationalmuseum ist höchst anregend. Bei dieser
Veranlassung werde ich für einen Augenblick meinem Vor-
satz untreu, ein Urtheil über Kunstgegenstände abzugeben,
weil es mir scheint, als ob bei der Betrachtung jener
Fresken zu ausschließlich das culturhistorische und archäo-
logische Interesse berücksichtigt wird. Bei allem, was ich
mich erinnere, über diesen Schatz gelesen und gehört zu
haben, außer bei der Abhandlung von Burkhard, wird
der künstlerische, besonders coloristische Werth der Bilder
selbst gering geschätzt, während man sich mehr damit abgibt, in ihnen die Spuren wichtigerer Werke aufzufinden.
Es sind dieß sehr problematische wissenschaftliche Uebungen,
die doch vielleicht von einem verkehrten Gesichtspunkt ausgehen. Ich habe schon mit Gelehrten gesprochen, die mit
förmlicher ästhetischer Orthodoxie sich dagegen sträuben,
daß die Griechen wirklich gute Bilder gemalt haben sollen.
Es genirt sie, daß in dem viel durchforschten Alterthum
etwas geblüht haben soll, an das sie mit ihrem kritischen

Geiste nicht mehr herantreten können. Es ist eben nichts
mehr erhalten. Wenn man sich nun erinnert, in welcher
Verfassung sich die Bilder des Cinquecento befanden, als
man bei dem wiedererwachten Interesse für dieses große
Jahrhundert Hand anlegte, sie zu retten und würdig auf-
zubewahren, und wenn man dazu bedenkt, daß es sich bei
jenen Bildern der antiken Welt um Jahrtausende ohne
Museen und voll Barbaren handelt, dann kann man sich
leicht vorstellen, daß jede Spur so vergänglicher Dinge
früh verschwunden ist. Nun hat uns die Asche den Dienst
gethan, eine große Sammlung bis auf unsere Zeit zu
bringen, aus der wir die volle Freiheit haben, unsere
Schlüsse zu ziehen, und da möchte ich beinahe glauben,
daß ein Collegium tüchtiger Maler berufener wäre, als
eines von Gelehrten. Zunächst sind diese Werke in Bezug
auf ihren eigenen Kunstwerth ganz außerordentlich verschieden von einander, und gerade die hervorragendsten,
in kunstgeschichtlicher Hinsicht wichtigsten und meist besprochenen Tafeln sind nur selten von großer Meisterhand.
Manchen andern dagegen, oft kleinen, oft sehr zerstörten
Bildern ist diese im höchsten Maß aufgeprägt. Ich habe
mir oft bei einer einzelnen Figur gedacht, ob nicht jeder
Kenner, wenn er jetzt mit mir davor stände, zustimmen
würde, daß von der Genialität der Auffassung, der Tiefe
und Schönheit des Colorits, der Feinheit der Gegensätze
bis zum Rafael und Tizian nur ein sehr kleiner Schritt
wäre. Warum soll man nicht diesen Schritt aus der
kleinen Stadt in Neugriechenland auch hinüber in das alte
classische hochüberragende Griechenland statuiren? Mich
hat diese Pompejanische Sammlung tief überzeugt, daß in
Griechenland eine große Malerschule geblüht haben muß.

Ich bitte aber schon jetzt alle großen Kenner um Ver-
zeihung, daß ich es gewagt habe, meine Seifenblasen in
ihren Garten zu treiben. Sie platzen rasch wieder, und
ich kehre in ein Gebiet zurück, das sich allerdings jetzt
möglichst weit von allen höheren Culturfragen entfernt, um
die Leser mitten unter die Wölfe und Räuber zu versetzen.
Vorher möchte ich nur noch einem Gefühl des Aergers
Luft machen, ehe ich von dem schönen Neapel scheide. Die
ganze Stadt ist zum Erschrecken voll von Lotteriebanken,
und in jedem solchen Local sieht man die Menschen zu
allen Stunden Kopf an Kopf vor den Comptoir=Gittern
stehen. Dieses liederliche Volk kann sich nicht von der
Providenza losmachen. Indem wir es dieser allwaltenden
Macht zur Besserung und Bekehrung übergeben, wollen wir
es für dießmal mitsammt seinem herrlichen Golf verlassen.

Ohne Umschweif begeben wir uns nach St. Germano
zurück. Dort übernachtete ich in dem sehr schönen Wirthshause Villa del Rapido (letzteres ist der Name des Berg-
stroms, der die Stadt bespült). Am Morgen fuhr ich
früh auf guter Straße auf die früher erwähnten Hochgebirge zu bis nach St. Elia, einer kleinen Stadt, die
am Ende der mit Pinien übersäeten Thalbucht am Fuße
des Gebirges liegt. Dort war Markt, am Sonntag nach
der Kirche. Der Anblick eines Reisenden zu Wagen war
etwas so unerhörtes, daß ich sofort von einer großen
Volksmenge umdrängt war. Da stand um mich her eine
unerschöpfliche Auswahl der ungefälschten Pariser und
Münchener Modelle! Hundert Bassinis würden nicht zu-
reichen, um das alles zu veranschaulichen, was sich den
Blicken darbot. Jeder Zoll verkäuflich! In meiner Con-
fusion sang ich innerlich: Hätt' ich tausend Händ' und

Augen! Statt dessen hatte ich tausend Sorgen und Nöthe,
aus denen mich dieses findige Volk befreit hat. Ich hatte
die Namen der Leute, die ich besuchen wollte, vergessen
und auch die Orte, wo sie wohnten. Auf der Karte fand
ich Valle=Rotonda, und mir war, als hätte ich diesen
Namen in München gehört. Mit diesem schwachen An-
haltspunkte war ich bis St. Elia vorgedrungen. Jetzt
ließ ich mir Leute aus Valle=Rotonda bringen. Ein junger
Mann übernahm die Wortführung. Ich fragte, ob er
von einem gewissen Alessandro wisse, der in München gewesen sei. Gleich antwortete er mir mit der größten Be-
stimmtheit: ich müsse die Ortsnamen verwechseln, in seinem
Ort existire kein solcher. Nun bat ich ihn, mir Orte zu
nennen, deren Bewohner diesen Markt besuchten und fünf
Stunden aus dem Gebirge herabstiegen. Das müsse St.
Biagio sein, meinte jener. Richtig! St. Biagio, dieß war
mein Name. Gleich sprang einer herzu und forderte mich
auf, mit ihm zu einem Manne zu kommen, der alle Leute
aus St. Biagio kenne. Dieser nannte mir nach meiner
ersten Frage gleich den richtigen Zunamen, und während
ich mich noch mit ihm über die Art, nach St. Biagio zu
gelangen, unterhielt, brachte schon die höchst aufgeregte
Menge einen jungen Mann geschleppt, der mein Führer
und Träger meiner Effecten sein müsse. Der kenne Weg
und Steg und komme oft dort hinauf. Nun zog ich mit
meinem Führer ab, quer durch den Ort. Auf diesem
Wege sah ich wenigstens zwölf, ja wohl zwanzig blutjunge
Mädchen im Sonntagskleid von so überaus großer Schönheit, daß ich meinen Augen nicht traute. Vollendeter
Wuchs, hoher Adel der Züge, strahlende Frische, zarte
Durchsichtigkeit der Complexion, kleine wohlgeformte Hände

und Füße — alles war vereint, und dazu waren sie von ausgelassener Fröhlichkeit. Wir aßen im Vorbedacht eines langen beschwerlichen Marsches in einer kleinen Trattoria vortreffliches, stark gepfeffertes Hirtenfleisch, vollkommen dem ungarischen gleich, tranken eine Flasche rothen Wein und traten unsere Wanderung an. Hier bemerke ich vor= aus: daß alles, was ich in der Folge erlebte, sich dem Leser am leichtesten vergegenwärtigt, wenn er sich der Er= steigung einer sehr bevölkerten Hochalm erinnert. Zuerst verfolgten wir auf einem Sträßchen den jungen rauschen= den Bergstrom, dessen Wasser noch einige Werke trieb, dann wurde das Sträßchen schmaler und ging rasch berg= auf. Endlich hörte es ganz auf und ward ein steiniger Fußsteig. Wir stiegen lange Zeit so fort durch Oel= waldungen. Nach etwa anderthalb Stunden, als uns die Schauer der höchsten Einsamkeit in unsern Schluchten an= wandelten, hob mein Führer folgendermaßen an: „Lieber Herr, bis vor vier Jahren ist dieß eine so furchtbare Räubergegend gewesen, daß es einen mit Grausen erfüllt, wenn man daran zurückdenkt. Kein Mensch konnte mehr seine Wohnung verlassen, ohne die Gefahr, beraubt, fort= geschleppt und meistens auch getödtet zu werden.“ Plötz= lich wurden alle Olivenstämme um mich her noch einmal so schwarz. Ich blieb stehen und fragte sehr eindringlich: „Ist es denn jetzt vorbei? Vier Jahre ist eine kurze Zeit, mein Freund.“ „Es ist vollständig vorbei,“ antwortete er, „die Regierung hat ganze Regimenter hineingeschickt und die Räuberei ausgerottet. Man hört nie mehr etwas, jeder geht sicher seiner Wege.“ Ich erklärte ihm noch, daß ich dort oben durchaus nichts zu thun hätte, und lieber zurückkehrte, wenn noch irgend etwas zu befürchten

wäre. „Absolut gar nichts," antwortete er mit Bestimmt=
heit. Nun, die Autorität war keine große, aber ich schritt
fürbaß. Eine Stunde später wurde der Steig so ähnlich
einem Gemssteig, daß ich mir nicht mehr vorstellen konnte,
daß dieß der Marktweg für eine große Bevölkerung sein
sollte. Nun wurde ich wieder irre, ich besann mich,
daß dort unten Hunderte von Männern mich gesehen, von
meiner Absicht gehört hatten, und dachte mir, wenn dieser
Mann dich nun auf dem directen Weg in die Hände der
Räuber ablieferte! Hier habe ich erfahren, was ein paar
Augen bedeuten können. Ich blieb wieder stehen, sah
meinen Führer fest an und fragte ihn: „Sind wir denn
hier auf dem rechten Wege nach St. Biagio? Da begeg=
nete ich einem so ruhigen, unschuldsvollen, treuen Blick,
daß mir jeder Zweifel schwand. Auch zuckte ein mitleidiges
Lächeln um den Mund des Jünglings, und er sprach: „Ich
habe mir gleich gedacht, daß dieser Steig für einen Herrn
wie Sie viel zu schlecht ist." Er erzählte mir, daß er
ihn sehr oft des Nachts gemacht habe als Knabe von 15
bis 16 Jahren, um recommandirte Briefe nach St. Biagio
zu bringen, die am Tage geraubt worden wären. Ich
beschrieb ihm nun meinerseits unsere Alpensteige, an die
ich gewöhnt sei, und so gingen wir denn, gegenseitig er=
baut, rüstig weiter. An der nächsten Felsecke holten wir
zwei Frauen ein, die den weiteren Weg mit uns gingen,
allen Scrupeln ein Ende machend. Endlich erreichten wir
einen Sattel, auf dessen Höhe das unausgesetzte Steigen
ein Ende hatte. Eine große Aussicht bot sich dar. Ueber
die langen Schluchten hinaus, durch die wir heraufgestiegen
waren, sah man das Thal des Garigliano, die Höhenzüge
bis ans Meer und den Golf von Gaëta in blendendem

Sonnenglanze. Kaum waren wir hundert Schritte vom Strande dieses Sattels landeinwärts gegangen, so zeigte sich zum erstenmal St. Biagio. Das war ein trauriger Anblick! Form= und farblos lag die Linie der kleinen Häuser am Fuße rauher Felswände. Der Führer, welcher mich bei meiner Betrachtung beobachtet hatte, sagte: E brutto! non è vero? Ueber eine Stunde hatten wir nun noch Berg auf Berg ab zu klettern in einem rauhen schmuck=losen Hochgebirge, bevor wir den Ort wieder zu sehen bekamen. Jetzt aber präsentirte er sich doch etwas anders. Das Städtchen selbst lag auf einem abgesonderten Felsen=grat dicht vor uns. Dieser Fels hatte nach beiden Seiten jähe Abhänge, die in tiefe Schluchten hinabfielen. Die eine der Schluchten war mit Gärten und Feldern, Ge=hölzen und Gebüschen reich belebt, durch die andere stürzte ein rauschender Bergstrom. Nach vorn ragte der Fels kühn hinaus gegen die Thäler, welche sich, von Bergcou=lissen mannigfach durchschnitten, gegen Sora hin eröffneten. Die majestätischen Berge von Sora mit schneebedeckten Häuptern ragten am Horizont auf. An der äußersten Spitze des Felsens stand die Kirche am jähen Felsenhang. Der Ort selbst sah ärmlich und unbedeutend aus, aber die Lage erschien großartig und interessant. Der mächtige Berg, an dem das Nest aus der Ferne gesehen zu kleben schien und von dem es wirklich durch eine tiefe Kluft ge=trennt war, hatte auch beschneite Gipfel und an seinem Abhang sehr schöne Buchenwälder. Man sah weit draußen im Melfe=Thal Bergstädte erglänzen, Attino und Picinisco. So schritt ich denn auf gut Glück in den Ort hinein, wenigstens in Bezug auf seine Lage beruhigt. Schon in der nahen Umgebung hörte ich Hirtenknaben den Dudelsack

pfeifen. Ich hatte auch sonst auf dem oberen Bergrücken
oft an die schottischen Lochs gedacht, nur die entzückende
südländische Aussicht gen Sora widersprach diesen Empfin=
dungen, sonst ist der Charakter Hochschottlands gewiß
diesem Theile des Apennin ähnlich. Seit 25 Jahren hatte
kein fremder Herr in diesem Städtchen übernachtet. Da=
mals war es ein französischer Maler, den die wandernden
Modelle später in Paris oft wiedergesehen haben; der nun
todt ist. Die Aufregung im Orte war eine außerordent=
liche, die Menschen liefen gleich zusammen und umgaben
mich. Das erste, was mir in die Augen fiel, waren die
Kleider meines jüngsten Sohnes am Leib eines braunen
Knaben, den ich somit als das Söhnchen Alessandro's er=
kennen konnte. Auch sah ich gleich in der Männergruppe
mehrere Malerröcke mit eingetrockneter Oelfarbe an Brust
und Aermeln. Lieber Leser, du glaubst doch nicht, daß
diese Röcke gestohlen waren? Nein, das waren theure An=
denken hochherziger Kunstjünger, die sich beim Abschied von
den Söhnen der ersehnten Italia den Rock vom Leibe ge=
zogen hatten, um die Macht ihrer Gefühle durch ein Opfer
auszudrücken. Es dauerte lange, bevor Alessandro aufge=
trieben wurde, er kam laut rufend die schmale Gasse her=
unter, fiel mir um den Hals und küßte mich dreimal, die
Augen mit Thränen gefüllt. Er brachte mich nun gleich
zu Maria Felice. Hier war die Freude nicht minder groß,
wenn sie auch den Verhältnissen nach nicht dieselbe Form
annehmen konnte. Maria Felice hat in München viele
treue Freunde zurückgelassen, und man hat sie mit einer
gewissen sorgfältigen Achtung behandelt, auch in die Fa=
milien eingeführt, weil man durch Alessandro vernommen
hatte, daß sie von einer distinguirten Familie sei. Dieß

fand ich denn alsbald bestätigt, und wenn dem nicht so
gewesen wäre, so hätte ich sofort wieder umkehren müssen.
Sie führte mich in das Haus ihrer Verwandten, das
mitten im Ort etwas über die übrigen Häuser emporragt.
Die guten Leute nennen es einen palazzo. Ich wurde
zunächst mit den freudig erstaunten Insassen bekannt ge=
macht. Zwei Schwestern, Maria und Teodora, waren
zuerst in dem Raume. Teodora, Typus einer schönen
Räuberbraut, von tiefer Hautfarbe, mit glühenden Augen,
zwanzig Jahre alt und noch unverheirathet, jagte zuvör=
derst eine dicke schwarze Sau hinaus, um dem Acte der
Begrüßung etwas mehr Feierlichkeit zu geben. Der Raum,
wo dieses nützliche Familienglied gewöhnlich speist, ist in
diesem Augenblick der Maria Felice eingeräumt, um darin
Steine für ein neues Haus behauen zu lassen. So lange
speist die Sau mit der Herrschaft. Teodora und Maria
Felice tragen das Ciociaren=Gewand; Maria dagegen ist
städtisch gekleidet, eine dreißigjährige Jungfrau mit groß=
artigen verklärten Zügen und dem Ausdruck geistiger Bil=
dung. Sie ist acht Jahre hindurch in einem Kloster er=
zogen worden, hat ihre Zeugnisse als Lehrerin und fungirt
auch jetzt als solche in St. Biagio.

Kaum hatten wir uns begrüßt und die ersten Worte
gewechselt, so trat die Tante ein, auch in städtischem Ge=
wand, eine wunderschöne, stattliche Matrone, von vor=
nehmer Haltung, eher das Bild einer Königin als einer
bescheidenen Gebirgsbewohnerin. Sie begrüßte mich sehr
freundlich und würdevoll. Jetzt stürzte ihr Bruder, der
Hausherr, zweiter Pfarrer, zeitweiliger Sindaco, Oheim
der drei Schwestern, herein. Im Augenblick, wo er über
die Schwelle trat, bedeckte er mit seinem, vor etwa dreißig

Jahren schwarz gewesenen, jetzt · bisterfarbenen geistlichen Gewande die offene Brust, die dicke gelbe Wollenjacke und die Mutande, um doch etwas in Toilette vor mir zu erscheinen, und nun löste er in sichtlicher Verlegenheit die schwere Aufgabe, doch die eine Hand wieder frei zu bekommen, um sie mir zum Willkomm zu reichen. Es hieß nun zunächst: Si accomodì, Don Carlo! und bald saßen wir alle um das Kaminfeuer. Diese Gruppe von sechs Personen nahm den halben Raum ein, indem wir nun zusammen hausen sollten, der Küchentisch, Spültrog und Küchenschrank füllten fast den übrigen. Der Boden war Tenne, die Thüre führte direct auf die Straße, unser Kamin war zugleich der Kochherd, der Raum war niedrig, gewölbt, an der Decke mit Zwiebelfestons behangen, hatte zwei alterthümliche Fensterchen und war zugleich die Wohnung der Hühner. Sobald einer sich bewegte, huschten erschreckte Hühner zur Seite, und bei der Besorgung des Kessels, der Töpfchen, des Bratrostes, der Pfannen mußte immer einer der Gesellschaft Platz machen, um den Zugang frei zu lassen. Draußen aber auf dem fünftausend Fuß hohen Gebiete wehte scharfe Tramontana, und das Feuer war eine Lebensbedingung. Bald nach vier Uhr wurde es dunkel, und so saß ich denn fünf Stunden an demselben einzig möglichen Fleck unter meinen gastfreien Freunden. Der Raum hinter unseren Stühlen war gesteckt voll neugieriger Freunde, und ein Kauderwälsch wurde um mich her geschnattert, von dem ich keine Sylbe verstand. Nur wenn sich einer direct an mich wandte, konnte ich ihn mit Noth und Mühe verstehen. Auch der Herr Sindaco und Pfarrer kannte kein anderes Idiom als diesen häßlichen brutalen Dialekt des Königreichs Neapel. Maria Felice

und Alessandro mußten mir fast alles verdolmetschen, was
er zu mir sprechen wollte. Nachdem wir ein Stündchen bei=
sammen gewesen waren, ging ein junges Mädchen durch
den Raum, bei deren Anblick ich ganz erstaunt fragte:
„Wer ist denn das?" „Es ist unsere Dienstmagd," war
die Antwort. Dieß war wieder eine von den vollendeten,
räthselhaften Schönheiten, wie ich sie schon in St. Elia
gesehen hatte, und hier oben noch mehr finden sollte;
gewiß Geschöpfe einer reinen Race und Muster der ur=
sprünglichen ungefälschten Frauengestalt. Um neun Uhr
Abends wurde ich im obern Stock in ein Gemach geführt,
in welchem ein sehr gutes Bett stand. Dieß war wohl
der einzige Raum im ganzen Ort, in welchem ich allen=
falls übernachten konnte, und war — das Zimmer Maria's,
der Lehrerin, die unterdessen, Gott weiß wo, gehaust hat.

Morgens inspicirte ich den Ort. Das war bald ge=
schehen! Ein elenderes Nest mag es auf der Welt kaum
geben. Der Fels ist so schmal, daß neben einer fünf
Fuß breiten Straße nur noch zu jeder Seite ein Häuschen
Platz findet. Hinter den Häusern geht es gleich schroff
bergab. An diesen Abschlüssen führen drei bis vier Fuß
breite Gäßchen mit Stufen hinab in ein abscheuliches
Winkelwerk von Esels= und Schweineställchen. Die meisten
Bewohner haben in ihrer Steinhütte nur einen Wohn=
raum, zu dem man gleich von der Straße hineintritt. Eine
Holzbank am Kamin und ein oder zwei Betten, je nach
der Zahl der Bewohner, sind das ganze Mobiliar. Die
paar Sachen, die sie haben, liegen auf einer Kiste, die
noch anderes bergen mag. Sind erwachsene Mädchen und
Männer im Hause, so haben letztere ihre Schlafstätte in
wer weiß welchem Loche. Und das alles, Gassen und

Räume, verharrt in säculärem Grundschmutz und gränzen=
loser Vernachlässigung. Nur die Frauen sind an sich selbst
durchaus rein — ein wahres Wunder!

Der Himmel war wolkenlos, aber die Pfützen mit
Eisnadeln bedeckt, und ein scharfer Nordwind strich durch
das Hochland. Dennoch schlug ich meine Staffelei an
einem sonnigen Fleck vor dem Ort auf und malte eine
Studie. Die Mauer, hinter der ich mich niedergelassen
hatte, war vom Volke besetzt, wie eine Bankreihe im
Amphitheater. Nach einiger Zeit kam ein junges Mädchen
und fragte: „Ist es nicht zu kalt, mein Herr?" „O ja!"
antwortete ich, „ich friere sehr." Bald darauf kam sie
wieder mit einem Dreifuß voll glühender Holzkohlen, den
sie mir vor die Füße setzte. Alle Kälte war seitdem ver=
schwunden, und ich konnte malen, wie im Atelier. Nach
einer Stunde kam sie mit neuem Feuer. Ich habe diese
Wohlthäterin nie wieder gesehen und ihr meine Erkennt=
lichkeit nicht bezeugen können.

Die Hausordnung wurde mir zulieb so geändert, daß
wir, wenn der Tag zur Neige ging, unsere Hauptmahl=
zeit hielten. Diese war nun immer reichlich und vorzüglich.
Der Herr Oheim erlaubt sich keinen Luxus, nicht einmal
den der Reinlichkeit und irgend welchen standesgemäßen
Auftretens, noch weniger den irgend welcher Wohlthat für
einen Mitmenschen, er ist ein habgieriger Geizkragen, aber
seinem Magen fröhnt er, und seine würdige Schwester
versteht tausend Künste, um dieser Neigung gerecht zu
werden. Bei jeder Speise renommirte mein Wirth, als
wenn ganz Europa von so guten Bissen keine Ahnung
hätte. Ueberhaupt äußerte sich die Ignoranz dieser Leute
am meisten darin, daß sie von allen gewöhnlichen Dingen,

aus denen unser Leben besteht, zu mir belehrend sprachen,
als ob das alles nur in St. Biagio vorkäme.

Am zweiten Abend war ich bei dem Erzpriester, Ar=
ciprete, ersten Pfarrer, dem Bruder meines Wirthes.
Hatte letzterer schon ein rauhes wildes Gesicht und Wesen,
so war jener anzusehen wie ein grausamer Seeräuber.
Diese beiden Brüder sind Kinder des Orts. Es findet
sich kein fremder Priester, der sich entschließen will als
Pfarrer hieher zu gehen. Darauf hin haben diese beiden
Theologie studirt — es mag ein heiteres Studium ge=
wesen sein! — und die Stellen übernommen, die sie nun
schon seit langen Jahren inne haben. Ebenso hat ihr Neffe,
der Bruder meiner drei Freundinnen, das Secretariatsamt
beim Sindaco. Alles ist in der Hand dieser Familie.
Diese aber arbeitet ohne Menschenliebe und Gerechtigkeits=
gefühl nur auf eigenen Vortheil hin, und saugt das bischen
Eigenthum, das hier sein mag, so viel wie möglich auf.
Jeder, der ohne Nachkommen stirbt, hinterläßt ihnen seine
Sache. Dabei kaufen sie, wo eines zurückkommt, auf, und
vollenden den Ruin. Die zwei Brüder aber, der erste
und der zweite Pfarrer des Orts, sind Todfeinde, die sich
nie sehen und von Haß gegen einander gallig sind. Dieses
christliche Verhältniß hat dem Erzpriester ein Ohr ge=
kostet, an dessen Stelle man jetzt eine vernarbte Wunde
sieht. Eines schönen Tages haben ihn die Räuber er=
wischt, es war im Winter, haben ihm den Mund ver=
knebelt, Hände und Füße gebunden und ihn noch höher
ins Gebirge geschleppt. Dort haben sie ihn fünf Tage
wie einen Sack im Freien herumliegen lassen. Sein lieber
Bruder hat sich so lange besonnen, das Lösegeld herzugeben,
bis sie ihm ein Ohr hinabgeschickt haben, mit dem Bedeuten,

daß morgen der übrige Kopf nachfolgen werde, wo nicht ꝛc.
Das hat gezogen, und der einohrige Bär haust nun in
seiner Höhle weiter. Ich kam dazu, ihn trotz des Bruder=
hasses zu besuchen, weil zwei Ingenieure angekommen waren,
die im Auftrage der Regierung eine Straße traciren, die
hier durchgeführt werden soll. Man sieht hier wieder die
Hand der neuen Regierung, die von staunenswerther Um=
sicht und Energie ist. Es ist ein Riesenkampf zwischen
Gutem und Bösem hier, ein verzweifeltes Ringen, an
dem das übrige Europa viel mehr Antheil nehmen sollte.
Diese Straße, die aus dem Garigliano=Thal durch das
Melfe=Thal hier heraufgeführt wird, geht dann von St.
Biagio über Cardito durch die Pianura die Cinque Miglie
(denn hier ist das verrufene Wolfsrevier, dessen ich in
einem früheren Brief Erwähnung gethan habe), über Sel=
mone zur Hauptstadt der Abruzzen. Es sind von einem
Ende bis zum andern die größten technischen Schwierig=
keiten zu überwinden, unzählige Brücken und Viaducte
müssen sich folgen, und dabei wird es eine breite Re=
gierungsstraße. Auf diese Weise sollen diese gottverlassenen
Länder geöffnet und der Cultur zugänglich gemacht werden.
So fand ich denn, schon in demselben Augenblick, wo ich
diese merkwürdigen Urzustände kennen lernte, die Send=
boten künftiger besserer Zeiten auf dem Platz.

Das Parlour des Arciprete war noch viel unwirth=
licher und höhlenartiger als das seines feindlichen Bruders,
wo doch durch die Frauen eine Art anheimelnden Geistes
dem Raume aufgeprägt war. Eine antediluvianische Holz=
bank stand quer vor dem großen Kamin, mit einer so
hohen Rückenlehne, daß der directe Zuzug der Kälte von
einem abgehalten war, und sonst war nichts in dem kleinen

Gelaß als dunkles Rumpelwerk. Hier saß ich nun mit
den beiden Ingenieuren, Alessandro und dem Einohr, der
eine Stentorstimme hatte und mehr brüllte als sprach.
Diesen Abend bekam ich eine feierliche Serenata. Die
fünf vorzüglichsten Musikanten des Orts, junge Männer,
die zusammen schon ganz Europa durchzogen haben, versammelten sich in einem Nebenraum und spielten auf ihren
scharfen Holzflöten in Begleitung des Dudelsacks ungarische
Märsche und deutsche Walzer mit wahrer Meisterschaft.
Ich sagte den Herren: das sei alles recht gut und schön,
aber die Märsche klängen doch besser mit Blechinstrumenten
und die Walzer mit Violinen ausgeführt, und diese Leute
thäten der Wirkung ihres Spiels Schaden dadurch, daß
sie aus dem Kreise der echten Zampogna-Melodien heraus-
träten. Eben hatte ich dieß bemerkt, als sie mit großer
Kunst eine Nummer aus Norma spielten. Als sie zu Ende
waren, sagte ich nur noch: das ist Norma von einer Katze
gesungen. Dieser Vergleich überzeugte alle, sie eilten zu
den Musikanten und verlangten Hirtenweisen. Da ertönte
die römische Pastorale so feierlich großartig und tief-
ergreifend, daß die Herren ganz hingerissen wurden. Dießmal hatten die Spieler nicht Virtuosität, sondern die Kunst
gezeigt, zu der sie berufen waren. Der schrille Holzton
war nun der richtige Localton, und mir trat der Geist
der Oertlichkeit in so einnehmender Weise nahe, daß ich
hinfort alles mit andern Augen ansah. Ein patriarchalisches
Dasein einfacher, genügsamer Hirtenvölker umgab mich mit
seinen Tugenden und Lastern.

Dieser Eindruck wurde denn auch am folgenden Tage
noch bedeutend ausgesprochener, da ich St. Biagio für
eine Weile verließ und nach Cardito ging. Das Störende,

Unversöhnliche in St. Biagio besteht darin, daß diese
Hirten sich wie Städter zusammengebaut haben. Die Oert=
lichkeit, die ihre Urväter gewählt hatten, um sich leicht
vertheidigen zu können, haben sie eben beibehalten. In
Cardito dagegen liegen die Hütten zerstreut, umgeben von
Wiesen und Baumgruppen, so daß das Gepräge ein rei=
neres ist. Aber eben dieß findet mein Hauswirth so ab=
scheulich, daß er nur in hellem Spott von dem dummen
Dorf da draußen spricht. Zwischen St. Biagio, das sich
als herrliche Stadt fühlt, und Cardito ist ein uralter Haß
und Neid, und niemandens Herz und Mund ist ein furcht=
barerer Dolmetsch dieser Gefühle als meines Wirthes. Es
zog sich durch seinen Umgang mit mir förmlich eine Ver=
stimmung, weil er von meiner Absicht hörte, auch Cardito
zu besuchen. Mit wahrer Leidenschaft und großer Rassinirt=
heit wandte er alle Mittel an, um mir diese Absicht zu
vergällen. Spott und Hohn über den dortigen Priester,
das Volk, die Gegend, das Klima spie er aus, dieser
Apostel der Liebe. Und die Frauen halfen ihm tapfer.
Es half ihnen aber alles nichts; am nächsten Morgen
brachen wir auf.

Cardito ist der Wohnort eines hübschen weißhaarigen
Ciociaren, Namens Pietro, der Jahre lang in Künstler=
Ateliers jenseit der Alpen gesessen hat. Er war auch lange
Zeit in München mit seinem Sohne Biagio, einem schönen
Knaben, der sehr beliebt war. Dieser war gleich am
Morgen nach meiner Ankunft von Cardito herüber ge=
kommen, denn die Nachricht von meiner Anwesenheit war
noch Abends dort hinauf gedrungen. Als hochgewachsener,
classisch schöner Jüngling stand er mit seinem großen blauen
Tuchmantel vor mir, strahlend vor Freude. Ich hatte

ihm den Tag bestimmt, an welchem ich bei ihnen meinen
Besuch machen wollte, und so war er denn wiedergekehrt,
um mich zu geleiten. Wir erstiegen unmittelbar hinter
St. Biagio ein sehr malerisches Felsengebiet mit kühnen
Zacken, und fanden oben eine weite Thalmulde zwischen
zwei wilden Gebirgszügen, durch die wir auf unweg-
samen rauhen Steinpfaden mühsam dahinzogen. Wo der
Weg bei nassem Wetter schwierig und tief werden würde,
werfen diese trägen Menschen ganze Massen dicker Steine
auf denselben, ohne sie festzulegen, und über solche künst-
liche Gerölle muß man halbe Stunden lang ununterbrochen
balanciren, die Frauen mit schweren Lasten auf dem Kopfe.
Solche Völker sind wie die Kinder, die sich aus Trägheit
selbst das Leben erschweren und kein Ohr für den besseren
Rath haben. Auffallender ist aber doch ein solches Ver-
harren im Schmutz und in der unverständigen Vernachlässigung bei einem Volke, das die ganze Welt kennt und
auf seinen unausgesetzten Wanderungen alle Vorzüge eines
geordneten Wesens zu Gesichte bekommt. Ist am Ende
die inertia eine so tief eingewurzelte Eigenschaft dieser
Völker, daß sie herrschende bleibt? Ich habe mit allen
den Männern und Frauen, die draußen waren, darüber
gesprochen; sie sagen immer nur: „E vero, signore, avete
ragione."

Auf den Berghängen zu unserer Rechten und Linken
weideten die Ziegen und Schafe, ihre Halsglöckchen und
die Gesänge der Hirtenknaben und Mädchen drangen zu
unsern Ohren, und als wir die abscheulichen Steinpfade
hinter uns hatten, längs eines Baches über den Anger
schreitend, wie auf der Hochalm, bei ganz reinem, tiefblauem Himmel, da ward mir wohl in dieser frischen

Bergluft und ich lauschte mit Vergnügen den Plaudereien
des Jünglings, dem das Glück, mich in sein Vaterhaus
führen zu können, aus den Augen leuchtete. Es ward mir
denn auch ein Empfang darnach! Ich war tief gerührt
von dem Ausdruck einer so innigen Freude. Der Pfarrer
kam auch schon in der ersten halben Stunde zu mir, nicht
einmal abwartend, daß ich ihn besuchte. Es war dieß ein
schwarzer Mönch mit der Kutte und dem Strick, hager
und ascetisch von Ansehen, aber ein freundlicher, schlichter
Mann. Auch dieser hat, wie ich hörte, nur den einzigen
Zweck im Auge, Geld durch seine Stelle zusammenzu=
scharren. Pietro's Frau deckte mir ein sauberes Tischtuch
auf, stellte Weißbrod, Wein, Trauben, getrocknete Feigen,
Aepfel, Käse und Ricotta hin, und lud mich ein, eine
collazione zu machen. Das Häuschen war natürlich ge=
rade so wie jene in St. Biagio, lag aber frei im Grünen,
von Eichen umgeben. Nach der Mahlzeit ging ich zum
Mönch. Dieser bewohnte einen Anbau der Kirche. Zu
ebener Erde war ein fensterloser Raum mit rohen Mauern,
dem unberührten Erdboden zu Füßen und einigen Bänken.
Dieß war die Schule. In einer Ecke desselben ging eine
steile rohe Holztreppe in den obern Stock. Dort war
wieder ein ähnlicher Raum, wie bei dem Erzpriester in
St. Biagio, mit der gleichen Bank und einem Bett in
der Ecke, wie die Betten der Knechte in den Pferdeställen.
Hier schläft der Pfarrer im Winter, um noch etwas von
dem glimmenden Kaminfeuer zu profitiren. Er selbst war
nicht wiederzuerkennen. Er hatte eine graue Tuchmütze
auf, eine helle Joppe an und schwarze Beinkleider. Statt
ascetisch und mönchisch auszusehen, glich er nun aufs Haar
den abgefeimten jungen Burschen, die sich in Neapel mit

Schuhputzen ernähren. Ich fragte mich, ob denn wirklich alle unsere Vorstellungen vom Charakter der Gesichter illusorisch seien und das Kleid doch am Ende alles mache. Der Mönch nahm die Kaffeemühle und setzte sich mahlend zu mir auf die Bank. Dann setzte er das Töpfchen bei, holte die Tassen und Löffel, den Zucker, einen feinen Liqueur und bewirthete mich nach Kräften. Unterdessen hatten mir die Münchener Freunde für den Abend Macaroni gekocht, und kamen um mich zu holen, Biagio mit einem großen Feuerbrand, den er fortwährend schwang, um ihn in Gluth zu erhalten und den Steg zu erleuchten. Nach genommener Mahlzeit setzten wir uns um das Kaminfeuer, die ganze Familie vereint und einige Nachbarn. Biagio's Bruder ist wo möglich ein noch schönerer junger Mann, erst zwanzig Jahre alt und schon verheirathet mit einer sehr schönen, feinen Tochter eines wohlhabenden Hauses in St. Biagio. In der Familie der Frau herrschte die größte Entrüstung über diese Ehe, die, wie es scheint, nicht mehr zu vermeiden gewesen war. Die Brüder haben außerdem drei Schwestern, alle drei ebenfalls sehr hübsch, die jüngste ein schlankes Mädchen von vierzehn Jahren mit einem frischen, entschlossenen Gesicht. Dieses Kind treibt seit drei Jahren die Schafe hoch in das Gebirge, einen großen weißen Hund zur Seite, der die Wölfe abhalten soll. Den einzelnen, ja zwei vertreibt dieser muthige Wächter auch sicherlich; wenn aber mehrere beisammen sind, nehmen Hund und Kind Reißaus, den Wölfen ihre Schäflein auf Discretion überlassend. Ich ließ mir an diesem Abend mancherlei über Land und Leute erzählen. Die beiden hohen Berge, deren Fuß in dieses Hochthal reicht, sind der Monte Cavallo und Monte Marino. Ihre Häupter

sind vom October an mit Schnee bedeckt. Wenn man die
vorderen felsigen Abhänge überstiegen hat, kommt man
auf große Hochlande mit uraltem Buchenwald. Von den
einzelnen überragenden Spitzen sieht man die Meta in
nächster Nähe, den höchsten Berg dieser Länder, der auch
hie und da von Fremden bestiegen wird. Man sieht von
seiner Spitze beide Meere, und unabsehbare Länder und
Küsten erstrecken sich nach allen Seiten. Die Flora dieses
Berges soll eine ganz eigene sein. Die Meta gränzt unmittelbar an die Abruzzen. Dort oben ist es nun ganz
voll von Wölfen. Bei Regenwetter steigen sie so weit
nieder als die Wolken sich senken. Dem Menschen weichen
sie aus, außer wenn großer Schnee sie längere Zeit der
Nahrung beraubt. So gab es denn auch Geschichten genug
zu erzählen von einzelnen Menschen in großer Lebensgefahr, ja auch von solchen, die zerrissen worden waren.
Kein Mensch in diesem Gebirge hat einen Stutzen; sie
sind viel zu arm, um an dergleichen denken zu können;
also treiben die wilden Thiere ungehindert ihr Wesen.
Auch Gevatter Petz steigt noch hie und da in diese Thäler
nieder. Die Wölfe erfüllen die Thäler mit ihren Signal-
rufen, die hütenden Kinder mit Angst und Schrecken erfüllend. Im Winter streichen sie Nachts bis dicht an die
Mauern der Häuser, Eingang in Ställe suchend.

Auch über die Räuber erhielt ich mancherlei Nachricht.
Die Häupter waren aus den Abruzzen, und der Haß der
beiden benachbarten Dörfer verschaffte ihnen manchen Re-
cruten. Wenn ein junger Mann einen anderen erstochen
hatte, entzog er sich der Strafe und meldete sich bei den
Räubern. Auf diese Art war ihre Zahl zuletzt bis gegen
hundert angewachsen, und die Schwierigkeit der Ernährung

zwang sie, gleich den Wölfen die Heerden anzufallen. In
St. Biagio lebt eine Frau, die in der Leidenschaft für
einen Räuber Mannskleider angezogen und jahrelang an
den Raubzügen theilgenommen hat. Sie ist vor kurzem
von ihrer Gefängnißstrafe zurückgekehrt, hat einen Con=
tadino geheirathet und ist eine fleißige Arbeiterin. Es ist
eine hübsche, noch junge Frau mit schwärmerischen Augen.
Die Regierung hat das ganze Gebirg umzingeln lassen
und ein großartiges Kesseltreiben veranstaltet.

Um 9 Uhr wurde ich zu meinem Mönch zurückgeleitet
und fand in seiner Sommerstube ein gutes Bett. Den
Morgen sah ich die ganze Bevölkerung in der Kirche. Es
war der zweite Sonntag im November. Der Anblick war
bei der vollständig erhaltenen Nationaltracht eigenthümlich
genug, auch war eine große Zahl schöner Mädchen und
Frauen in der Menge, aber sie eilten rasch und züchtig
vorüber. Alessandro hat mir mitgetheilt, daß die Mädchen
dieser Orte im Ganzen von dem empfindlichsten Ehrgefühl
sind und von den Burschen keine Art von Verletzung desselben dulden. Mehr als eine hat einen zudringlichen
Burschen mit Messerstichen tractirt. Ich zeichnete Vor-
mittags eine Ansicht von Cardito und mehrere Köpfe und
nahm dann ein frugales Mahl bei meinem gastfreien
Pfarrer ein. Dann versammelte sich alles, was mir das
Geleite geben wollte, und ich ging, umgeben von Ciociaren,
Frauen und Männern, wieder davon. Dießmal schlugen
wir einen anderen Weg ein, etwas in das Gebirge hinein
kletternd, um dort in einem abgelegenen Haus einen Greis
von hundert und fünf Jahren zu besuchen. Der alte
Mann saß am Kamin und ein ganz idealisch schönes junges
Weib, die Frau seines Urenkels, hielt ihm eine Schüssel

vor, aus der er aß — ein selten schönes Bild. Sein
Sohn, ein rüstiger Greis von achtzig Jahren, ein Mann,
der im ganzen Lande hochgeachtet ist, wegen seines Ver=
standes und seiner Ehrbarkeit, empfing mich auf das
freundlichste, und lud mich ein, mich zum Feuer zu setzen.
Der Urahne saß in Hemdärmeln, altväterlichen Schnall=
schuhen, einer rothen Weste und weißen Schlafmütze vor=
wärts gebeugt da, langes feines Seidenhaar von schneeigem
Weiß hing über seinen mächtigen Nacken. Er war noch
bei vollen Kräften, hatte auch nicht einmal einen sehr ein=
gefallenen Mund. Der Sohn sah eigentlich zerfallener
aus, aber doch nicht so uralt. Als ich den Sohn fragte:
was denn sein Vater gesagt, als man den König von
Neapel absetzte, hatte der Greis mich verstanden; ein sar=
kastischer Zug belebte sein Gesicht, die Augen leuchteten
auf, er hob die fünf Finger in die Luft und sagte mit
lauter starker Stimme: „Ich habe fünf Wechsel gesehen!“
Dieß könnte seine tiefverletzten Urenkel etwas beruhigen,
denn in diesen Orten hofft noch alles auf die Wiederkehr
des lieben Königs. Der Urahne hat noch das ganze kahle
Gebirge ringsum mit mächtigem Walde besetzt gekannt.
Jetzt sieht man die ganzen Flanken des Gebirges, soweit
noch Humus vorhanden ist, mit Tausenden von Mauern
terrassirt, um den Wasserstrom zu bekämpfen. Nichts=
destoweniger wird immer mehr Humus weggeschwemmt
und eine Thalsohle nach der andern mit Schotter zugelegt,
um die Armuth zu vergrößern. In hundert Jahren wird
hier alles kahl sein. Ein anderer Weg, auf dem die Ar=
muth hier reißend zunimmt, ist durch die Aufhebung der
Majoratsrechte angebahnt worden. Mir wurden eine
Menge Häuser gezeigt, zu denen noch vor kurzem ansehn=

liche Güter gehört hatten, die jetzt in zehn, zwanzig
Theilchen zersplittert sind. Was dem Unfug des Groß=
grundbesitzes steuern soll, richtet hier wieder Schaden an.
So ist die Welt. Aber man freut sich hier, einmal, wenn
auch noch so arme, so doch freie Männer zu sehen, die
auf ihren Gütchen hausen. Mein Besuch hatte übrigens
dem hohen Greis und der ganzen Familie eine große
Freude bereitet. Der Alte war nie in seinem Leben weiter
als bis auf die Märkte von Attino und St. Germano ge=
kommen, und hatte nie mit einem Herrn gesprochen, ge=
schweige denn einen in seinem Hause gesehen. An der
Thüre dieses Häuschens nahm ich auch Abschied von der
Gesellschaft, die mich begleitet hatte. Bei diesem Scheiden
konnte aber keine Rede sein von dem Gefühl, daß ich in
weite Fernen zöge, denn vier Männer und zwei Frauen
meines Geleites waren reisefertig, um den zweiten Tag
darauf nach Paris zu gehen — weit über mein Ziel
hinaus.

Meine Wirthe in St. Biagio waren geradezu unerträg=
lich mit ihren gehässigen Fragen und Reden über Cardito.
Die nächsten Tage behaupteten sie fortwährend: ich habe
mir dort oben den Magen verdorben, die Finger erfroren
u. dergl. Den Morgen nach meiner Rückkehr fertigte ich
ein Porträt des Oheims in Oelfarben, ein so unerhörtes
Ereigniß in diesem Haus und Orte, daß ich dadurch ein
wahres Fest bereitete. Am Abend bat ich die Frauen, mir
Volkslieder vorzusingen. Statt dessen sang die Lehrerin,
eine Frömmlerin, und eitel auf ihre Stimme, eine Menge
schlecht componirter Kirchenlieder, die besonders ohne Be=
gleitung gar keine Wirkung machten. Ich fragte, ob die
schöne Magd nicht Sängerin sei. O ja: und was für

eine! war die Antwort. Ich mochte aber bitten, so viel ich wollte, sie konnte ihre Schüchternheit nicht überwinden. Als wir uns trennten, sagte ich ihr grausamerweise: ich danke ihr für ihre Gefälligkeit. Kaum war ich einige Minuten in meiner Stube, so ertönte von unten ein zweistimmiger Volksgesang, in welchem die helle, weiche Stimme des jungen Mädchens hoch und frei über den andern schwebte, ein Triumph der Jugend und Schönheit. Ich trat an die Thür und klatschte Beifall, worauf ein jubelndes Gelächter antwortete.

Den nächsten Tag sah ich einen Rechtsfall und ein Verfahren der Verwaltung. Ein Landmann war uneins mit einem Käufer wegen Weinverkaufs. Das erste für uns Interessante war sein Eintritt beim Pfarrer und Sin= daco, um seine Sache vorzubringen. Er trat laut und frank in unsere Koje, schwatzte einiges mit den Frauen, und setzte sich dann an den Kamin, dem Pfarrer gegen= über. Meine Anwesenheit war für ihn wie die eines Stuhls. Nun brachte er seine Sache vor. Der Secretär, der zugegen war, unterbrach ihn mit Salven von Ge= lächter, in die seine Schwestern einstimmten, und zu denen ich auch ermuthigt wurde, über die Ignoranz und Un= geschicklichkeit dieses Esels gegenüber seiner Weisheit und hohen Bildung.

Als der Bauer zu Ende war, theilte mir Maria Felice den Fall mit, der ganz einfach darauf hinauslief, daß ihn der andere, wahrscheinlich ein wohlhabender Nach= bar, angeschmiert hatte und daß er sein Recht suchen mußte. Statt dessen wurde er nun von dem Sindaco mit einer langen Spottrede voll schlechter Witze und Anekdoten ab= gefertigt, welche dieser Richter, eitel auf seine guten

Ideen, gar nicht an ihn, sondern an den Kreis der Zu-
hörer richtete, mehr als zehnmal durch lautes Beifalls-
gelächter unterbrochen. Am Schlusse sagte er: „bisogna
cercar un modo di accomodarsi." Der Landmann ging
verletzt und verwirrt davon, und Recht war gesprochen.
Später sagte mir Alessandro: „Ci trattano sempre cosi,
da ignoranti."

Der andere erbauliche Fall war folgender. Die Cara-
binieri kamen, um die Straßenreinigung zu controliren.
Hie und da machten sie bei einem schwachen, alten
Mütterchen einen rasselnden Lärm, als wollten sie gleich
mit dem Säbel drein hauen, die Männer aber antworteten
mit einem guten Spaß, auf den sie lachend eingingen,
wahrscheinlich eine mögliche Begegnung in der Nacht an
einsamer Stelle vorauserwägend. Nach einiger Zeit gaben
sie dem Secretär schmunzelnd das Blatt, auf dem bestätigt
stand, daß alles in Ordnung sei und wateten durch den
Koth in das Kaffeehaus; denn bis in diesen abgelegenen
Ort ist die Piazza mit dem Kaffeehaus die Axe des Daseins. An einer Stelle ist der Felsen etwas glatt gehackt
worden, das ist die Piazza; dort stehen vier kleine Mauern,
innerhalb deren ein kleiner Schenktisch, ein Feuer und fünf
Stühle sich befinden. Dieß ist das Kaffeehaus, in dem
und vor dem nun das ganze Jahr geständert wird, während nie einer anders als zur Arbeit den Fuß aus diesem
engen Nest hinaussetzt. Ich fragte den Secretär: ob der
Sindaco denn nicht Polizeigewalt habe? O ja! antwortete
er, aber hier ist ja alles mit uns verwandt oder befreundet,
da wollen wir uns nichts verderben und lassen lieber die
Fremden machen. Als ich ihm darauf erklärte: daß ein
Mann, der Strenge zeigt, welche gute Früchte trägt, viel

mehr geliebt werde, weil man ihn achte und ihm dankbar sei,
antwortete er sanft lächelnd: „Si, signore, avete ragione,“
und zog sich seine alten beschmierten Hosen, die immer zu
fallen drohten, wieder über den Bauch. Von Kleiderreinigen
und Schuhputzen ist hier das ganze Jahr keine Rede.

Am Abend hatte ich nun einmal den Genuß, singen zu
hören aus dem Vollen. Das Eis war gebrochen, und
die fünf Frauen sangen mir vor, so viel ich wollte. Es
waren sehr merkwürdige Lieder mit langen gezogenen Tönen,
die sie zweistimmig sangen. Ich saß wie unter einem tosen-
den Wasserfall, denn sie sangen in unserm kleinen Raume
mit der ganzen Kraft ihrer großen Stimmen, aber weich,
rein und harmonisch. Der Text war oft humoristisch.
So zum Beispiel: Ich ging an den Brunnen, da fand ich
zwei todte Ameisen, die Haut trug ich zum Gerber, das
Fleisch in mein Haus! Ein Spottlied auf ihre eigene Armuth! Das anregendste von dieser soirée musicale war
doch am Ende der Anblick dieser fünf schönen Frauen, im
Weißzeug schwimmend, von einem matten Oellicht beschienen, ganz vertieft in ihren Gesang, ein wahrhaft großes
Bild. Ein antikes Zungenlämpchen, mit einem Draht-
haken an den Kaminsims gehängt, ist die einzige Beleuchtung, bei der sie alle fünf den ganzen Winter ihre Hand-
arbeiten machen. Nach dem Ave Maria wird der Rosen-
kranz abgebetet, während dessen die Tante, tapfer mitbetend,
das Fleisch in der Bratpfanne hin und her wendet.

Als ich meine Absicht weiter zu ziehen kund gab, wurde
ich in der brutalsten Weise mit einer Fluth unangenehmer
Reden begossen: es sei mir zu schlecht bei ihnen, ich sei
in Cardito krank geworden ꝛc. Das war aber alles ganz
anders gemeint, es waren die höflichen Einladungen länger

zu bleiben. Ich ging zum Schluß noch in die Mädchen-
schule von Maria. Hinter dem Hause mußte ich ein Labyrinth von kleinen Gängen und Treppen, glitschig von
Koth, bergab steigen, bis ich durch eine Thür in einen
Raum trat, aus dem eine Holztreppe auf den offenen
Speicher führte, eine Art Scheunenraum mit einem
Fensterchen in der Ecke. Darin standen drei Schulbänke
mit Langtischen. In diesem Raume befanden sich siebenunddreißig Mädchen, dicht auf einander gedrängt auf
Tisch und Bank, auf kleinen Fäßchen, Stücken Holz
sitzend, oder an die Wand gelehnt stehend, und alle künstlich so gedreht, daß von dem Fensterchen noch ein Schein
von Licht auf die Arbeit fiel. So wachsen sie heran, die
Weiber dieses Ortes, hart genug, um nachher die ganze
schwere Arbeit des Landmanns auf ihre Schultern zu
nehmen. Denn der Tag, an dem ich aufbrach, ging dem
vorans, an welchem nun das Wegziehen der Männer beginnt. Alle Ranzen wurden schon gepackt. Da ziehen
Gruppen wieder nach Paris, Wien, Rom, München,
London, im Sommer dann mit dem Dudelsack in die
Alpen, nach Norwegen, Rußland u. s. w. Andere brechen
auf, um in den Maremmen zu arbeiten, und wieder
Andere, eine große Zahl, um in den Abruzzen vor den
Madonnen-Bildern zu spielen. Diese letzteren müssen den
ganzen Winter durch die Wolfsreviere wandern, in den
rauhen Gebirgen im Schnee, Regen und Wind umher
stehen, und man denke sich wie übernachten. Sie sind
sehr schwermüthig gestimmt angesichts der dira necessitas.
Alessandro gehört für heuer zu dieser Gruppe. Er liebt
Frau und Kinder, und brach gegen mich in bittere Klagen
aus über das allzugroße und constante Elend.

Als ich in möglichst zarter Form meinem Wirth gegen=
über die Aeußerung that, daß ich doch unmöglich diese
ganze Zeit bei ihm gelebt haben könne, ohne etwas zu
bezahlen, brach er in hellen Zorn aus, und fragte mich:
ob ich also die Freundschaft auffasse? Ich ließ, nachdem
ich meinen innigsten Dank für die Gastfreiheit geäußert
hatte, ein Geschenk für die Maria matta, die Armen
des Ortes par excellence, zurück. Ob diese das
Sümmchen besieht, das steht in Gottes Hand. Jedenfalls
hat mir Alessandro gesagt: wenn wir etwa von München
aus einmal was schicken wollten, so sollten wir doch eine
andere Adresse wählen. Ob nun der Schaden in seinem
Mißtrauen, oder in der Unzuverlässigkeit der andern, oder
in einem harmonischen Gemisch von beidem zu finden ist,
das steht dahin.

Der Abschied war ein ungemein herziger, entsprechend
der antiken Gastfreiheit, und unter großem Ciociaren=
Gefolge ging ich bis auf den äußersten Vorsprung des
Felsens, von wo aus man unseren ganzen zurückzulegen=
den Weg, wie der Adler seine Flugbahn, überblicken
konnte, und von diesem Stein stiegen Alessandro, ein
Träger und ich den jähen Zickzackpfad abwärts, lieblichen
Thälern entgegen.

Monte Cassino.

Die ersten Stunden unseres Marsches war der Steig
noch so rauh und schlecht wie die neulich beschriebenen im
Hochlande. Aber er führte uns in anmuthender Weise von
Stufe zu Stufe in mildere Zonen und konnte dann end=
lich auch sein ursprüngliches Wesen nicht länger behaupten.
Wir überschritten wieder mehrere große Gebiete, die,
noch in der Erinnerung meiner Begleiter selbst einst frucht=
bare Thalgründe, jetzt unabsehbare lange Schotterbetten
waren. Dann kamen wir an den Melfe=Fluß, und durch=
wanderten nun eines der schönsten Thäler, die ich je ge=
sehen habe. In der Flur war alles reich bestellt und in
wahrhaft strotzendem Gedeihen. Der Kohl stand wie die
Remontanten=Rosen auf hohen Stämmen in breiten Kronen.
Unser Weg schlängelte sich am Fuße lieblicher Hügel mit
Wiesengrund und Eichengruppen selbst unter schönen hohen
Eichen dahin, immer unmittelbar neben dem sanftgleiten=
den Flusse. Und dieses liebliche Land war ringsumher
eingefaßt von den verschiedensten, durch einander geschobenen
gigantischen Bergketten mit schneebedeckten kühnen Spitzen
und großartigen Abhängen. Auf mannigfachen Vorgebirgen,

die mit Oliven, Eichen, Orangen und Wein besetzt waren,
dehnten sich mächtige Bergstädte aus bis Sora im Liris=
Thale. Und zunächst, das Thal wundervoll beherrschend,
lag das villenreiche Picinisco hell beleuchtet. Süße milde
Luft umgab uns schmeichelnd, und Quellen des besten
Wassers rieselten neben uns nieder. Ach, dieses Melfe=
Thal! Gehet hin und sehet! Dicht vor Attino ward der
Fluß breiter, und als wir um eine Ecke bogen, erblickten
wir die ganze weibliche Jugend des Ortes weithin unter
Baumgruppen im Wasser stehend, mit Waschen beschäftigt.
Das war ein Funkeln von Feuerroth und Schneeweiß, ein
Leuchten schöner Gesichter, denn Attino ist nun insbeson=
dere berühmt wegen seiner schönen Frauen, und so sehr
mit Recht, daß auch die alten Frauen die Schönheit be=
wahren. Lachen, Scherzen, Zurufen, Singen belebte diese
Gruppen. Als wir vorüber waren, zog sich die Straße
wieder aus dem Thal aufwärts über malerische groteske
Felsen, bis wir das hochgelegene Attino erreichten, um
das ganze großartige Panorama zu überblicken. Im
Städtchen wurde in einer finstern Osteria das Erschwing=
liche herbeigebracht, um unsern Hunger zu stillen. Unter=
dessen ward mit einem Kutscher accordirt, der gleich ein=
spannte und mit einer dreibankigen Carrette, von drei
schellenbehangenen Bergpferdchen gezogen, vorfuhr. Ich
nahm Abschied von dem einen Begleiter, während Alessan=
dro mit mir die Carrette bestieg. Die Straße führte
wieder in ein ganz anderes Thal, das von schroffen, dicht
bewaldeten Gebirgen umgeben war, über welche riesenhohe
nackte Felsen in kühnen Formen in die Luft ragten. Wir
jagten dahin wie besessen, so daß der eigene Körper in
der Bewegung war wie auf einem galoppirenden Pferde.

Bald bemerkte ich, wozu die drei Bänke dienten. Eine
Verabredung mit einem hiesigen Menschen ist nie rein.
Ich hatte den ganzen Wagen gut bezahlt, jetzt wurde
unterwegs dieser und jener aufgenommen, bis alles dicht
voll war, und der Kutscher machte auf diese Weise einen
bedeutenden Gewinn. Unsere Straße sank durch dieses
romantische Thal allmählig nieder in langen Windungen,
bis sie unweit St. Elia wieder in das große Gebiet des
Garigliano einfiel. Alessandro blieb den Abend noch bei
mir und begleitete mich den kommenden Morgen bis an
den Fuß der steilen gewaltigen Höhe, auf welcher Monte
Cassino thront. Unmittelbar am Orte St. Germano, vor
dieser Höhe, erhebt sich ein anderer jäher Felsen mit großen
Ruinen einer alten Burg, so daß uns hier wieder eine
wahre Verschwendung von Naturschönheit umgibt.

Wir nahmen nun Abschied, um sehr verschiedenen Zielen
zuzuwandern. Ich bestieg bei sehr großer Hitze am 17. November die mächtige Höhe. Der Berg selbst zeigte sich
höchst interessant durch seine Formationen, und mit jedem
Schritt erweiterte sich die große Aussicht. Endlich nach
langem geduldigen Vorwärtsschreiten auf bequemem Saumpfade war die Höhe erreicht. Ehe ich das Riesengebäude
betrat, suchte ich einige günstige Punkte auf und ergötzte
mich an der Rundschau, die sich jeder Beschreibung entzieht. Es ist ein Rigi. Ich hatte aus Vorsicht wegen
der späten Jahreszeit erst eine Aufnahme gemacht, und
nachdem ich somit einige Stunden auf jener einsamen Höhe
zwischen Felsblöcken und alten Feigenbäumen gesessen hatte,
schritt ich dem Klosterbau zu. Ein langer Thorgang mit
Stufen führt bergauf nach dem Innern und trennt uns
von der ganzen hintengelassenen Welt. Beim Pförtner

gab ich meine Empfehlung von einem römiſchen Beamten
an Don Giuſeppe Guandel, den Director des Collegiums,
ab. Ich wurde auf einen Balcon geführt, von dem aus
man die Thäler und Fernen überſieht, ging aber bald
wieder in das Innere, mächtig angezogen von dem maje=
ſtätiſchen interreſſanten Bau. Der Styl, in welchem das
jetzt vorhandene, vielen Zerſtörungen ausgeſetzt geweſene
Schloß daſteht, gehört einer ſpäten Zeit an, iſt aber
großartig, reich und elegant. Vier große Höfe ſtehen mit
einander im Zuſammenhang. Der mittlere iſt durch zwei
mächtige Colonnaden von den Seitenhöfen getrennt und
hat einen hohen Brunnen in ſeiner Mitte. Die Seiten=
höfe ſind mit Blumen und Büſchen bepflanzt. Der Mittel=
hof hat in ſeinem Fond der ganzen Breite nach eine mäch=
tige mehrfach gegliederte Treppe, die zu dem oberen Hofe
hinaufführt. Dieſer hat wieder einen Brunnen und im
Hintergrund die Façade der Kirche. Zu beiden Seiten
führen vom obern Hofe Thorwege auf die mit Geländern
eingefaßten flachen Dächer jener breiten Colonnaden und
ſo auf eine mächtige Terraſſe, die einen Blick in die Weite
gewährt. Um dieſen prachtvollen, reich concipirten Mittel=
bau her lagern ſich nun die vielen rieſigen Flügel des
Schloſſes, noch manchen andern Hof umfaſſend.

Nach einiger Zeit erſchien ein Laienbruder und bat mich,
ihm zu folgen. Wir gingen durch mehrere lange Gänge,
bis wir durch ein hohes Thor, auf Doppelſäulen ruhend,
in das Refectorium traten. In dem langen gewölbten
Saale ſtanden mehrere Reihen von Tiſchen, jeder auf einer
hölzernen Unterlage. Am Ende des Saales ſtanden längs
einer mächtigen Holzſchnitzerei, welche die Wand bekleidet,
andere Tiſche in der Quere. Ein freundlicher alter Mann

bat mich), hier Platz zu nehmen. Kurz nach mir ließ sich
ein anderer Gast (denn diese Quertische sind für die Gäste
bestimmt) neben mir nieder. Bald hatten wir uns gegen=
seitig als Deutsche erkannt, und ich lernte in meinem
Conviven einen Dr. Ewald aus Preußen kennen, der hier
im Auftrage der gelehrten Gesellschaft für Denkmäler ger=
manischer Geschichte im Archiv gearbeitet hatte. Er war
seit einem Monat in diesen riesigen Klosterräumen auf
einsamer Felsenhöhe, und so hatte sich bei ihm mit Fug und
Recht der Enthusiasmus, der mich noch erfüllte, etwas
verzogen. Er war gerade mit seinen Arbeiten zu Ende,
und wir konnten uns verabreden, mit einander nach Rom
zu reisen. So kam ich vereinsamter Mensch auch noch
einmal zu einem Reisegefährten! — Es wurde uns ein
einfaches, schmackhaftes Essen in diesem feierlichen, interes=
santen Raum aufgetischt. Dann eilte ich rasch wieder ins
Freie, um wenigstens eine jener edeln großartigen Ge=
birgslinien aufzunehmen', die ringsum das Auge ergötzten.
Darauf besuchte ich die Kirche, welche, überreich mit Mar=
mor und Gold beladen, ein wahres Muster spanischer
Prachtliebe und auch über und über mit Fresken von Lucca
Jordano ausgemalt ist. Das alles macht einen nicht recht
warm, aber an den Chorstühlen ist wieder einmal eine solche
Kunst im Holzschnitzen entfaltet, daß man diesen Arbeiten
begabter Klosterbrüder seine Bewunderung nicht versagen
kann. Unterdessen war die Zeit gekommen, wo ich mich
dem sehr beschäftigten Director vorstellen durfte. Er em=
pfing mich sehr freundlich, mit großer Ruhe und Würde,
die der fast strengen Erscheinung des ganzen Mannes voll=
kommen angemessen war. Sein Bruder ist der Bibliothekar
und Archivverwalter, ein ebenso vornehmer, strenger Herr.

Sie sind, wie sie mir sagten, deutschen Ursprungs, werden
also wohl gar Gwandel geheißen haben.   Den Abend
brachte ich zum großen Theil mit Dr. Ewald in angeneh=
mem Verkehre zu.   Dann ging ich durch einen hohen,
breiten, unabsehbar langen Klostergang, der nur spärlich
von einigen Oellampen erhellt war, mit laut hallendem
Schritte nach der mir angewiesenen Zelle, wo ich in ein=
facher Gestalt alles vorfand, was zum Bedarf einer Ueber=
nachtung gehören mag, auch eine Arbeitslampe.   Nachdem
die Priester und Zöglinge ihr Abendbrod eingenommen
hatten, wurden wir wieder in das Refectorium beschieden.
Dieses improvisirte Stück Klosterleben machte auf mich
einen sehr wunderbaren Eindruck, und so sehr mich die
Sache als Reise=Abenteuer ergötzte, so ist mir doch, als
ob meine eingefleischte Abneigung gegen die ganze Vorstel=
lung von der Flucht vor der Welt sich verdreifacht hätte.
Solches Leben hinter Schloß und Riegel hat etwas mem=
menhaftes und zugleich anspruchvolles.   Am folgenden Mor=
gen führte mich Gwandel in die Kirche, um die außer=
ordentlich reiche Orgel spielen zu hören.   Sie ahmt alle
Instrumente nach, und stimmt vortrefflich zu dem Ueber=
maße von Gold und Marmor rings um einen her, aber
mir ist doch der einfache Orgelton in einem steinernen
Dom lieber.   Das sind alles wenn auch noch so schöne
Künsteleien.   Die Bibliothek ist ja berühmt wegen ihrer
seltenen Documente und Handschriften, deren Anblick natür=
lich auch mir ein höchst willkommener war.   Dann bestieg
ich mit meinem freundlichen Wirthe das Observatorium,
auf welchem er eine Menge Beobachtungen und Aufzeich=
nungen zu machen hatte.   Vor dem Mittagsmahle blieb
mir noch Zeit, ein wenig auf den Hängen dieses schönen

Berges herumzuklettern. Ein fetter, schwarzbrauner, tiefer
Humus bedeckt die ganze Mulde und wird von den fleißigen
Arbeitern dieser Prälaten auf das musterhafteste bestellt.
Diese feinen Culturen, Weinbau, Oelpflanzungen, Orangen=
gärten, unterbrochen von üppigen Waldungen, befremden
uns Nordländer immer wieder, wenn wir stundenlang über
die kahlen rauhen Rippen eines Berges aufwärts gestiegen
sind. Da sind wir gewohnt, nur noch Nadelhölzer und
Triften zu finden. Die weiten Aussichten in die Ferne
und Tiefe sind in so üppiger Umrahmung von gesteigerter
Wirkung, und ich empfand denn auch wahres Entzücken
bei meinem wechselvollen Spaziergang. Ich speiste nun
noch einmal mit Dr. Ewald im Refectorium, ließ dann
mein Scherflein der Willkür überlassener Bezahlung zurück,
und stieg langsam wieder in die Thäler, das Skizzenbuch
zur Hand. Der Koch meines Wirthshauses bot sich als
Facchino an, um meine Sachen an das Stationsgebäude
zu tragen. Er erzählte mir, daß er sieben Jahre dort
oben als Koch gedient habe, und daß sein Bruder noch
oben sei. Der heiße mit dem Taufnamen Garibaldi. Als
ich ihm zum Scherz meine Verwunderung aussprach, daß
diese Herren einen Mann mit so verfänglichem Namen
angenommen hätten, erwiederte er: „O, die Herren sind
alle liberal." Und nun nannte er mir verschiedene von
ihnen, die in handgreiflicher Weise mit der italienischen
Regierung in Verbindung stehen. Dieß ist um so bemer=
kenswerther, wenn wir anders dieser vox populi trauen
wollen, als die Herren doch durch die Maßregeln der neuen
Regierung in eine schiefe Stellung gekommen sind. Sie
sitzen auf einem Anwesen, das seiner ganzen Anlage nach
auf sehr große Fonds berechnet ist, und haben nun nichts

mehr als ihren Gehalt, während sie zur nothdürftigen
Erhaltung ihrer reichen, wahrhaft gigantischen Bauten mit
den Ressortbeamten um jeden Pfennig rechnen müssen. Da
kommen sachkundige Commissionen im Auftrage der Regierung an, um den betreffenden Antrag zu prüfen, und dann
verstreichen Jahre, ohne daß man wieder etwas von der
Sache hört. Der Abt gehört übrigens nicht zu den Libe-
ralen, und scheint den Tag herankommen zu sehen, wo
die ganze Anstalt folgerecht eingeht. Die Regierung wird
wohl über kurz oder lang dort oben eine ähnliche Anstalt
wie in Assisi gründen, und dann, sagt man, wolle der
Abt mit sämmtlichen Collegen nach Amerika hinüberziehen.
Sonderbar! Was sich in der alten Welt überlebt hat,
sucht und findet Boden in der sogenannten neuen Welt.
Ich wüßte auch nicht, weßhalb ein Conglomerat von Eu-
ropamüden gerade so sehr den Beinamen neu verdiente. —
Die langen Abendstunden hindurch fuhren wir beiden Reisegefährten mit einander nach Rom zurück, in trauten Ge-
sprächen über die ferne eingewinterte Heimath.

Rom.

In Rom ging ich am ersten Morgen an zwei geweihte
Stätten verschiedener Art und Bedeutung. Die erste war
nur ein Platz an einer Straßenecke der Via della Croce,
von dem aus ich auf die Fenster eines einstöckigen gelben
Hauses blickte. Nach diesen Fenstern hat vor Jahren so
mancher bedeutende Mensch und habe ich als junger hin-
gegebener Verehrer so manchmal hinaufgeschaut an Winter-
abenden, um zu sehen, ob Ottilie Goethe Licht im Salon
habe und empfangen werde. Viele ihrer Verehrer sind
selbst schon gestorben, wer aber noch lebt, der wird aus
seiner Vergangenheit kaum schönerer Stunden zu gedenken
haben als derer, die es ihm gegönnt war, unter dem Einfluß dieser großen schönen Seele zu stehen. Der Geist des
Weimar'schen Zeitalters lebte in dieser einzigen Frau in
weiblicher Unmittelbarkeit, in kindlicher Pietät, im Adel
hochherziger Gesinnung fort, so lange sie einen Athemzug
that, und wenn einmal eine leidenschaftliche Regung die
classische Harmonie ihrer Seelenkräfte zu stören schien, so
war es die feurige Vaterlandsliebe der deutschen Frau, die
sich stolz gegen das Wälsche aufrichtete. In Rom selbst

sind immer noch manche ihrer alten Freunde und Gäste:
Riedel, Professor Wolf, Corrodi, Graf Lichnowski, Dach-
röden und andere, deren Züge sich verklären, wenn die
Rede auf die weißgelockte Ottilie kommt.

Die zweite Wallfahrt galt der Casa Bartoldi, wo Cornelius und Overbeck ihre berühmten Bilder in einem engen
Raum gemalt haben. Nicht sowohl, um mich noch einmal
zu überzeugen vom klassischen Werth dieser Werke ging ich
dahin, als um die glücklichen Stunden wieder in das Gedächtniß zu rufen, die ich in diesem Zimmer zugebracht
habe. Hier wohnte Cornelius selbst, als er den Entwurf
zur Erwartung des jüngsten Gerichts für das Campo Santo
in Berlin in Wasserfarben ausführte. Von sechs Uhr Abends
an stand dieses berühmte Zimmer seinen Freunden und
Verehrern offen. Die Unterhaltung drehte sich immer um
die höchsten Fragen der Culturvölker, und die Sprüche
der Weisheit, mit denen Cornelius seine Umgebung be-
fruchtete, sind seither der Welt überliefert worden durch
Ernst Försters, des treuen Verehrers, Herausgabe der
Briefe. Cornelius wollte nicht, daß eine Form die Kunst
beherrsche, sondern daß ein Geist sie trage. Er wollte
sein Vaterland vor geistloser Kunst bewahren, wollte es
vor einer Gefahr bewahren, deren ganze Bedeutung seitdem zu Tage getreten ist. Und doch zehrt alles, alles
noch von ihm, wenn noch so unbewußt.

Jede Nachricht über diesen großen Denker und Schaffer,
der den Ruhm seines Vaterlandes wesentlich erhöht hat,
ist gewiß willkommen, und so benutze ich die gebotene Veranlassung, hier eine Episode aus unserem Zusammenleben
mit dem Altmeister einzuschalten, die ich damals aufge-
zeichnet habe. Handlung und Gespräch sind vollkommen

der Wahrheit entsprechend, ja die Worte des Cornelius
werden beinahe ganz dieselben gewesen sein.

Wir standen an der Glasthüre, die aus jenem mit
den Fresken geschmückten Zimmer auf den Balkon hinausführt, und erwarteten den Meister, dem wir angemeldet
waren. Seht nur, rief einer der Gefährten aus, diese
Kuppelstadt zu Füßen, diesen Braukessel des Menschen-
geistes! Wie glücklich mag den jungen Propheten hier auf
ihrer hohen Feste zu Muthe gewesen sein, wenn sie von
der Arbeit weg dahinaus schauten und fühlten, daß sie
gleichsam im Knotenpunkte aller elektrischen Drähte des
Globus schafften. Ihr starker Wille, ihr heiliger Ernst
ließen sie ahnen, daß sie mit jedem Striche ein Zeichen
eingruben, das weit hinaus als Wahrzeichen zu dienen
berufen war. So waren sie getragen von dem Bewußtsein, daß sie der Welt eine wichtige Mission erfüllten,
und lebten ewige Stunden.

„Das war recht gesprochen!" ertönte es hinter den
hinausblickenden Jüngern in rheinischer Mundart und mit
energischer Betonung. Sie fuhren zusammen und erblickten
den kleinen alten Herrn in der Thüre stehend, die zu
seinem Arbeitsraume führte. Ein gütiges Lächeln spielte
um seinen scharfen Mund, während seine hellen Augen,
deren Iris fast mit dem Weiß in einer Farbe verschwamm,
so daß die schwarze Pupille ganz allein hervorstach, das
junge Volk aus dem überragenden Stirnkasten hervor mit
durchdringenden Blicken faßten.

Kommt jetzt einmal hier herein und seht, ob wir uns
treu geblieben sind. Als wir dieser Einladung gefolgt
waren, schob der Greis den großen Rahmen, auf dem
sein neues Werk sich befand, mit eigener Hand in ein

besseres Licht. Mehrere sprangen herbei, um ihm die
Mühe abzunehmen, im Gefühle der Scham darüber, daß
der ehrwürdige, vornehme Herr sich so für uns bemühte.
Aber Cornelius verbat sich entschieden ihre Hülfe, indem er
hinzufügte: „Es ist besser, wenn Niemand die Sachen be=
rührt, dann bin ich allein für den Schaden verantwortlich.“

Wie oben bemerkt, war das neue Werk der Entwurf
zu dem jüngsten Gerichte für das Campo Santo in Berlin.
Nie wohl ist einem großen Geiste ein traurigeres Denkmal
errichtet worden, als es die rothen Mauertrümmer sind,
die aus der Spree hervorragen, die Grundmauern für
dieses dem Entwurfe nach so große und hehre vaterlän=
dische Monument. Die besten Kräfte unseres größten
Meisters sind lange Jahre hindurch für dieses Werk in
Anspruch genommen worden, und man hat ihn im hohen
Alter sterben lassen, ohne daß er die Genugthuung erlebt
hätte, wenigstens den definitiven Beginn der Ausführung
zu erfahren.

Als Mittelpunkt des ganzen Cyklus ist jenes jüngste
Gericht gedacht, in der Hauptanordnung treu der Dar=
stellungsweise, die uns aus der maßgebenden Vergangen=
heit überliefert worden ist. Christus, die Apostel und
Heiligen füllen den Himmelsraum, die Menschheit ist noch
im letzten Augenblicke des Harrens, das Gericht ist noch
nicht ergangen, die Posaunen sind noch nicht ertönt und
der Teufel mit seinen Schaaren und ihrer Beute ist somit
nicht zur Darstellung gebracht.

Eine geraume Zeit war schon verstrichen, ohne daß
einer der Beschauer das tiefe Schweigen unterbrochen hätte;
für Cornelius beredter und unendlich wohlthuender als
jeder Ausbruch der Bewunderung. Zuletzt unterbrach dieser

selbst das Schweigen, indem er den Nächststehenden auf die
Schulter klopfte und sprach: Das freut Euch? Nicht wahr?

Wir haben lange genug danach zappeln müssen, ant=
wortete dieser.

Ich muß erst selbst im Reinen sein, sprach Cornelius,
ehe ich erlauben kann, daß meine Arbeit gesehen wird. Ich
lasse nicht gerne in die Coulissen blicken. An diesem Werke
habe ich übrigens schwer zu kämpfen gehabt. Die Generals=
epaulets sind wohl unüberwindlich zu nennen, sonst aber
denke ich das Moderne nach Möglichkeit beherrscht zu haben.
Wie ihr seht, habe ich dießmal nicht wie in der Ludwigs=
kirche das jüngste Gericht in seiner Erfüllung genommen,
sondern die Erwartung desselben. Die Posaunenengel schicken
sich erst an zu blasen. Das paßte mir besser für die Pro=
testanten. Ich habe auch dadurch dem Könige und seinem
Hause einen bedeutenderen Platz einräumen können. Die
Menschheit kniet und betet demüthig, und so gibt es sich
nach unsern Anschauungen und Ueberlieferungen leicht, daß
der König, zugleich der Stifter des Werkes, den Mittel=
punkt des irdischen Theiles bildet. Rechts und links habe
ich die Verbindung zwischen Himmel und Erde veranschau=
licht. Hier steigt der Engel der Gerechtigkeit nieder, und
diese drei engverbundenen bieten den Andächtigen den Kelch,
die Dornenkrone und den Palmzweig. Hier führt ein
Engel eine Seele gen Himmel, sie gegen die Versuchung
schützend, und diese Engelsgruppe trägt die Gebete aufwärts.

Wie die goldenen Eimer steigt es auf und nieder, sagte
einer der Jünger; aber, Herr Direktor, wenn nur das
alles auch ausgeführt wird!

Das steht im weiten Felde, meine Herren, sagte
Cornelius, in sich versunken, von Berlin ist nicht viel zu

erwarten. Aber ich bin jetzt mit der Hauptsache beschäftigt, mit der Erfindung — das Weitere steht in Gottes Hand.

Sie schaffen die Seele, rief jener aus, ob die Menschen dann miserabel genug sind, diese lange Zeit körperlos irren zu lassen, das werden wir erleben!

Kommt es zur Ausführung, sagte Cornelius, dann könnt Ihr mir dabei helfen, wenn Ihr brav seid.

Jetzt kommt aber einmal mit mir, ich will Euch ganz etwas Anderes zeigen, fuhr der Meister in heiterem Tone fort, indem er die Uhr hervorzog, wir haben noch zwei Stunden Zeit, bis meine Getreuen sich hier versammeln. Die wollen wir redlich benutzen.

Der Alte nahm Hut und Stock und führte die Jugend ins Freie. Der Weg ging über Quatro Fontane hinaus bis in die Nähe von Sta. Maria Maggiore. Auf diesem Gange war Cornelius ein ganz anderer, selbst voll Laune und Witz, freundlich eingehend auf die Scherze der Jugend, seine Weisheit gegen ihren Eifer austauschend.

Auf dem langen Wege gesellte sich einer der Jünger zu ihm und sprach:

Herr Direktor, es ist zwar verwegen von mir, mich gegen Sie aufzulehnen, aber ich bitte doch um die Erlaubniß dazu.

Das ist ja ein ganz feierlicher Angriff, junger Mann, antwortete Cornelius, da bin ich gespannt, was zu Tage kommen wird.

Sie riefen vorher aus, von Berlin ist nicht viel zu erwarten! Und doch sage ich, müssen wir Deutschen viel davon erwarten.

Ach, da will's hinaus, der Preuße kommt in den Harnisch! Hier blieb der Alte stehen und sagte mit zornigem

Blick: Es ist ein undankbares Nest, ich bin froh, aus dieser dürren Sandbüchse entflohen zu sein, und athme erst hier wieder auf.

Wir müßten nicht aus dem Zimmer kommen, das wir eben verlassen haben, sprach jener, um das von Ihnen nicht vollkommen zu begreifen. Sie haben selbst gesagt, daß Sie Ihre ganze Entwicklung Italien verdanken, und daß Sie keine nationale Färbung mehr haben. Sie sind auch hier in Ihrer Heimath, haben eine römische Frau dazu, haben Ihren Overbeck hier und hängen mit tausend Fäden an Rom. Aber das gilt doch nicht für jeden Deutschen.

Da haben Sie recht, antwortete Cornelius, aber in jener nüchternen skeptischen Atmosphäre kommen die Deutschen auch nicht weiter.

Verzeihen Sie, wenn ich das bestreite! Berlin ist groß, es gibt dort gar verschiedene Mittelpunkte, deren Kreise sich aus allen deutschen Gauen füllen, alle geistigen Elemente umfassen, und sich in lebendiger Wechselwirkung durchschneiden. Es ist ein lebendiges Wasser.

Eine so große Hauptstadt darf man, glaube ich, nicht messen nach der Scholle, auf der sie einmal steht, noch auch nach der Bevölkerung, die einmal ihre ursprüngliche Einwohnerschaft ausmachte. Sie tritt über diese Auffassung hinaus und bietet das Bild eines geistigen Stromes, dem alle Quellen unwiderruflich ihre Fluthen zutragen. Ich finde, wir Deutschen klagen uns nur selbst an und beschädigen uns zugleich, wenn wir ohne Unterlaß auf die einzige vaterländische Großstadt hineinhacken. Denn Wien kann man nicht eine deutsche Hauptstadt nennen.

Was Sie da sagen, hat manches Wahre, und doch hält es kein deutscher Geist dort aus!

Nun, das kann doch wohl nur sinnbildlich genommen
werden, denn ich darf Ihnen, Herr Direktor, nicht erst
die nennen, die dort gelebt und gewirkt haben. Es würde
eine glänzende Reihe deutscher Namen herauskommen!
Und diese gewisse Flucht aus Berlin, der sich Mancher aus
andern deutschen Gauen gerühmt hat, um sich selbst dadurch
in vortheilhaftes Licht zu stellen, scheint mir auf einen
sehr kleinlichen und kleinstädtischen Ursprung zurückzuführen
zu sein. Sei es nun Mendelsohn oder Rückert, oder wer
immer, dem Berlin nicht gut genug war, das hat nicht
viel Werth. Unsere deutschen Herrn lieben aus Gewohnheit einen Aufenthalt, wo sie möglichst wenig ihresgleichen
finden und bedeutend hervorragen. In Stuttgart, Frankfurt, Leipzig können sie jeden Tag die Aufmerksamkeit
der ganzen Stadt auf ihre Person bemerken. Tritt ein
solcher dort in einen Kreis, so fühlt er, daß alle Augen
auf ihn gerichtet sind; man betont überall seine Bedeutung und seinen Rang. So gewöhnt kommt er nach
Berlin. Dort findet er in jedem Kreise ein halbes Dutzend
Prinzen von Geblüt, ein Dutzend Herzöge und Fürsten,
Minister, Generäle, Präsidenten, Grafen und Würdenträger aller Art die Hülle und Fülle. Diese Alle haben
den Vorrang vor ihm und dann erst folgt eine Elite seines
Gleichen, die ihm den Rang streitig machen. So steht er
unbeachtet in der Ferne, er fühlt sich übersehen, vergessen,
wenig beachtet, gar nicht geschmeichelt, überflüssig in dem
großen Treiben. Dagegen tritt ihm seine Stellung in der
engen Heimath blendend vor die Augen, er flieht aus
diesem Zustande, eilt zurück in seinen Nimbus und schimpft
weidlich hinter Berlin her.

Sie werden ja ganz böse! sagte Cornelius, aber Sie

haben wirklich nicht ganz unrecht. Nur müßte sich in
Berlin selbst Vieles ändern, wenn es seine Stellung richtig
ausfüllen sollte.

Gewiß muß es das und wird es auch. Nur frage ich,
ob das nicht nur verzögert und verhindert wird durch das
ewige Mäkeln der kleinen Nachbarn. Es ist, als ob es
den Deutschen unerträglich wäre, daß eine ihrer Städte
eine Weltstadt werden soll, während doch alle übrigen
Nationen stolz auf ihre Metropolen sind. Es herrscht da
ein Gefühl des Neides gegen etwas Fremdes, statt der
Zuneigung. Und diese Menschen glauben die deutsche Ein=
heit im Herzen zu tragen. Sie sehen immer nur das Ge=
spenst der französischen Centralisation, als ob nicht die
Engländer ihr London hätten. Und sage man, was man
wolle, eine große Nation kann ihre Rolle nicht spielen,
ohne eine Weltstadt zu haben.

Sie sprechen ganz, als ob Berlin die Hauptstadt
Deutschlands wäre, warf Cornelius ein.

Mag man sich mit Händen und Füßen dagegen sträu=
ben, Berlin wird für Deutschland diese Rolle übernehmen,
denn Berlin ist da und Deutschland hat eine große Zu=
kunft. Erlauben Sie mir die Frage: Wo würden Sie
selbst wieder hinziehen, wenn Sie Italien noch einmal
verließen. Etwa nach München? Hat dieses den Hoff=
nungen König Ludwigs entsprochen?

Nach München könnte ich nie wieder ziehen, antwortete
Cornelius.

Oder würden Sie Frankfurt, Dresden wählen?

Nein, nein, rief Cornelius aus, wenn ich vorher nach
deutscher Art tapfer geschimpft habe, so will ich jetzt gerne
gestehen, daß ich trotz Allem, was ich dort erfahren habe,

selbst Berlin den Vorzug geben muß. Es ist doch ein wichtiger Mittelpunkt heutigen Lebens, und wird es bald noch viel mehr werden. Ich werde auch wohl damit schließen, wieder hinzugehen, denn man muß nicht zu alt werden oder gar sterben im Auslande. Um sich in der Fremde zu Hause zu fühlen, muß man jung und in der Bildung begriffen sein, denn man ist und bleibt für die Eingebornen ein Fremder.

Ja, das ist gewiß wahr, antwortete Jener, da dürfen wir nur auf unsere alten Herrn in Rom schauen, sie leben nicht mit den Römern, nicht mit den Deutschen fort, sie haben keine Gegenwart, keinen bestimmten Posten auf dem Felde des Schaffens. Sie vermitteln nicht zwischen dem allgemeinen Wahren, was sie in Rom gelernt haben, und den Schwingungen des Volks= und Zeitgeistes. Nein, Rom muß für die deutschen Künstler immer nur ein Reiseziel bleiben, sie müssen zu Hause pflanzen, was sie hier gesammelt haben und nicht hier hängen bleiben, koste es dann auch eine Thräne, wenn zuerst wieder die rothen Ziegeldächer erscheinen.

Es ist ein himmelweiter Unterschied, sprach Cornelius, zwischen diesem Reiche des Schönen und dem nüchternen armen Norden, das ist nicht anders. Wenn man aber glaubt, etwas Besseres gelernt zu haben, dann soll man so viel davon, als man kann, aufladen und es zu Hause verwerthen. Jetzt kommt einmal hier herein, da sollt Ihr ein gutes Weinchen finden.

Bei diesen letzten Worten strahlte aus seinen Augen jugendliches Feuer, als er aber gar den Ausdruck der Ver= wunderung bemerkte, der sich in den Zügen seiner Be= gleiter malte, da bäumte er auf und rief sie an: Sie glauben wohl, ich kenne das nicht!

Es war eine ganz ungefälschte Römische Osteria, vor der sie Halt gemacht hatten. Der ganze Hof, in den sie nun eintraten, war mit einem Dache von Weinlaub überzogen, der Boden war Tenne, einige rohe Tische und Bänke, welche letzteren statt des Brettes einen etwas zugehobelten Balken zum Sitzen boten, waren das ursprüngliche Geräthe. Cornelius führte die Freunde an den längsten dieser Tische, obwohl andere näher standen, ließ einige Fiaschetto's anstischen und schenkte selbst die Gläser voll. Dann hob er feurigen Blickes sein Glas mit den Worten: Auf das Wohl des trefflichen König Ludwig. Die jungen Männer gaben ihm Bescheid.

Seht, ihr jungen Herren, fuhr er fort, auf diesem Tische hat der große Maecenas eines Abends gestanden und uns wie seinen Brüdern in der Wahrheit sein volles Herz ausgeschüttet. Seine Worte übten auf uns eine magnetische Kraft aus. Ja, was wir hier in so manchen Zusammenkünften gedacht und gewollt haben, was dann zum Theil in Erfüllung gegangen ist, das verdanken wir zunächst dem Ludwig. Es war ihm heiliger Ernst um die Kunst und das hat er durch die That bewährt. Aber, setzte er nach einer Pause ernst hinzu, er und seine Schaar mußten alleine stehen bleiben.

Deutschland sollte eine Reihe solcher Fürsten haben, sprach einer der Gefährten, so daß die monumentale Kunst Wurzel fassen könnte und dem ganzen Streben ein dauernder hoher Mittelpunkt gesichert bliebe.

Freuen wir uns, daß der Eine da ist, meinte Cornelius, mit seinen Schöpfungen muß die deutsche Zukunft rechnen, denn der Maßstab ist im Lande. Solche Fürsten kann man nicht immer wieder erwarten, aber von den

Künstlern sollte man erwarten, daß sie unserm Streben
treu blieben. Keiner sollte den Griffel führen, ohne mit
uns um den Preis zu ringen.

Keiner sollte ihn führen, ohne Ihnen den Preis zuzu-
erkennen, erwiederte der Jünger. Großes, Erhabenes, was
einmal ins Leben getreten ist, soll man nicht zu übertreffen
suchen, sondern dem soll man nachstreben.

Bei diesen Worten nahm das Gesicht des Altmeisters
den Ausdruck des höchsten Ernstes an, während Aller
Augen auf ihm hafteten, weil es fühlbar war, daß er auf
eine bedeutsame Antwort sann. Nach einer Weile sprach er:

Es gibt immerhin Manches nachzuholen und besser zu
machen, lieben Freunde, und wenn mich Jemand übertreffen sollte, so würde ich mich wahrlich von Herzen darüber freuen. Ich bin mir bewußt, daß ich manches Gute
geleistet habe und ich kann gelassen auf mein Leben zurückblicken. Indeß sei es auch aufrichtig bekannt, daß wir
selbst mit Schuld tragen an dem Abfall von unserer Sache.
Die Meisterwerke des Cinquecento zeugen in dieser Hinsicht gegen uns. Glaubt mir, für die Kunst ist es ein
Glück, daß die Naturalisten auf uns gefolgt sind. Sie
zwingen euch, die Natur mehr zu Rathe zu ziehen. Nur
irren sie, indem sie uns verwerfen, statt uns zu ergän-
zen, und darum verurtheilen sie sich selbst zum Nihilismus.
Ihr müßt Beides vereinen, den Geist des Gedankens und
den Geist der Darstellung. Dann werdet Ihr uns übertreffen, sowie Rafael die großen Meister vor ihm über-
troffen hat. Immerhin gibt es noch Manchen, der weiß,
was die Kunst an uns hat, und das macht mir Freude.
Ich habe viele Freunde in der Welt und selbst unter den
Franzosen treu ergebene.

Man hat gut Sie verleugnen, warf der Jünger ein, wenn man sich erst seine ganze Jugend hindurch an Ihrem Geiste herangebildet hat, ob gern oder ungern. Es ist auch Keinem wahrhaft ernst um diese Verwerfung, sondern äußere Veranlassungen, Mangel an Ausdauer und Treue, Gefallsucht, Gewinnsucht und alles derartige treibt die ober= flächlichen Geister in glattere Bahnen. Das ist der alte Lauf der Welt! Später steigt es einmal wieder in seiner ganzen Größe empor, was jetzt geschehen ist.

Cornelius sagte darauf: Laßt uns jetzt von dieser Stelle aufbrechen, bevor wir die Lichtseiten erschöpft haben. Hier, wo der Blick frei und hoffnungsvoll in die Zukunft ge= richtet war, als noch Alles ungeschehen war, hier wollen wir nicht zu viel zurückblicken. Brechen wir lieber auf! Ich darf zu Hause auch nicht auf mich warten lassen. Und merkt Euch die gute Quelle, die ich Euch empfohlen habe, so gut wie manches Andere von mir, das bitte ich mir aus!

Ja, das wollen wir, riefen wir aus einem Munde und Einer fügte mit großer Wärme hinzu: Wir wollen noch manches Gläschen auf Ihr Wohl hier ausleeren, verehrter Herr Direktor!

Nur nicht zu viele! scherzte der Alte, während wir wieder auf die Straße traten. Dann ging er lange Zeit stumm und ernst in unserer Mitte, fast als geleitete er ein theures Wesen nach dem Hingange, und Keiner unter= brach diese Stille. Nach geraumer Zeit blieb er stehen, legte die Hand auf des Nächsten Arm und sagte mit trau= rigem Tone: Wer trüge nicht willig, was der Himmel ihm sendet an herben Enttäuschungen, bittern Erfahrungen, Prüfungen aller Art. Aber es ist ein tiefer Schmerz, wenn einen Schüler, auf die man hohe Hoffnungen setzt,

und das mit Recht, verlassen! Es rollte eine Thräne über
die hagere Wange des Greises, während er diese Klage
mit tief bewegter Stimme äußerte. Der Anblick dieser
Thräne erschütterte die Umstehenden bis in das tiefste Leben.
Er grub sich in das Innere eines Jeden und befestigte ihn
in dem Vorsatze, das ganze Leben treu zur guten Sache
des Meisters zu stehen. Keiner aber fand sich im Augen=
blicke stark genug, um derartige Worte zu sprechen. Die
Demuth verschloß die Lippen.

Erst vor der Hausthüre der Casa Bartoldi, als dieser
so hoch beglückende Gang doch auch wieder zu Ende gehen
sollte, unterbrach Einer das Schweigen, in dem Gefühle,
daß die Elegie des Meisters doch nicht das letzte Wort
sein sollte.

Herr von Cornelius, sagte er, das Hochgefühl, welches
diese Thräne hervorgerufen hat, hat doch im Ganzen mehr
Freude als Kummer in Ihr reiches Leben geflochten.

Und das erkenne ich dankbar an, erwiederte der Mei=
ster. In der Casa Bartoldi saß schon im berühmten Zim=
mer, erwartend, der älteste und treueste Stammgast, der
greise Plattner, der die ganze unsterbliche Jugendzeit im
Kreise jener begeisterten Jünglinge zugebracht hatte und
seitdem auf demselben Punkte stehen geblieben war, so daß
er glücklich war, in seinen alten Tagen noch wieder an der
Seite des Vorkämpfers sitzen zu können. Ihn zu sehen
und zu hören, war wie eine Geistererscheinung aus längst
vergangenen Zeiten. Cornelius nahm nach kurzem Gruße
seinen großen Sorgenstuhl ein, die Jugend ließ sich auf
dem Divan nieder und man wartete, wer heute zu dem
interessanten Colloquium erscheinen werde, das jeden Abend
zwischen sieben und halb neun Uhr um den ehrwürdigen

Gastgeber her freundschaftlich gehalten wurde. Zuerst trat
Dr. Emil Braun vom Kapitol ein, der damalige Vorsteher
des archäologischen Institutes auf dem Tarpäischen Felsen.
Er war ein hagerer bleicher Mann von ungewöhnlicher
Größe mit grauen herabhängenden Haaren, die er oft
schüttelte wie eine Mähne, und die über der Stirne eine
hohe Krone bildeten. Er sah aus wie die Mumie eines
Jünglings. Seit langen Jahren lebte er unter den römi=
schen Alterthümern, mit denen er theils in Gypsabgüssen,
theils in etwas phantasiereichen Vorträgen zu handeln ver=
stand. Uebrigens war sein sehr selbständiges Denken und
Auffassen immerhin höchst anregend. Darauf trat Overbeck,
der Priester ein. Als er an den Lehnstuhl trat, seinem
alten Gefährten stumm die Hand drückend, war es, als
drängten die Gestalten sich von allen Seiten aus den
Wänden hervor zu ihren Schöpfern hin. Jetzt erhob sich
Cornelius selbst noch einmal wieder von seinem bequemen
Sitze, denn der berühmte Professor Welker aus Bonn trat
ein, begleitet von dem jugendlichen Lassoe aus München
mit seinen sprühenden Augen und dem langen starken
Haarwuchse. Solche hervorragende Gäste wurden mit der
höchsten Auszeichnung empfangen. Es entspann sich nun bald
ein höchst interessantes Gespräch, bei welchem Welker die
Ventile an Brauns brausendem Kessel zu reguliren ver=
stand und Lassoe farbenreiche Bilder aus seinem Reiseleben
gab. Es ging dem Cornelius bei diesen Zusammenkünften
wie den alten Generälen, denen gegen Ende immer das
Wort zufällt, um von ihren Kriegsthaten zu erzählen.
Heute sprach er von Signorelli. Ich kam, so erzählte er,
nach Orvieto, um einige Tage dort zu bleiben und den
berühmten Dom anzusehen, und ich habe statt dessen

Monate dort zugebracht. Nie ist mir ein höherer Genuß
zu Theil geworden, als dieser Umgang mit Signorelli ihn
gewährte. Bei aller Größe und bei allem Styl sind seine
Gestalten so unmittelbar aus dem Leben gegriffen. Das
ist der wahre Naturalismus. In der Natur selbst liegt
das Höchste und Beste, wo nicht immer ganz erkennbar
ausgesprochen, so doch angedeutet, und es kommt nur darauf
an, das Auge so zu bilden, daß es die Natur in diesem
hohen Sinne anschaue. Das Studium dieses Meisters hat
den höchsten Einfluß auf meine fernere Entwicklung behauptet.
Das Gespräch führte dann von Signorelli auf Michel Angelo, aber wir folgen ihm nun nicht weiter, denn der
Absicht, einen Einblick in die Lebensweise des greisen Meisters während jener Tage zu geben, ist mit dem Erzählten
wohl genügt und für tiefergehende Gedankenentwicklungen,
an denen er so reich war, möchten wir doch nicht die Ge-
währleistung voller Aechtheit zu übernehmen befugt sein.
Wir kehren also aus dem lieben doppeltgeweihten Raume
auf die Straße und in die Gegenwart zurück.

Zwei Greise haben wir in Rom, die noch immer mit
bewunderungswürdiger Rüstigkeit und jugendlichem Sinn
in sehr verschiedener Weise ihre Kunst ausüben. Professor
Wolf fand ich bei einer Sappho, die, ganz abgesehen von
der physischen Kraft, die bekanntlich erfordert wird, um
eine große Thonstatue aufzubauen und auszubilden, in
der Conception wahrlich keine Spuren des Alters verräth.
Ich möchte beinahe wagen, diese Figur die schönste zu
nennen, die jemals aus des Meisters Hand hervorgegangen
ist. Die geistige Bedeutung der Dichterin, der Adel und
die Grazie des Weibes und die Anmuth der Bewegung
wirken hier vereint in den strengen Gränzen classischer Form.

Es ist wunderschön, wie die Gewänder, namentlich auch von den Rückansichten, über den schreitenden Körper nieder= wallen, bestimmt in ihrem Falle durch die Stützpunkte des Körpers und doch wieder luftig frei durch den Schritt. Möge es ihm gegönnt sein, diese Gestalt am Abend seines reichen Lebens in Marmor auszuführen und zwar für sein Vaterland. Denn wenn der gute Name des Künstlers, wenn die schöne Erfindung ihm dazu ein Anrecht gibt, so legt vielleicht der Heimath die Achtung vor dem unermüdlichen und unerschöpflichen Greise die Pflicht auf, seiner noch ein= mal in Großmuth zu gedenken. Es ist hart, aus der Mode zu kommen und nicht immer das schlechteste Zeichen für Geist und Charakter des Künstlers. Marmorgebilde aber überdauern viele Moden und dienen dem Lande noch zum Schmuck, nachdem hundert neue Phasen geistigen Kampfes zurückgelegt sind.

Der zweite deutsche Meister ist Riedel. Der Mann und seine Bilder spotten des Alters. Der freundliche Greis sieht wahrlich aus wie ein guter Fünfziger, der seine Zeit in Wald und Flur mit der Jagd verbringt. Und nun erst die drei Bilder, die eben jetzt bei ihm zu sehen waren. Das ist ja der unbedingte Ausdruck der ersten Jugendfülle. Man nehme nur die Wahl der Gegenstände: Amor und Psyche in lieblicher Umarmung, umgaukelt von Rosenranken und Schmetterlingen; Amor die Nachtigallen fütternd, und der kleine Puk von Glühwürmchen umschwirrt. Riedel hat sein Leben hindurch so viel Sonne in seine Werkstatt ge= zogen, daß er jetzt das Licht im Hause hat. Er malt nicht mehr den Sonnenschein auf die Figuren, ja der Puk ist sogar im Mondenlicht, aber seine Gestalten leuchten jetzt selbst wie Sonnen. Er treibt auch noch immer sein bißchen

Hokus Pokus, und zieht einem die Vorhänge vor das
Atelier-Fenster, so daß die Bilder im Dunkeln stehen.
Aber es ist auch staunenswerth, wie sie gerade dann erst
leuchten. Er hat wirklich ein Geheimniß in der Farben-
gebung durch sein langes Leben behalten und hat davon
keinen eiteln Mißbrauch gemacht. Denn in diesen Bildern ist
so viel Poesie, so viel keuscher Geist, so viel lyrische
Dichtung und ein so großer Schönheitssinn, daß sie in jeder
Hinsicht die größte Wirkung hervorbringen. Sie sind geradezu entzückend, wozu natürlich die lieblichen Gegenstände ihr Theil beitragen. Der Nachtigallen Fütterung
liegt ein Gedicht „Philomele" zu Grunde, nach Riedels
Ausspruch von Anakreon, aber in der hier folgenden Form
in Goethe's Gedichten „Antike Form sich nähernd," ab-
gedruckt:

„Dich hat Amor gewiß, o Sängerin, fütternd erzogen;
  Kindisch reichte der Gott dir mit dem Pfeile die Kost.
So durchdrungen von Gift die harmlos athmende Kehle
  Trifft mit der Liebe Gewalt nun Philomele das Herz."

So gibt denn nach Tausenden von Jahren ein deutscher
Geist einem griechischen im Seelenbunde die Hand und
ruft die liebliche Idee in neuer Gestalt zum andernmal
ins Leben.

Graf Lichnowski, Monsignore und jetziger Doyen des
Olmützer Stiftes, war vor fünfundzwanzig Jahren dauernder Bewohner Roms, in Freundschaft verbunden mit dem
jungen Monsignore, jetzigen Cardinal, Fürsten Hohenlohe.
Die hohe Bildung, von ungewöhnlichem Gedächtniß unter-
stützt, und der unerschöpfliche Humor machten den Grafen,
der ein Bruder des in Frankfurt ermordeten Fürsten ist,
zum Liebling aller Kreise, der deutschen, der italienischen

und der internationalen. Starke schmerzhafte körperliche
Leiden haben ihn seitdem heimgesucht, aber trotzdem erhält
er sich seine volle geistige Frische und nimmt demgemäß
immer noch die gleiche Stellung ein. Er ist eine lebendige
Chronik Roms, und zwar auf allen Gebieten und aus
allen Zeitaltern, so daß der Verkehr mit ihm auch in dieser
Hinsicht höchst interessant und belehrend ist. Da er von
früh auf ein eifriger und geschickter Sammler gewesen, so
kann man sich vorstellen, welche Schätze mannigfacher Art
sich bei ihm angehäuft haben. Besonders ist seine Münz=
sammlung höchst umfassend und werthvoll.

Der Graf fuhr gleich bei meinem ersten Besuche mit
mir zum Cardinal Hohenlohe, der mich in jungen Jahren
sehr freundlich aufgenommen hatte. In einem freundlichen,
bescheidenen Hause nahe der Kirche Santa Maria Mag=
giore wohnt der Cardinal in schön eingerichteten Zimmern.
Er empfieng mich wieder, seiner Natur gemäß, auf das
freundlichste und gütigste. Im Verlauf dieses Vierteljahr=
hunderts ist er in seiner Erscheinung dem Fürsten Clod=
wig, dem deutschen Botschafter in Paris, viel ähnlicher
geworden, namentlich der Seelenausdruck und die Sprache
sind diesen beiden wahrhaft edeln durch und durch einfachen
Brüdern ganz gemein. Der Cardinal nahm großes In=
teresse an einem Porträt Rafaels, das sich im Vatican im
Besitz eines geistlichen Herrn, Don Marcello, befindet.
Er schrieb mir die Adresse auf und forderte mich auf, hin=
zugehen und es anzusehen. Wenn ich recht verstanden
habe, so hat der Maler Begas von Berlin aus Auftrag,
sein Urtheil über das Bild abzugeben, weil man ein Auge
auf dasselbe geworfen hat und große Meinungsverschieden=
heiten bezüglich der Aechtheit obwalten. Es soll also

urkundlich festgestellt sein, daß Rafael dieses Porträt für
Francia gemalt habe zur Zeit, wo er die Disputa malte.
Die Stellung ist dieselbe wie die seines Kopfes auf dem
Frescogemälde. Es ist wohl gerechtfertigt, daß man heut=
zutage an ein sehr rein und frisch erhaltenes Gemälde mit
Zweifeln herantritt, wenn es gilt, ihm eine so überaus hohe
Stellung einzuräumen. Gewisse Bilder würden alle Scru=
pel ohne weiteres niederwerfen. Das thut dieses wohl
nicht. Man kann sich nur wieder nicht vorstellen, daß ein
anderer Künstler, der ein Porträt Rafaels nach der Natur
gemalt hätte, dem Kopfe genau dieselbe Stellung gegeben
haben sollte, die Rafael seinem Selbstporträt gegeben hat.
Und das Bild sieht entschieden so aus, als ob es nach der
Natur gemalt wäre. Es ist auch ein außerordentlich schönes
Bild mit leuchtender Stirne. Ich für mein bescheidenes
Theil habe mich an dem Werk außerordentlich erfreut in
der Annahme, daß es ein Porträt des großen Meisters
ist, zu dem er gesessen hat. Wie ein Rafael'sches Gemälde
ist es mir dagegen nicht ganz vorgekommen. In der
Sammlung dieses Don Marcello, zu der man gelangt,
wenn man an den Loggien vorbei die Treppen bis oben
hinaufsteigt, sieht man eine große Zahl sehr interessanter
Bilder, die jedenfalls da, wo die Originalität bei sehr
großen Namen angezweifelt werden kann, vortreffliche frühe
Copien sind. Bei manchem Bild ist aber gar kein Zweifel
erlaubt, so daß es doch sehr lohnend ist, von dieser Samm=
lung Act zu nehmen. Unter anderem ist dort ein Porträt
Michel Angelo's von Vasari, das im Vergleich mit dem
großartigen Selbstporträt auf dem Capitol einem gewöhn=
lichen Menschenkinde diesen Riesen etwas näher rückt und
einen sehr interessirt.

Der Genuß von den vaticanischen Sammlungen wird
einem recht sauer gemacht, seitdem diese Schätze sich in
einem abgesonderten Weltreiche befinden. Zu den Statuen
muß man auf einem unermeßlich langen Wege rund um
die ganze Peterskirche herumgehen, während man zu den
Gemälden auf dem alten Weg an der Sixtina vorbei geht.
Um 11 Uhr Morgens werden aber die Sammlungen geschlossen und dann Nachmittags nur wieder von zwei bis
halb 4 Uhr geöffnet. Was fängt man in solchen Sammlungen mit anderthalb Stunden an! Und wenn man den
Morgen dazu nimmt, so ist man von 11 bis 2 Uhr am
anderen Ende der Welt. Außerdem sind die herrlichen
Gemälde umlagert von riesigen Leinwanden der Copisten,
die noch dazu, wenn man die Rafael'sche Transfiguration
betrachtet, schwatzen, singen und pfeifen, leichtsinnige, hoch-
müthige junge Franzosen.

Ein großes Verdienst um die Deutschen hat seit Jahren
wieder Hr. v. Dachröden, der Schloßhauptmann des Deutschen Kaisers. Seine Gemahlin ist die Tochter des Prinzen
August von Preußen, Schwester der unvergeßlichen ersten
Gattin des Grafen Arnim. Jeden Sonntag Abend haben
Dachrödens offenes Haus, und die verschiedenartigsten
Deutschen finden dort gastliche Aufnahme, sowie Gelegenheit, sich frei und behaglich zu bewegen. Dieß ist zur
Zeit um so werthvoller, da die zarte Gesundheit die Gemahlin des deutschen Botschafters verhindert, so viel für
die Landsleute zu thun, wie ihr Herz und ihr gastfreier
Sinn es ihr vorschreiben würden. An diesen Gesellschafts-
abenden bemerkte ich nun mit großer Freude, wie sehr zum
Unterschied mit früheren Zeiten Deutsche und Italiener
sich mischen. Auch fand ich junge italienische Herren, die

mit großer Fertigkeit Deutsch sprechen. Wenn unsere
Sprache den Italienern nicht so außerordentlich schwer zu
erlernen wäre, so würden sie, ihrer jetzigen Stimmung
folgend, sich alle darauf werfen. Der praktische Stand=
punkt, auf welchen Treitschke so richtig hinweist, treibt sie
dazu, aber sie haben auf keinem Punkte einen so schweren
Kampf mit ihrer inertia.

Der deutsche Botschafter, Freiherr v. Keudell empfieng
mich rückhaltlos wie einen guten Freund aus jungen Jahren.
In jener Zeit, auf die ich so oft zurückweise, war Keudell
als preußischer Assessor mit seinem Freunde, Herrn v. Diest,
der zur Zeit Regierungspräsident in Merseburg ist, auf
einer großen Reise durch Italien begriffen, von welcher
wir einen nicht unbeträchtlichen Theil in Gesellschaft jener
alten Gräfin Dohna zusammen machten, die ich in meinem
Briefe aus Neapel erwähnt habe. Neapel mit seinen Um=
gebungen haben wir so durchstreift, dann Ischia, Puzzuoli,
Capri, Sorrent, Amalfi, Salerno, Paestum zusammen
besucht, bis uns jenes früher erzählte Unglück von dem
Vesuv wegscheuchte. Dann haben wir wieder glückliche
Tage in Palermo, Taormina, Messina verlebt.

Keudell mit seinem großen musikalischen Talent war
in dieser Hinsicht die Seele unseres Kreises, und die
Mondnächte in der Trinacria in Palermo, mit geöffneten
Flügelthüren auf die Rosen=Terrassen, wo wir gute deutsche
Musik in vortrefflicher Aufführung genießen konnten, sind
dem Gedächtniß tief eingeprägt. Auch hatten die jungen
Freunde, wenn wir beritten waren, Guitarren um die
Schultern gehängt, und oft im hohen Wald an den See=
küsten sangen sie zweistimmige Lieder, daß es ringsum
wiederhallte. Seitdem ist nun der Baron unser einem in

hohe Regionen entrückt, aber davon hat man bei einem
so ächten Künstler und ächten Menschen, wie Kendell ist,
nichts zu fürchten. Seine Frau war noch nicht wieder in
Rom, und so lud er mich denn mehreremal zu seinen
Herren von der Gesandtschaft. Diese wußten viel zu er=
zählen von den großen Herbstmanövern, die dieses Jahr
unter General Cosenz stattgefunden haben, und zwar nur
das Allervortheilhafteste. Der Geist in den Offiziercorps
und in der Truppe, der Eifer und Ernst, mit welchem die
Arbeit gethan wurde, die große Ordnung in allen Dingen
hatte sie mit Achtung erfüllt. Dieß wird eine der besten
Schulen für das neue Italien werden! Einen Abend war
ich allein beim Botschafter, gute alte Zeiten und so man=
ches durchsprechend. Auch gönnte er mir nach der Mahl=
zeit die Freude, ihn spielen zu hören, und zwar war unter
den Stücken, die er vortrug, eine Nummer aus dem Pau=
lus, von ihm für das Clavier bearbeitet. Er schreibt viel
nieder, ganz Eigenes und Bearbeitungen für das Clavier,
auch nicht ohne die Absicht, dereinst manches der Oeffent=
lichkeit zu übergeben. Ueber Italien hat der Botschafter
die eingehendsten Studien gemacht, und er verbarg nicht seine
Verstimmung über die leichthin abgegebenen ungünstigen,
oft geringschätzigen Urtheile in deutschen Blättern, die ihm
meist auf Mangel an Kenntniß der von den unsrigen grund=
verschiedenen Verhältnisse zu beruhen dünken. Er sieht hier
die übeln Früchte solcher Reden aus dem Munde der
Bundesgenossen, und klagt, daß auf diese Weise manches,
was er eifrig und mühsam anbahnt, wieder eingerissen zu
werden droht. Wo wir unseren Tadel über Italien nicht
auf genaue Kenntniß der Dinge begründen, und wo wir
demselben nicht wohlwollende Absichten zu Grunde legen,

da sollten wir jetzt über dieses in gewaltigem Ringen be=
griffene Volk schweigen, um die Kluft, welche diese beiden
höchst verschiedenen Nationen trennt, nicht immer wieder
zu erweitern. Eine Vernunft=Ehe bedingt mancherlei Rück=
sichten. In dieser Periode haben die Italiener eine außer=
ordentlich hohe Vorstellung von unserer Macht und eine
große Achtung vor unseren Culturzuständen, und zwar
ohne Mißgunst und Eifersucht von Seite Jung=Italiens.
Sie sehen in den Deutschen eine sichere Stütze. Nirgends
aber kann man deutlicher als in Rom erkennen, wie sehr die
neuerstandenen Reiche darauf angewiesen sind, mit vereinten
Kräften an ihrer Erhaltung und Ausbildung zu arbeiten.
Der Gegensatz zwischen Vatican und Quirinal macht einen
beängstigenden Eindruck. Es ist, als ob die ganze Luft
durchschwirrt wäre von giftigen Pfeilen, die überall ein=
zudringen suchen, um das neue Leben zu verderben. Die
Damen des Auslands im Zusammenhang mit römischen
Priestern spielen dabei nach wie vor die Hauptrolle, nur
daß ihr Denken und Trachten jetzt ein fanatisches, mit
politischen Zwecken verknüpftes ist, während es früher nur
religiöser Natur und mehr ein schwärmerisches war. Was
hört man da für Aussprüche über Bismarck, sorgfältig an
einer Stelle angebracht, wo sie möglichst viel Schaden an=
richten können! Bismarck ist für dieses Rom ein Name
wie früher Luther. Möge seine Reform eine eben so durch=
greifende sein. Das Leben der Deutschen in Rom, außer
derjenigen, die einen Winter dort zubringen, um Kennt=
nisse zu sammeln, ist noch immer darauf begründet, die
Welt mit ihren Sorgen und ihrer langen Weile hinter sich
zu lassen und in der Vergangenheit vergraben zu sein.
Es hat mich nicht die geringste Lust angewandelt, in diesen

abgestandenen Wassern längere Zeit mitzuschwimmen. Zu=
letzt wird man gar den schönsten Denkmälern gram, wenn
sie einem alles sein und alles ersetzen sollen. Mich hat's
aus voller Seele verlangt, wieder in die Heimath, in das
volle, einheitliche, active Leben zurückzukehren.

Am Tage vor meiner Abreise kamen meine Freunde von
Campo=Morino an, und ich konnte den letzten Abend beim
Präsidenten in demselben Kreise zubringen, in dem ich
mich im Sommer so wohlgefühlt hatte. Nicht ohne Rüh=
rung ward ich beim definitiven Abschied gewahr, wie sehr
diese guten Menschen mir ihre Zuneigung geschenkt haben.
Unter ihren aufrichtigen Segenswünschen schied ich von Rom.

Carrara.

Die Fahrt von Rom nach Norden längs der Küste ist, abgesehen von den Denkmälern in berühmten Städten, gewiß bei weitem schöner, als die durch das Innere Italiens. Man ist nicht beschäftigt mit der geistigen Bedeutung, mit der reichen Geschichte der hehren Italia (nur bei Pisa streift man einen Augenblick an diese bedeutsame Seite der Reise durch die Halbinsel), aber man sieht sie in ihrem Brantschmuck, den sie ihrem unwandelbar treuen Gefährten, dem ewigen Frühling, zu Ehren nie ablegt. Bei der Fahrt von Rom fährt man um die Stadt herum, am Lateran vorbei über die Via Appia, sieht das Grabmal der Cäcilia Metella, die Kaiserpaläste, die Bäder des Caracalla, die Peter- und Paul-Basilika, die Pyramide des Cestius, den Scherbenberg, fährt durch das Gefilde der Grotta di Egeria, dann grüßt man über den Strom fahrend das Capitol, den Aventin, Pietro in Montorio, und wird somit im letzten Augenblick an die besten Stunden erinnert. In der öden Campagna, die nun folgt, regt uns das Brausen der fernen Brandung auf, das man hört, wenn der Zug auf einer Station still hält.

Dann treten von landeinwärts die Hügelketten näher heran, und zwischen diesen und dem offenen Meere fährt man durch ein Land, das gegen Norden hin immer schöner und schöner wird. Die Bäume sind fast ausschließlich immergrüne. Unsere Eiche sieht man nur auf den Höhen in der Ferne, auch immer noch grün, da sie erst Ende December ihr Laub färbt. Unten im Lande herrscht die immergrüne Eiche vor. Lange Strecken ist die Bahn vom Meere getrennt durch Erhöhungen in der Form der Dünen, die aber von fetter Erde, statt von Sand gebildet sind, und auf denen diese schwärzlichen Elci zwischen Ginster und Gestrüpp verstreut stehen. Dann kommen Pinien= Haine, einige von großer Ausdehnung, bis an den Strand reichend, einige in bedeutendem Umfang erst neu gepflanzt. Nun fährt man wieder lange Zeit hindurch unmittelbar längs der Küste, Segel in der Ferne beobachtend, bis man vor Piombino an eine ganz außerordentlich schöne Bucht gelangt. In der Mitte liegt ein kleiner Seehafen, vor dem einige Küstenfahrer ankern, große Berge umgeben die Bucht, sich mit vielen Vorgebirgen in das Meer er= streckend, kleine Felsen = Eilande ragen aus den Fluthen hervor, und draußen quervor dehnt sich die Insel Elba bis in weite Fernen aus, das letzte Reich des großen Er= oberers. Bis hierher waren die Triften vorherrschend, und große Heerden von Pferden, Rindern und Schafen bevölkerten die Länder. Auch sah ich an mehreren Sta= tionen nach einander bedeutende Transporte von ab= gestochenen ausgeweideten Lämmern aufladen. Sie waren in große, aus Holz geflochtene Körbe verpackt, die oben mit einem Netz von Bindfaden geschlossen waren. Nun verläßt man das Meer wieder und tritt in den schönen

Garten von Pisa. Die Höhen sind mit Villen, Schlössern,
Burgen, Ruinen besäet. Von der Bahn aus ziehen sich
an einer Stelle zwei Alleen gewiß eine deutsche Meile
weit landeinwärts, gegen ein auf der Höhe liegendes
Schloß zu, die eine von Cypressen, die andere von Pinien.
Bei der Stadt Pisa fährt man unmittelbar an den berühmten Baudenkmälern vorbei und dann mitten durch den
alten Pinienwald. Auch dieser wird durch ganz bedeutende
Anpflanzungen vergrößert. Die Berge treten nun näher
und drängen uns an das Meer zurück, es wird schöner
und schöner umher, man tritt in den Oliven= und Orangen=
Garten der berühmten Riva di Levante allmählig über,
und hier ist zum großen Unterschied vom inneren Italien
volle Mannigfaltigkeit in der Vertheilung der Culturen,
hier sind sogar Wiesen, hört! hört! Wiesen mit sich
schlängelnden Fußpfaden; das Herz geht uns auf in diesem
reichen schönen Gebiet. Aber auch hier habe ich bei besonderer Aufmerksamkeit nicht ein einziges Landhaus gesehen, für das der Bewohner irgend etwas gethan hätte,
um es zu schmücken, zu umgeben, seinem Wohlstand gemäß
auszuzeichnen. Diese Vorstellung ist auch in diesem Garten=
lande ganz fremd.

Bei Querceta fuhren wir an den ersten großen Nieder=
lagen von Marmor vorüber, dann bei Massa an impo=
santen Massen großer Blöcke. Auf einer kleinen Station
unter Carrara wechselte ich den Zug, und wir braußten
bergan durch eine Thalschlucht. Bunt angemalte, von
Orangen= und Citronen=Gärten umgebene Villen an den
Abhängen hoher Berge, die bis über den Scheitel mit
Oelwäldern überwachsen waren, zeigten sich zur Linken in
der Nähe des Ortes. Cararra selbst liegt in einem engen

Thal, durch das ein rauschender Bergstrom niederstürzt.
Alle Höhen, auch die großen fernen Berge, sind mit
dunkelm Buschwerk ganz bewachsen, und von den Marmor=
brüchen ist noch nichts zu sehen. Aber das Städtchen
nimmt uns vorderhand selbst in hohem Maß in Anspruch.
An verschiedenen Stellen des lang in die Schlucht hinein=
gezogenen Ortes sind große Brücken über den Strom ge=
baut. Von diesen aus sieht man das Wasser über Fels=
terrassen kleine schaumige Fälle bilden, und tief unter sich
eine Menge kleiner uralter malerischer Brücken hinüber=
geschlagen. Hohe Lorbeerbäume, uralte Orangenbäume
von der Größe unserer höchsten Birnbäume stehen in den
kleinen strotzenden Gärten ringsum. Wenn man jenseits
der Brücke einen Pfad einschlägt, der uns etwas bergan
führt und über die Stadt erhebt, so gewahrt man einen
Strom von weißen Marmorblöcken, der sich wie anderswo
ein Schotterbett durch die ganze Stadt zieht, gegen ihr
äußeres Ende hin immer breiter werdend, der Erweiterung
des Thales entsprechend. Und längs dieses fabelhaften
Marmorstromes arbeiten, eine auf die andere folgend, un=
zählige Sägemühlen, die Blöcke in Tafeln zerschneidend.
Auf der Straße, die längs dem Fluß aus den Schluchten
kommend hinläuft, sieht man in kurzen Zwischenräumen
immer neue Blöcke anschleppen. Zehn bis zwanzig Ochsen
ziehen auf den tief zerfurchten Wegen aus Leibeskräften,
auf das grausamste angespornt von ihren Treibern, an
diesen kolossalen Blöcken, um sie langsam vorwärts zu be=
wegen. Auf jedem Joche, das zwei Ochsen verbindet, sitzt
in der Mitte ein Mann, um durch sein Gewicht den Nacken
der Thiere niederzubeugen und die Zugkraft somit zu ver=
mehren. Obgleich zu den wichtigsten Brüchen jetzt eine

Eisenbahn hinaufgeführt ist, so müssen doch alle die Blöcke,
die zu Sägemühlen geführt und also diesseits des Bahnhofes
an verschiedenen Stellen abgeladen werden sollen, mit
Ochsen herbeigeschleppt werden. Außerdem sind noch an
zwei anderen Stellen, als an derjenigen, die jetzt durch
eine Eisenbahn mit der Stadt verbunden ist, wichtige
Brüche, so daß der Transport mit Ochsen immer noch
ein sehr bedeutender ist. Man kann sich denken, wie
fremdartig und großartig das alles auf den Beschauer
wirkt. Gegen Ende der Stadt auf einem erhöhten Punkt
erhebt sich der Palast der Bildhauerschule. Es ist dieß
die frühere Residenz der Herzoge von Malaspina. Wenn
auch von außen etwas vernachlässigt und zerfallen, macht
das Schloß doch immer noch einen imposanten Eindruck.
In der Vorhalle ist ein großes antikes Marmor-Relief
in die Mauer eingelassen, das man oben in den Brüchen
gefunden, und in das Michelangelo beim Besuche dieser
interessanten Oertlichkeit seinen Namen gegraben hat. Im
Hofe des Palastes sind Spuren einer sehr feinen eleganten
Architektur und ein Wappen des Fürsten Malaspina. Im
ersten Stockwerk sieht man über einer Thür ein interes=
santes Brustbild einer der Fürstinnen in Marmor gehauen.
Dann tritt man in einen Saal, der ein Tempel der Er=
innerung für Carrara ist. Auf einem marmornen Unter=
bau, mit entsprechenden Emblemen verziert, stehen die
Büsten berühmter Söhne dieser Stadt. Da ist Rossi,
Tenerani, der Bildhauer Finelli, der General Cuchiari,
der Arzt, Chemiker und Schriftsteller Pellicora und der
Geschichtschreiber E. Repetti.

Auf besonderen Sockeln neben diesen Koryphäen stehen
Büsten anderer verdienstvollen Carraresen. Da steht der

Cavaliere de Monte, der in Aegypten Marmorbrüche
wieder aufgefunden hat, die von den alten Griechen aus=
gebeutet worden sind. Sein Postament ist ein merkwür=
diger, ganz außerordentlich schöner Block, den er von dort
nach Carrara geschickt hat; da ist Fabricotti, ein Mann,
der eine Stiftung behufs der Ertheilung eines Preis=
Stipendiums an Schüler der hiesigen Kunstschule gegründet
hat; Bienaimé, der in Rom bekannte Bildhauer, und
andere.

Aus diesem Raume tritt man in einen anderen, in
welchem Modelle ausgezeichneter Sculpturwerke aufgestellt
sind. Zu meiner Freude fand ich in dieser Sammlung
auch die Hagar von Prof. Wittich in Düsseldorf. Auf
diesen Saal folgt ein anderer mit Abgüssen von solchen
Werken, mit denen Schüler der hiesigen Schule Prämien
gewonnen haben. Hinter dem Akademie=Gebäude ist ein
neuer großer Platz, mit Platanen=Alleen umgeben, in
dessen Mitte das Denkmal Rossi's aufgestellt ist, das
Muster jener wohlbekannten pedantischen Würde, deren
Herd an der Seine in der Académie de France zu finden
ist. Auf dem großen Platze des Ortes ist in der Mitte
eine Copie der vaticanischen Juno auf ein mächtiges Po=
stament gestellt. Ein Relief auf diesem Block stellt Mi=
nerva dar, wie sie von Amor zur Stadt Carrara und
zum Flusse geführt wird. Vor dem Sockel ruht auf einem
zweiten ein schöner ägyptischer Löwe, Wasser in das
Brunnenbecken speiend. Die kleine Kathedrale ist ein
wahres Schmuckkästchen in romanischem Styl, in weißem
und schwarzem Marmor ausgearbeitet. Dieß alles zu=
sammen in der schönen Umgebung macht einen freundlichen
anmuthigen Eindruck. Die Wege nach den Steinbrüchen

waren, da es die ganze vergangene Nacht geregnet hatte,
unergründlich; ich bat darum einen Eisenbahn=Beamten
um die Erlaubniß, auf der Bahn hinauf gehen zu dürfen,
und erhielt sie ohne weiteres. Nachdem ich eine kleine
halbe Stunde gestiegen war, befand ich mich hoch am
Gürtel des Berges, der das Thal von Carrara nach
Osten abschließt, und sah über die freundliche Gebirgs=
stadt hinaus auf das Gartenland bis zum Meer und auf
die weite, weite See. Nach Süden, den Fluß aufwärts,
schloß sich in langer Reihe eine Sägemühle an die andere,
das ganze Thal mit ihrem eindringlichen Geräusch er=
füllend, und gen Norden öffnete sich die Schlucht der
Brüche. Bald erreichte ich dieses wunderbare Gebiet.
Riesige Wände wie bei Eisenerz, dunkel bewachsen, mit
kühnen Zacken in die Luft ragend, sind von unzähligen
schwarzen und gelben Pyramiden unterbrochen (denn der
weiße Marmor bezieht sich an der Luft mit schwarz und
gelb); zwischen diesen Fels=Pyramiden sind die Eingangs=
löcher in die Schachte, und von diesen aus ziehen sich die
Gerölle der Marmor=Splitter, die hier seit tausend und
mehr Jahren abfallen, in mächtigen Strömen thalwärts,
nach unten sich mehr und mehr ausbreitend. Solche Ge=
rölle sind oft mindestens zweitausend Fuß hoch, ziehen sich
wie die Gletscher in Windungen zwischen den vorstehenden
dunkeln Felsmassen hindurch, und tragen ihrer ganzen
Länge nach auf der Oberfläche einen Riesenstrom von vier=
eckig gemeißelten Marmorblöcken, die nach und nach von
geduldigen Arbeitern mit Eisenhebeln bis an die Straße
gefördert werden. Es ist ein überwältigender Eindruck
durch die Massenhaftigkeit. Die meisten dieser Marmor=
Gletscher sind zweiter Qualität, aber ein Strom ist

marmore statuario. Was mag in diesem Embryonenstrom noch friedlich beisammen liegen, um sich einst gewaltig zu scheiden. Bismarck und Gambetta, Gortschakoff und Disraeli, Garibaldi und der Papst, Napoleon und Chambord, Wagner und Meyerbeer, Maßmann und die Leda, Luther und Ignatius Loyola, Milosch und der Sultan, Isabella von Spanien und Prinz Friedrich Karl, Krupp und die Musen — das Alles mag da neben einander und aufeinander liegen, einer Art und eines Stoffes, ein Bild der Eintracht und Liebe. Wie viel feine Kunst muß angewandt werden, um diese Typen in ihrem ganzen Haß und Antagonismus zu trennen!

Ein Arbeiter, der mich auf manches aufmerksam machte, zeigte mir eine Reihe der höchstgelegenen Eingänge in die Schachten mit dem Bemerken: daß man keinen Begriff habe, mit welcher Lebensgefahr es für die Arbeiter verknüpft ist, in diese Löcher zu gelangen. In der That rieselte mir die Haut bei dem bloßen Gedanken, daß Menschen in diese Wände hineinsteigen müssen. Während meines Aufenthaltes in diesen Schluchten ertönte nun ununterbrochen der Donner neuer Sprengungen, von allen Bergen wiederhallend, und das Gerassel abstürzender Blöcke und Brocken. Kein zweiter Betrieb auf dieser Erde mag sich wohl so großartig, so interessant und so malerisch darstellen. Und während uns die Bedeutung desselben im höchsten Grade fesselt, ist man zugleich für die Ersteigung belohnt mit allen Genüssen einer schönen Gebirgspartie. Nirgends stört uns das Abgezirkelte einer Industrie, eines Steinbruches, alle derartigen Vorstellungen überragt das ganze Bild in seiner unermeßlichen Größe so weit, daß die tausendjährige Menschenarbeit in der großen Natur ver-

schwindet. Nur die unverhältnißmäßige Größe und Aus=
dehnung der blendend weißen Gerölle führt beim Nach=
denken auf einen Widerspruch. Aber gerade diese geben
dem Ganzen seinen wunderbaren Stempel. Alle kleinen
Pfade, die rings um Carrara in die vielen lieblichen
Seitenthäler führen, sind mit Marmorsplittern auf=
geschottert und mit Ruhebänken versehen, deren Sitz,
statt eines Brettes, eine feine Marmortafel ist. Auch
sieht man in der Stadt zahlreiche Marmortreppen inner=
halb der Häuser. Ich trat in den Hof einer öffentlichen
Töchterschule. Das große Thor führt in eine Säulen=
halle, an deren Rückwand sich ein Wasserbecken lehnt, in
das ein starker Quell sein Wasser speit. Diese Halle ist
umdunkelt von einer Reihe dicht vor ihr stehender Orangen=
bäume, die ihre dichten Kronen so hoch erheben, daß die
goldenen Früchte von oben in die Fenster des ersten
Stockes hineinwinken. Kinder biegen sich, eines nach
dem andern, über den Rand des Beckens und trinken
vom frischen Bergquell. Oben auf der Säulenhalle ist
eine freie Terrasse mit Marmorgeländern, zu der an
einer Seite eine Freitreppe hinaufführt. Oben an der
Treppe ruht ein großer ägyptischer Löwe auf einem
Marmorsockel. An der gegenüberstehenden Hofwand ist
eine Reihe von tiefen Nischen, deren Bogen von kolossalen
Marmor=Karyatiden getragen werden. Ein seltsamer
Schulhof!

Als ich Morgens mein Fenster öffnete, ertönte über
der Stadt ein zartes Glockengeläute, das Klingen der
Hämmer an den Statuen. Der Besuch dieser unabseh=
baren Fluchten von Werkstätten, in denen die Modelle in
Marmor übertragen werden, sollte nun eigentlich das

Interessanteste und Ergötzlichste sein, mag auch Manchen erfreuen. Oft sind ja bedeutende Werke hier ausgeführt worden, in diesem Augenblick aber war nichts Anziehendes zu finden. Unzählige Knaben mit Trommeln und Pfeifen und anderen Belustigungsmitteln, sentimentale Mädchen, kurz Spielwaaren in Marmor. Carrara hat nun in hohem Maß Ebbe und Fluth in Bezug auf seinen Absatz. Der Handel in Italien selbst hat gar keine Bedeutung, wohl hauptsächlich, weil Norditalien seine Brüche für bunte Marmor-Qualitäten längs den Alpen hat. Denn es geht ja hier wie überall: die niederen Qualitäten sind der wichtigere Theil des Geschäftes. Die Ausfuhr nach Spanien ist schon eine sehr bedeutende, dann kommen die großen Reiche Europa's, alle von großem Bedarf, England und Rußland am wichtigsten. Der größte aber ist der nach Amerika. (Relata refero.) Nach dem Kriege zwischen Deutschland und Frankreich kam das Geschäft zu einer unerhörten Blüthe durch die Bestellungen für Frankreich, das seine Schäden demgemäß in sehr vornehmer Weise ausgebessert hat. Auch mußte über die Hälfte der Arbeiter aus Carrara selbst nach Frankreich kommen, um dort zu meißeln. Sobald das Geschäft zurückgeht, wird der Marmor auf Lager bedeutend billiger, an welchen Umstand sich von Alters her große Speculationen knüpfen. Mit mir im selben Wirthshaus wohnte ein Herr, der eben in diesen Tagen für eine halbe Million Franken Marmor gekauft hatte. Er wartet bessere Zeiten ab, um ihn dann um zwei Drittel theurer wieder zu verkaufen. Welchen Schaden derartige Nothverkäufe hier zurücklassen, das kann man sich vorstellen. Uebrigens sieht man hier noch deutlicher als irgend sonst wo das Walten der Capitalisten,

denn in diesem Carrara mit seinem Schatz ist die Menge
im gleichen Mangel wie überall. Sie sind nur schlecht
bezahlte Sclaven reicher Männer. Auch widert uns dieselbe Verwahrlosung und Verschmutzung an, wie in Süd=
italien, und mit Recht nimmt man hier im cultivirten
Norden noch viel mehr Anstoß an dieser unglückseligen
Erscheinung.

La Spezia.

Zwischen Carrara und La Spezia durchschneidet die Bahn ein gebirgiges Land, dessen bedeutendste Höhen jetzt umgekehrt nach der Seite des Meeres hin sich befinden, und eben die Umfassung der großen Hafenbucht bilden, die als Kriegshafen dient. Ich kam spät Abends in La Spezia an, und war am Morgen auf das angenehmste überrascht von dem Anblick, der sich mir darbot. Man hat eine ähnliche Empfindung wie bei Gaëta, das ja heutzutage den Reisenden ganz aus dem Wege gerückt ist, und früher eine Perle der Reise war. Alles wirkt schmeichelnd, Wonne und süßes Behagen erregend, auf die Sinne, wie es sich vielleicht sogar aus der Beschreibung entnehmen läßt. Ich mache den Versuch. Die Bucht geht nicht so tief ins Land, daß die Fühlung mit dem offenen Meer verloren ginge, und ist unmittelbar umschlossen von einer sehr mannigfach bewegten Hügelkette. Die Abhänge dieser Hügel fallen schroff in das Meer, so daß die Straße schon aus den Bergen selbst herausgeschnitten werden mußte. Unzählige Buchten treten zwischen den einzelnen Hügeln in das Innere und bilden so viele kleine Fischerhäfen. Die

zugehörige Ortschaft hat eine Reihe Häuser unten am
Wasser, die eigentliche Masse aber auf der Höhe. Die
Häuser sind von den buntesten Farben, roth, grün, korn=
blau, himmelblau, orange, ockergelb, mit weißen Gurten,
dichtumwachsen von Orangen= und Citronengärten, und
schimmern über dem Wasser aus den Olivenhainen märchen=
haft hervor. Der Golf ist von schönstem Blaugrün, die
Felsen und Erdbrüche sind roth und gelb und die Hügel
dicht überwachsen vom wolkigen Oelwald, durch den sich
Striche von jungen Eichen und Buchen ziehen. Hinter
diesem ganzen Bild ragen hohe Berge ringsum empor, es
mächtig umrahmend.

Große italienische Panzerschiffe lagen auf der Rhede
und, eigener Zufall, wechselten gerade wieder Salutschüsse
mit einem prächtigen russischen Kriegsschiff, das maje=
stätisch in den Hafen einlief. Unmittelbar an den Hafen=
damm lehnt sich der öffentliche Garten mit freier Aussicht
auf das Meer. Von einem Platze, der von Tulpenbäumen
beschattet ist, zieht sich eine Allee rings um die Anlagen,
in der je ein Oleanderbaum mit einem Orangenbaum ab=
wechselt, beide Pflanzenarten in der vollen Höhe schatten=
gebender Alleebäume. Oleander habe ich nie in dieser
Weise in Baumform gesehen. Wie mag es aussehen, wenn
die rosigen Blüthen des einen abwechseln mit den weißen
duftenden des anderen! Jetzt glühten die Orangen. Rings
um diesen Garten steht eine Reihe sehr stattlicher Häuser,
an denen sich eine große Colonnade hinzieht. Hier ist
alles so sauber und elegant wie am Hamburger Jungfern=
stieg. Im Garten spielt die Musikbande der Marine in
Matrosenjacken mit den breiten hellblauen Kragen, und in
der umgebenden Menge sieht man endlich einmal eine

größere Anzahl von Seeleuten. Nirgends kann man so
gut wie an diesen den angebornen Adel der Italiener erkennen. Statt vierschrötig und forsch wie die Nordmänner,
sind sie schlank wie die Cedern und von höchster Eleganz,
trotz ihres schlichten Auftretens. Wunderschöner Wuchs,
feine Gesichtsbildung, kleine Füße in guten Schuhen, dieß
alles macht viel mehr den Eindruck, als ob junge Künstler
bei einem Costümfest im Matrosenkleid umhergingen. Dabei
sind sie nüchtern und, wie ich höre, von außerordentlich
gutem Betragen. Ihr Anblick ist sehr erfreulich. Nun
möchte man erwarten, daß nach diesen Beschreibungen von
Blüthenbäumen und bunten Häuschen endlich auch die des
regen Treibens im Kriegshafen erfolge; aber da ist es
besser, lieber sofort wieder Orte wie Lindau, Gmunden,
Lausanne vor der Seele zu haben, als etwa Portsmouth
und Woolwich. Das Arsenal ist ein stattlicher Bau. Man
kann in der Nähe des hochummauerten, mit breitem Wasser-
graben umgebenen Gebiets der Docks einen Olivenhügel
besteigen und von oben in das Anwesen hinabschauen. Es
erscheint alles recht reichlich, tüchtig und ordentlich, aber
ziemlich unbedeutend im Vergleich mit großmächtlichen Verhältnissen. Außerhalb dieses Raumes aber merkt man
nichts mehr von einem wichtigen Treiben. Das Einzige,
was die Bucht in freundlichster Weise unausgesetzt belebt,
und eben an unsere Seen erinnert, ist die regelmäßige
Ueberfahrt von Bewohnern der kleinen Küstenorte. Auf
eine beträchtliche Strecke hin schneidet der Complex des
Arsenals den Verkehr längs der Bucht ganz ab, so daß
die Menschen den Bau umgehen müßten, mindestens eine
halbe Stunde Umwegs. Statt dessen fahren sie am Arsenal vorüber nach der Stadt und zurück. Hier sieht man

nun mit Verwunderung die Vertrautheit der Küstenbe=
wohner mit dem fremden Element. In der Nacht war ein
sehr scharfer Wind aufgekommen, der Morgens noch im
Zunehmen war. Gespensterhaft hingen finstere Wolken
draußen über den Wassern und krochen langsam die Berge
hinan. Das Meer war sehr bewegt und der Schaum
spritzte hoch an den Hafendämmen auf. Wenn ein Boot
dreißig bis vierzig Schritte entfernt war, verschwand es
schon so vollständig in den Wellenthälern, daß nur noch
die Köpfe der Menschen zu sehen waren. Im nächsten
Augenblick flog es aber so hoch empor, daß man schon zu
sehen glaubte, wie es umgekippt wurde. Und fortwährend
stiegen die Leute in Menge ein, Greise, Mütter mit ihren
Kindern, junge Mädchen, alles in fröhlichstem Behagen,
während ich für sie zitterte. Das Wirthshaus, Albergo
d'Italia, in dem ich abgestiegen war, hat vorn die Aus=
sicht auf den Hafen und hinter sich einen großen zugehörigen
Garten, von Orangenbäumen dicht beschattet. Dieser
Garten lehnt sich an einen Olivenhügel, auf dessen Scheitel
zwei mächtige mittelalterliche Castelle stehen. Mir hat dieser
liebliche Aufenthalt den Eindruck hinterlassen, daß ich mir
an der italienischen Küste kaum einen Ort vorstellen kann,
an dem ein Verweilen von einigen Wochen oder Monaten
befriedigender wäre.

Riva di Ponente.

In der letzten Nacht, die ich in La Spezia zubrachte, erreichte der Sturm seine Höhe, er ließ aber gegen Morgen nach und hatte die Wolken verjagt, so daß ich bei schönem Wetter die so viel bewunderte Straße der Riva di Levante zurücklegte. Es ist natürlich nicht vortheilhaft für den Genuß dieser überaus schönen Fahrt, daß man alle Augenblicke wieder in einen Tunnel fährt, aber man hat doch auch eben dadurch merkwürdige Ueberraschungen. Wenn man so mehrere Minuten (einmal fährt man sechzehn Minuten durch zwei unmittelbar auf einander folgende Tunnel) im Dunkeln dahingefahren ist, und dann wieder hervortritt, so sieht man dicht neben sich, und so zu sagen unter den Füßen, das Brechen der riesigen Wogen an phantastisch geformten Felsenriffen. Hoch auf fliegt der Schaum, und schauererregende Strudel ziehen das Wasser zwischen den Klippen in die Tiefe; dann wieder rollt man unmittelbar am Strande längs der langen anbrausenden Wogenkämme, und sieht weit hinaus über das offene Meer, bis uns die dunkeln Schachte wieder aufnehmen, um neue überraschende Bilder vorzubereiten. Und dieses wilde, starre,

felsige Küstengebiet ist überall eng verbunden mit lieblichen
Thälern, gefüllt von Orangengärten. Ungleich schöner
mag in früheren Zeiten die Fahrt auf der Landstraße ge=
wesen sein, oder gar das Hinreiten auf Saumpfaden; aber
man kann doch auch dem außerordentlich großartigen Bau
dieser Bahnstrecke seine Theilnahme und Bewunderung
nicht versagen, und freut sich auch des Vortheils, über ein
doch am Ende in sich etwas gleichartiges Gebiet in raschem
Fluge dahinzugleiten. Liegt ja Genua vor uns! Bevor
ich diese eigenthümliche Stadt berühre, theile ich noch
Einiges mit über das Leben in den Wagen. Ich hatte bei
der Ausfahrt von Rom nach Neapel so wenig als nach
Genua den Muth, die dritte Wagenclasse zu benützen, aus
Furcht vor den allzu gedrängt vollen Coupés bei der Aus=
fahrt aus einem großen Centrum. Was hatte ich von
meiner Furcht? Ich saß die meiste Zeit ganz allein in
meinem Wagen und sah auf den Halteplätzen, wenn ich
einen Augenblick ausgestiegen war, mit Neid in die durch=
aus nicht so überfüllten Wagen dritter Classe, wo harm=
lose Menschen in fröhlichem Geplauder beisammen saßen.
Wunderbarerweise reist in Italien außerhalb der beiden
Zugzeiten, des Herbstes und Frühjahres, überhaupt kein
fremder Mensch, so daß ich, der ich beidemale meine
größeren Fahrten nicht in jener Zeit gemacht, nie einen
zu sehen bekommen habe. So war ich denn auch in Or=
betello, wo die Bahngesellschaft wechselt, ganz allein an=
gekommen, spät am Abend, schlafend. Der Zug hatte
gehalten, alle Beamten hatten den Bahnhof nach abge=
thaner Arbeit verlassen, und um mich hatte sich niemand
bekümmert. Als ich erwachte, merkte ich bald an der
übergroßen Ruhe, wie ich dran war. Ein alter Mann

mit einer Laterne kroch noch in der Ferne zwischen Güter=
wagen herum, und zwei Soldaten gingen auf und ab.
Ich rief lange, ehe der Alte sich herbeiließ, mir die Thüre
zu öffnen. Er gab mir aber gleich den Rath, bis zum
Morgen im Wagen zu bleiben, denn hier am Bahnhof
sei keinerlei Unterkommen, der Ort zwei Miglien entfernt
und kein Fuhrwerk in der Nähe. Es sei auch gar kein
Wagen bei der Ankunft des Zuges unten gewesen. Die
beiden Soldaten da müßten auch die Nacht so warten.
Ich sagte dem Alten: sein Vorschlag wegen des Schlafens
sei am Ende noch annehmbar, aber der Hunger, der Hunger!
Seit Mittags um ein Uhr in Rom nichts gegessen! „Wo
ich denn hingehen solle, um zu essen?" „Hier sei nichts
derart," meinte der Brummbär. Da wurde ich fuchs=
teufelswild, rief die Soldaten herbei und sagte: es sei
unmöglich, daß am Ausgangspunkt eines ganzen Bahnnetzes
nicht gesorgt wäre für Speisung der Reisenden. Wir
wollten Lärm machen und uns nach andern Menschen um=
sehen! Nach diesen Auslassungen brachte uns der Alte
übellaunisch an eine Thüre, klopfte stark an und verschwand.
Die Thüre öffnete sich sofort, und mit ihr fiel der Blick
auf einen geräumigen Saal, in dessen Mitte ein Tisch
stand, überfüllt von Speisen aller Art. Große Armleuchter,
Tafelaufsätze voll schöner Früchte, Braten, Würste, Käse,
Wein in ganzen Pyramiden winkten uns entgegen, und
daneben stand ein lebensgroßer Kellner mit allen Abzeichen
dieser Würde. Wahrscheinlich hatte der Alte auf Trink=
gelder für eingeräumte Nachtquartiere speculirt. Den
guten Soldaten war diese Ueberraschung eigentlich viel zu
groß, aber lieber als eine ganze Nacht auf dem Perron
zu patrouilliren, entschlossen sie sich doch, in diesen Salon

zu treten. Sie bestellten sich auch ihrerseits ein möglichst
einfaches Gericht, und setzten sich mit mir an die reiche
Tafel. Ich schenkte jedem ein großes Glas Wein ein,
aber kaum hatten sie es geleert, so ließen sie sich selbst
eine Flasche reichen und schenkten mir wieder ein. Nun
erzählten sie mir nach einander in wahrhaft hinreißender
Weise zwei ganz ähnliche Geschichten. Sie gingen beide
auf zehntägigen Urlaub von Rom nach Hause, der eine
nach Lucca, schon weit genug, der andere gar nach Ma-
genta. Der Mann von Lucca erzählte zuerst: er habe eine
kleine Zulage, weil seine Eltern nicht ganz arm seien,
habe das Geld aber nie ausgegeben, sondern immer zurückgelegt, um einmal eine Urlaubsreise damit bestreiten
zu können. Nun habe ihm sein Vater vor Kurzem geschrieben: sie sehnten sich so sehr danach, ihn einmal
zu sehen, er möge doch um Urlaub bitten, und ihnen
schreiben, wann er kommen könne, sie würden ihm mit
Freuden die Reise bezahlen. Er aber habe geantwortet:
er nehme unter keiner Bedingung ein solches Opfer von
ihnen an, und verzichte auf das Glück. Dann habe er
gleich Urlaub genommen, und fahre nun nach Hause, die
Seinigen vollkommen überraschend. Die Geschichte des
Andern war genau dieselbe, auch hatten sie den Schwank
als Busenfreunde zusammen ausgedacht. Der zweite hatte
aber arme Eltern, deren Anerbieten ihn tief gerührt hatte,
bekam keine Zulage, sondern machte den Barbier seiner
Compagnie und reiste von diesen Einkünften. Dieser war
der jüngere und schönere. Mit lebhaften Pantomimen
malte er mir aus, wie es sein werde, wenn er nun auf
einmal ankomme. Er erhob sich vom Stuhle und führte
das ganze Manöver der Ankunft gegen die blinde Familie

auf. Sie erkannten ihn nicht in seinem Königsrock, und
als er sich nannte, brach der Jubel los. Alle umarmten
ihn, besonders seine drei Schwestern, mit großer Innig=
keit, wobei er jedesmal wieder in einer andern Richtung
die Arme ausbreitete. Sein Freund folgte mit funkelnden
Augen allen diesen Bewegungen. Als das hübsche Kind
mit dem Herzen voller Liebe sich wieder zu mir gesetzt
hatte, dachte ich mir: wenn jetzt ein Krieg ausbräche, und
ein feindlicher Soldat diesen entsetzlichen Gegner aufs Korn
nähme, ihn niederstreckte und in befriedigtem Stolz weiter
schösse! Es ist doch etwas Schönes um den Krieg!

Es wurden uns nun ganz bequeme Lagerstätten einge=
richtet auf herbeigeholten Matratzen. Morgens bekamen
wir Waschwasser und Kaffee und eine Rechnung zum
Lachen: zwei Lire und ein Bruchtheil. Als der Zug kam,
wollten die jungen Leute sich verabschieden, in der Vor=
aussetzung, daß ich zweiter Classe weiterfahren würde. Als
ich aber protestirte und sagte: „Wir sind nun Kameraden
und müssen bei einander bleiben, ich fahre mit euch dritter
Classe," da stieg die Anhänglichkeit auf das Höchste. Auf
der ganzen Weiterfahrt wichen sie nicht von meiner Seite
und überhäuften mich mit Zeichen der Verehrung. Wir
fanden Seemänner im Wagen und unter ihnen einen acht=
zehnjährigen Jüngling von der Insel Ischia, von wunder=
barer Schönheit; dieser kam von einem Urlaub zurück, um
sich in La Spezia auf einem Panzerschiffe wieder zu stellen,
saß meist schwermüthig am Fenster und spielte die Maul=
trommel.

Von La Spezia nach Genua fuhr ich mit Kaufherren
und Marineofficieren und hörte in den wenigen Stunden
von der ganzen Welt erzählen. Ein Besitzer von Marmor=

brüchen in Carrara hatte zugleich eine große Niederlage
in Barcelona und lebte seit länger als zwanzig Jahren
mehr als das halbe Jahr hindurch im schönen Spanien.
Vor dieser Zeit hatte er die Lieferung von fünfhundert
weißen Marmorbänken für den Sultan, meist für das Se=
rail, gehabt, und war selbst zugegen, um die Aufstellung
zu leiten. In Barcelona hatte er Prim gerade während
der Zeit des höchsten Aufruhrs gesehen, und erzählte in
lebhaften Farben von der Verwegenheit und dem kalten
Blute, mit dem dieser die Wogen zu beschwichtigen wußte.
Ebenso hatte er Amadeo und dessen Frau in den Unglücks=
tagen gesehen, wo oft der König in Person der einzige
Schutz der hochschwangeren Frau war. Wer das mit an=
gesehen hat, sagte er, der ist überzeugt, daß sie sich in
jenen Tagen die Keime des Todes geholt hat. Die Stadt
Barcelona will jetzt dem Exkönig eine große Marmorstatue
im Volksgarten errichten, und Valencia eine solche der
verstorbenen Gattin. Der Carrarese meinte: bei dieser
Veranlassung werde eine neue Revolution ausbrechen. Eine
große Partei verlange die Wiedereinsetzung des Königs
Amadeo, weil dieser für sich und seine Erben geschworen
habe, und der in Spanien geborne Prinz als Infant von
Spanien proclamirt worden sei. So wächst ja dann wieder
ein neuer Prätendent für jenen Thron heran, um die Ge=
schicke des schönsten Landes noch mehr zu verdunkeln. Unser
Gewährsmann erzählte uns, daß der Privatreichthum der
Spanier, Bürger wie Bauern, ein außerordentlich großer
sei, und nannte Bauernhöfe, auf denen er selbst gewesen,
von viermalhunderttausend Lire Besitzstand. Die Frauen
Spaniens erklärte er noch für ungleich schöner als die ita=
lienischen.

Andere Männer von schlichtem Aeußern waren in ganz Amerika zu Hause, wie wir am Starenberger See, und die Officiere ihrerseits hatten während des jetzigen Kriegs alle türkischen Häfen berührt; in der Adria wie in Kleinasien und am Goldenen Horn waren sie in den wichtigen Tagen gewesen und gaben sehr anschauliche Bilder über das Erlebte, die aber alle darauf hinausliefen, daß der Türke den Christen wie ein Thier verachtet und darum ohne Rücksicht grausam behandelt. Mir war an alle dem das Interessanteste zu erfahren, wie der Austausch der Gespräche an den Seeküsten die Menschen weit über die engen Gränzen der Heimath hinausführt. Und die Deutschen sind bei allen diesen Beziehungen über den Globus hin gerade das einzige Volk, mit dem die Italiener gar nicht in Berührung kommen. Bei den langen Küsten Italiens, die fast die Hälfte des ganzen Königreichs beeinflussen, mag man sich vorstellen, ein wie märchenhafter Bundesgenosse dieser Prussiano ihnen ist. Auf einer Station mußten wir einen Zug abwarten, waren ausgestiegen und schlenderten längs der Wagenreihe dahin, als ich an dem engen Fenster eines Wagens vierter Classe eine ungewöhnliche Aufregung bemerkte. Arme mit weiten schneeweißen Aermeln flogen auf und nieder, Tücher wurden geschwenkt, Feuerroth glänzte dazwischen, und als alle Welt ringsumher auf einmal seine Blicke auf mich richtete, wurde ich aufmerksam. Es waren die jungen Ciociarinnen aus Cardito, die nach Paris fuhren, und mich nun stehen sahen. Die Freude und der Jubel dieser jungen Mädchen, als ich nun hineilte, ihnen die Hand reichte, war so hübsch anzusehen, daß alle Reisenden daran theilnahmen. Schnell mußte ich ihnen noch meine Adresse aufschreiben, damit sie auf dem Rückwege

mich besuchen könnten. In Genua auf dem Bahnhofe konnte
ich ihnen noch einmal die Hand reichen, und dann eilten
sie eingeschüchtert, scheu, mit ihren großen Säcken, Pa-
keten, kleinen Kindern, hinüber in den anderen Zug, um
sofort weiter zu fahren. Arme Würmer, dem Vagabunden-
leben, den Gefahren von Paris preisgegeben durch die Un-
macht ihrer Männer, durch die verfahrenen Zustände ihrer
so fruchtbaren Heimath! — —

Genua.

In Genua hat man, wenn man aus dem Süden
kommt, mit vielen Enttäuschungen zu kämpfen. Ich stellte
mir darum lieber von vornherein vor, wie diese wunder=
bare Stadt auf den Reisenden wirken müsse, der aus
Binnenländern jenseit der Alpen hier zuerst das Meer
und den eigentlichen Süden berührt. Es muß ganz außer=
ordentlich überraschen und auch Staunen und Entzücken
erregen. Nachher wird man sich sagen können, daß das
übrige Italien Manches besser hat. Am auffallendsten ist der
Unterschied mit der andern großen Seestadt Neapel, zum
Nachtheil Genua's. In Neapel hat man das Meer in der
schönsten Weise förmlich mit hineingezogen in den ganzen
Plan, sowie man es thun wird, wenn man sich künstlich
ein großes Wasserbassin geschaffen hat. Man wird dieß
dann nicht wieder maskiren und unzugänglich machen,
sondern alles auf dasselbe berechnen. In Genua aber
kann man in der ganzen unteren Stadt das Meer gar
nicht sehen. Die Hafendämme und die aufernde Handels=
flotte decken dasselbe ganz zu, und da, wo nach Süden
hin die Stadt den Hafen überragt, führt nur ein enger

schlechtgepflasterter Mauergang am Meer entlang, fern allem eleganten Treiben. Dieses letztere ist nun zwar für den vorübergehenden Beschauer in seiner Art von großer Wirkung, denn in Genua ist man wirklich ganz frei am offenen Meer, und wenn man längs der alterthümlichen Mauern verlassener Stadttheile auf dieser alten Straße dahin wandelt, tief unter sich die Brandung am felsigen Küstenrande, vor sich die unermeßlichen Waffer, so ist das sehr ernst, fast schwermüthig, aber großartig. Ein anderes ist es, wenn man die oberen Stadttheile erreicht hat. Die Ansteigungen sind nur höchst unangenehm und langweilig auf den steilen mit hochgestellten Ziegeln gepflasterten Steigen, die sehr charakteristisch nicht via so und so, sondern salita und seesa so und so bezeichnet sind. Aber oben, wo man alle Hügel, Berge und Gärten, alle Paläste, die weit hingestreckte Stadt, den großen Hafen und das unendlich weite Meer mit ferneren und immer ferneren Umgebungen vor Augen hat — da ist es wohl bezaubernd schön. Nur muß man auch hier von allem dem abstrahiren, was durch edle Linien, feine geistig bedeutsame Silhouetten, schöne Kirchen in uns angeregt wird. Es ist wie ein Wein ohne Blume. Das Leben des Genuesischen Volkes ist ein ganz trübseliges und dumpfes. Der große Körper ihrer Stadt besteht aus einem endlosen Gewirr enger, häßlicher Gassen, die auch nirgendshin einen erheiternden Auslauf haben. An den großen Palästen auf der Hauptstraße liegt diesen Leuten natürlich nicht viel. Am Hafen aber hat sie der Teufel geplagt, zwischen den Hafendämmen und der längs hinlaufenden Häuserreihe einen ungeheuren Luxusbau aufzuführen, eine Art von Biaduct auf massiven Pfeilern mit Rundbogen, dessen Oberfläche

eine breite Terrasse, herrlich mit weißen Marmorplatten
gepflastert, bildet. Auf dieser Terrasse weilend sieht man
nichts als Schiffsmasten und schmutzige Wirthshäuser.
Die ganze Straße aber, an der diese Gasthöfe und so
viele andere Häuser stehen, ist durch diesen plumpen Vor=
bau in eine enge dunkle Gasse verwandelt. Und in dem
allen, was sich von der Flucht der Hauptstraßen entfernt,
ein Schmutz, eine Verwahrlosung, daß Gott erbarme!
Also auch hier in Piemont, im reichen Genua. Das
Volk lebt aber auch hier in gedrücktem Elend, man sieht
es gleich. Auch sehen die Massen bleich, mager oder ge=
dunsen aus, und sind unschön von Gestalt und Habitus.
Gerade im Rückschlag der großen Erwartungen war mein
erster Impuls, als ich ein paar Stunden nach Schönheit
vergebens gesucht hatte, dem allem wieder zu entfliehen.
Ich ging bis über den großen Leuchtthurm hinaus. Wenn
man dort einen Thorweg durchwandert hat, ist man von
der ganzen Stadt abgeschnitten. Ein mächtiger Felsen
erhebt sich landeinwärts, während dunkle Klippen gegen
das Meer zu vierzig bis fünfzig Fuß sich abstürzen.
Längs der Küste laufen noch weit hinaus Vorstädte mit
Häuserreihen nahe dem Wasser, dann aber sieht man
wahrhaft ins Endlose hinaus, die Küsten verschwimmen.
Schöne Gebirge füllen das ganze Land. Das ist ein Ort,
um die ganze Großartigkeit einer Brandung zu sehen,
wie nun erst, wenn Tags zuvor ein Sturm gewesen ist
und das Meer noch in hohen Wellen geht! Von einem
wahrhaft erschrecklichen Rasseln und Donnern war dieses
erhabene Schauspiel begleitet. Denn die angeschleuderten
Wassermassen konnten erst, bevor eine neue Welle ankam,
eine lange Strecke über einen abschüssigen Kiesstrand pfeil=

schnell zurückschießen, so sehr, daß diese Wasser schon selbst
wieder einen Wellenkamm bildeten. Dieser Absturz erzeugte
ein ohrenzerreißendes helles Rasseln. Wenn dann diese
Rücksturzwelle mit der großen anbrausenden Welle zu-
sammenstieß, so stürzten beide in dumpfem Donner in sich
zusammen, pfeilschnell riesige Schaummassen in die Luft
schleudernd, und nun riß die mächtige Außenwelle alles in
wildem Sturm wieder mit sich aufwärts, es wüthend gegen
die Felsen schleudernd. So weit das Auge reicht, zog sich
dieses Bild eines wüthenden Kampfes der Elemente in
die Fernen. Dabei regte sich kein Lüftchen, und die Sonne
tauchte langsam, majestätisch in die Fluth, eine feurige
Brücke bis an den Strand werfend. Als ich, wahrhaft
betäubt von diesem großen Schauspiel, wieder durch das
Thor schritt, ward ich gewahr, daß jene Donner-Musik
des Meeres einen Trauerzug begleitete. In unabsehbar
langer Reihe bewegten sich Auswanderer nach Amerika mit
ihren Säcken, Kisten, Geräthen und ihren Kinderschaaren
auf der Landstraße, die denselben Abend an Bord gebracht
werden sollten.

Viele Bauernschaften aus Piemont wandern hinüber,
wie ich höre. Muß man sich nicht den Italiener als Auswanderer recht preisgegeben vorstellen? Wie wird er auf
der langen Ueberfahrt behandelt werden, wer nimmt sich
drüben seiner an? Was hat man ihm verheißen, was
wird er finden? Und warum verläßt er sein fruchtbares,
keineswegs übervölkertes Vaterland, das ihn so leicht
nährt? Weil er die Abgaben nicht mehr erschwingen kann.
Sollte man nicht glauben, daß bei so flagrantem unheil-
drohendem Mißstand eines Landes die Reichen selbst die
Initiative ergreifen müßten, um eine günstigere Vertheilung

der Lasten zu beschleunigen? Es kann ihnen nicht oft genug und nicht laut genug zugerufen werden: periculum in mora!

Die Reihe der Genueser Paläste bietet allerdings einen erfreulichen Anblick, und durch die übermüthige Raumverschwendung, verbunden mit dem in höchst genialer Weise ausgebeuteten Umstande, daß die Paläste vorne niedriger stehen als hinten, wo sie am Berge lehnen, zeigt sich uns eine Art von Treppenhäusern, Treppenhöfen, Terrassenbauten, die ganz einzig ist und sehr vornehm und großartig. Aber der Styl der Paläste, wie sie jetzt dastehen, gehört doch durch die Bank einer sehr späten Zeit an, und sobald man von der interessanten Scenerie zur Betrachtung des Einzelnen übergehen will, läßt es uns vollkommen im Stich. Dieß gilt auch noch ganz insbesondere von der schwelgerisch reichen Ausstattung der Intérieurs. Das ist lauter hohler Pomp, bei dem man nicht an die Säle des Louvre und der Schlösser von Versailles denken darf, geschweige denn an die Säle Roms und Venedigs aus der guten Zeit. Der Gesang von weißen Marmorpalästen ist eine Hyperbel, keine der großen, imposanten Bauten ist aus Marmor, sie tragen nur solche Verzierungen an ihren Façaden. Aber in dieser langen Flucht vornehmer Häuser befinden sich zwei nicht sehr große Paläste aus einer früheren Periode, ganz aus weißem Marmor. Diese können einen Begriff geben, wie Genua vor der Zeit des Barocco aufgebaut gewesen ist, und da mag es denn allerdings von außerordentlicher Schönheit gewesen sein.

So wie es jetzt ist, kann man wohl mit Recht behaupten, daß zwei sehr verschiedene Genüsse, die Genua

bietet, bei weitem wichtiger sind, als die Stadt an und
für sich, und zwar die Ausflüge von Genua gegen Nizza,
an der Riva di Ponente und die Gemäldesammlungen.
Die Ausflüge sind ja in aller Welt Munde, niemand wird
sich wundern, daß ich selbst nach einer viermonatlichen
Reise nicht mehr einigen neuen Zusammenstellungen von
Bäumen, Felsen und Wassern nachgegangen bin. Ich be=
finde mich ja, um ein recht profanes Bild zu brauchen,
wie am Ende eines sehr langen Diner, aber es ist nicht
zu läugnen, daß der Anblick der unzähligen Photographien
aus diesen Umgebungen, die man in Genua an den Schau=
fenstern sieht, uns fesselt, und den Wunsch rege macht,
ein anderesmal mit frischem Appetit direct zu diesen De=
licatessen zurückzukehren. Derartige pia desideria be=
gleiten jeden Reisenden und erhöhen den Genuß, weil sie
der Phantasie immer wieder Spielraum lassen und der
Befriedigung neues Begehren zugesellen. Die Gemälde=
sammlungen Genua's zusammengefaßt kommen den ganz
großen Sammlungen Europa's an Werth ganz entschieden
gleich, und bieten so viel nachhaltigen Genuß, daß ihre
Besichtigung allein entschieden die weiteste Reise belohnen
würde. Den riesengroßen, grellroth angemalten Palast
der Brignolo di Sale betritt man in dieser Zeit noch mit
besonderem Interesse. Es ist dieß das Elternhaus der
Gemahlin des Herzogs von Galliera, dessen Tod in den
letzten Wochen im wörtlichen Sinn ganz Italien beschäftigt
hat. Der Herzog hatte bekanntlich der Stadt Genua ein
Geschenk von zwanzig Millionen Lire zur Verbesserung
des Seehafens gemacht und war seitdem natürlich eine
sehr populäre Persönlichkeit. Nun trat sein jäher Tod
ein und hatte viel Sagenhaftes im Gefolge. Das Ver=

mögen beträgt über dreihundert Millionen Lire, und es ist eigentlich kein rechter Erbe sichtbar. Der Sohn des Herzogs ist ein französischer Gelehrter, Professor in Paris, und will, wie es eben heißt, von diesen Reichthümern nichts wissen. Dieß versetzt die Italiener in ungemessenes Staunen, und sie möchten alle einen solchen Wunder= menschen von Angesicht zu Angesicht einmal vor sich haben. Der kommt ihnen aber nicht, sondern überrascht sie nur mit Kleinigkeiten, um ihre Neugierde noch zu steigern. So hat er jetzt der Stadt Genua diesen großen Palast mit der herrlichen unschätzbaren Gemäldesammlung ge= schenkt. Die Galleriediener, die noch herzoglich sind, waren außerordentlich ungnädig, als ich mit ihnen davon zu sprechen anfing, und bedeuteten mich sehr scharf, die Herzogin habe sich bedeutende Rechte vorbehalten. Im ersten Zimmer der Sammlung hängt das Bild der Mar= chese Brignolo, Mutter der Herzogin. Diese letztere ist seit langen Jahren eine der angesehensten Damen in Paris. Auch der dortige Palast ist ein wahres Muster von Vor= nehmheit und fürstlicher Pracht und eine wahre Stätte unbegränzter Gastfreiheit, sowie eine Zuflucht für Trost und Hülfe suchende Leidende und Elende. Ich war selbst so glücklich, Jahre lang an den gesuchten Abendgesell= schaften des Herzogs theilzuhaben, und verehrte, wie jeder, die gütige zuvorkommende Wirthin in hohem Maße. Sie ist, wie ich in Genua sah, das Wiederbild der verstorbenen Marchese, dieselben freundlichen klugen Augen, denen wir in Paris so gern begegneten, blicken hier von der Wand auf uns nieder.

Die Umgebungen Genua's tragen noch in demselben Maße das Gepräge ewigen Frühlings wie die jüngst

beschriebenen Küstenländer. Sobald man aber eine Strecke
gen Alessandria hin landeinwärts gefahren ist, ändert sich
dieß vollkommen. Meilenweit ziehen sich in ununter=
brochener Reihe große Fabriken aller Art von Genua aus
das Thal hinauf, endlich einmal ein imposantes Schau=
spiel industriellen Lebens darbietend. Die Bahn zieht in
dem Thale eines rauschenden Felsstromes stark aufwärts,
und sobald man etwas beträchtlicher aus den Thälern
hinaufgestiegen ist, hören alle immergrünen Baumarten
auf, Alles ist entlaubt und man hat mit einem Schlage
das Bild des Herbstes vor Augen. Das nun folgende
hohe, sehr romantische Gebirge entrückt uns ganz den
Eindrücken Italiens und versetzt uns in eigenthümlicher
Weise in die Gegenden der Saone und Loire. Ein Zug
äußerlicher Eitelkeit und Geschmacklosigkeit tritt in dieser
ganzen Gegend verletzend hervor, indem all' jener herr=
liche Schmuck, an dem man sich bis vor wenigen Stunden
gefreut hat, jetzt nur auf die flachen Mauern gemalt ist,
Marmorbalustraden, Balkons, Friese, Fenstersimse und
alles derartige. Ja, wir fuhren an einem Hause vorüber,
auf dessen glatte Bretterwände die ganze Architektur eines
schönen Tyrolerhauses mit seinen Galerien gemalt war.
Nachdem man einen ganz außerordentlich langen Tunnel
durchfahren hat, ist die Wasserscheide überschritten, und
die Nebenflüsse des Po begleiten unsern Lauf der Adria
zu. Man tritt nun in die unabsehbaren Flächen dieses
Stromgebietes, und ist nicht unzufrieden damit, daß die
früh eintretende Finsterniß Alles dem Auge entzieht.

Mailand.

In Alessandria wechselte die Gesellschaft in meinem
Wagen; mir gegenüber nahm ein junger Mann Platz, der
das germanische Blut nicht verläugnen konnte, und oben=
drein die in Italien außer dem Hause ganz unbekannte
Brille auf der Nase hatte. Neben ihm saß ein ehrwürdiger,
weißhaariger Feldwebel in italienischer Uniform, aber mit
dem unverkennbaren Habitus der großen Armeen der nor=
dischen Militärstaaten. Dann folgten vier schwere Männer,
fast von dem doppelten Umfang ihrer Brüder, aus den
gebirgigen Gegenden und von den Meeresküsten der apen=
ninischen Halbinsel. Auch an den verschiedenen Stationen
gewahrte man Gruppen der wohlbeleibten behäbigen Männer,
die also hier sowohl als bei anderen Völkern die großen
Ebenen kennzeichnen. Aber schwerfällig waren meine neuen
Genossen keineswegs, sondern so quecksilbern, heiter, laut
und gesprächig, daß es ihnen ungefähr so schlecht stand,
wie ältlichen Damen das Walzen. Ihr Dialekt war fast
ebenso unverständlich und noch beleidigender als der neapo=
litanische, sie sprachen ihn aber wie die Mecklenburger
Herren in hausbackener Weise unter sich, während sie mir
auch mit der Schriftsprache dienen konnten. Nur das ü

statt u blieb bestehen, und klingt in dieser schönen Sprache
wie der Ton einer verstimmten Saite auf einem Instrumente.
Die Herren waren alle österreichisch gewesen und sprachen
dieß mit einer gewissen Genugthuung aus, als wollten sie
auf eine respectable Herkunft hinweisen. Der Haß ist verschwunden, und die Zuneigung ist geblieben. Der greise
Soldat, der dicht vor seinem fünfzigjährigen Dienstjubiläum
stand, hatte einunddreißig Jahre in der österreichischen
Armee gedient. Jetzt hatte er einen Ehrendienst im königlichen Schloß zu Turin. Diesen Menschen schien mir Rom
so fern zu liegen wie Kairo. Mailand und Turin sind
ihre Hauptstädte. Mit wahrhaft rührender Anhänglichkeit
sprachen sie von Ferdinand Max, den sie alle, während
der Jahre, wo er Vicekönig der Lombardei war, viel gesehen hatten. Die Vorstellung, daß er von Napoleon ver-
führt worden sei, hat sich in Italien ganz festgesetzt. Sie
sind auch der Meinung, daß er Gelegenheit genug gehabt
hätte zu fliehen, aber absichtlich geblieben sei, um zu sterben
für die einmal unternommene Sache und nicht, der Schande
preisgegeben, wieder in Europa zu erscheinen. Sie ehren
eben deßhalb sein Andenken um so mehr. Der Germane
hatte mich bald als stammverwandt erkannt und gab sich
seinerseits als ein Biedermann aus der deutschen Schweiz
zu erkennen. Einem solchen jetzt im vollen Gegensatz mit
den Italienern zu begegnen, war recht interessant. Als
ich mein aufrichtiges Loblied über die Schönheit der Schweiz
beendet hatte, sagte er: „Sehen Sie, Ihnen gefällt nun
die Schweiz gut, und mir gar nicht!" Sofort die Verläug-
nung der eigenen Heimath! „Gefällt es Ihnen hier so
viel besser?" fragte ich. „Mir g'fallt's da, wo ich Geld
verdiene," war die Antwort. In Deutschland seien ver-

hältnißmäßig so wenig Schweizer, weil die Eigenschaften
die gleichen seien und auch die Bezahlung ziemlich dieselbe.
In Frankreich und Italien werden die Eigenschaften der
Deutschen beim Handelsstande hoch bezahlt. Er selbst, ein
fünfundzwanzigjähriger Mann, ist jetzt, wie er sich aus=
drückte, eben im Begriff, wieder einen Genueser Kaufherrn
auf den Lehnstuhl zu setzen, und tritt als Geschäftsführer
mit 8000 Lire jährlichem Gehalt in das Haus. Seiner
Angabe gemäß verzehrt er nicht mehr als 2000 Lire im
Jahre, legt also bei so jungen Jahren allein von seinem
Gehalt jährlich 6000 Lire an. Wenn man da an manchen
Präsidenten mit vier sehr gebildeten Töchtern denkt! Mein
Gefährte versicherte mir, daß seine und seiner Collegen
Thätigkeit in italienischen Fabriken vollständig der eines
Thierbändigers gleiche, daß aber die einmal gebändigte
Masse staunenswerth arbeite. Er führte mich in ein Wirths=
haus, das ich mir doch erlauben möchte weiter zu em=
pfehlen. Es heißt Albergo di Italia und liegt unmittelbar
neben dem Centralbahnhofe freundlich und hell im Garten.
Man ist sehr gut bedient, natürlich auf einfachem Fuß,
aber sehr reinlich und solid, und man zahlt sehr wenig,
was gewiß für Mailand beachtenswerth ist. Am Thor
aber ist der Ausgangspunkt der Omnibuslinie nach dem
Dom und nach dem Palazzo Brera. Mein Schweizer
versäumte nicht, das Charakterbild in aller Kürze voll=
kommen durchzuführen. Als wir um 11 Uhr Abends unsern
Hunger gestillt hatten, mußte ich noch mit ihm in ein
Bierhaus gehen, dann um Mitternacht in ein Weinhaus,
und von dort fuhren wir endlich nach Hause. (Es waren
immer noch Droschken mit mäßiger Taxe am Platze.) Dieß
alles mußte er mir „poniren", dann gab er mir seine

Genueser Adresse, wünschte mir glückliche Reise und ging
seiner Wege. Wir kamen übrigens bei diesem nächtlichen
Gange durch die große Gallerie und an den Dom. Es
war nebelig und darum von einer eigentlichen Betrachtung
keine Rede; aber eben in diesem Schleier machten diese
beiden Objecte jedes in seiner Weise einen ganz märchen=
haften Eindruck.

Am Morgen war dicht am Boden leichter Nebel, aber
man sah schon den wolkenlosen blauen Himmel. Ich ging
deßhalb langsam durch die Stadt, dieß und jenes betrach=
tend, um nicht zu früh an den Dom zu kommen, in der
Hoffnung, diesen gleich in seiner ganzen Pracht zu sehen.
Da habe ich mich denn wahrhaft erfreut an der schönen
Stadt. Jeder wird zugeben, daß die Oesterreicher die
Gabe haben, ihren Städten ein angenehmes und elegantes
Gepräge zu geben, und dieser Einfluß, ausgeübt an einer
Stadt, die das ganze Mittelalter hindurch ein Prototyp
municipaler Entwicklung gewesen ist, hat ein glänzendes
Resultat herbeigeführt. Man kann wohl sagen, daß in
Mailand die Aufgabe der Stadt vollkommen gelöst ist,
und wenn es sich von Paris dadurch unterscheidet, daß in
letzterer Stadt um den schönen Kern her eine in allen
Hinsichten abscheuliche, verderbliche, störende Umklammerung
von schlechten Vierteln statthat, während in Mailand Garten=
länder an jener Stelle sind, dann ist das kein Schaden
zu nennen. Nun ist diese Stadt noch obendrein durch die
Eisenbahnen den herrlichen Seen ganz nahe gerückt, so
daß die Langeweile der Ebene aufgehoben ist! Ich begreife,
daß die Italiener mit Stolz auf ihr Mailand sehen. Die
Gallerie bietet wohl wieder einen schlagenden Beweis, daß
man in Italien zehnmal bereit ist für die Befriedigung

der Prunksucht und für das glänzende Auftreten nach außen riesige Summen aufzubieten, bevor man an das Noth=wendige denkt; aber sie ist deßhalb nicht minder schön und geradezu danach angethan, den Bewohnern der Stadt das Leben zu verschönern. Mag es draußen regnen und schneien und wehen, sie gehen unter Glasgewölben auf Mosaik=fußböden in königlichen Hallen. Und die Töchter der Stadt sorgen nicht übel für Augenweide! Wenn dann gerade von dem einen Ausgange der Gallerien das mächtige Mo=nument Leonardo da Vinci's zwischen zwei Cedern hervor=glänzt und rings umher Standbilder der Rafael, Michel=Angelo, Galilei, Machiavelli, Dante und Petrarca auf uns niederschauen, während man sich vorstellt, daß der jenseitige Ausgang direct auf den Platz vor jenem be=rühmten Dome führt, dann fühlt man sich wieder einmal auf einem Fleck voll Weihe und hoher Bedeutung, wie jede Stadt sich ihn so oder so schaffen sollte, damit der starke Herzschlag ihres Wohnorts alle Einwohner erwärme. Der deutsche Bürger sehnt sich immer wieder nach dem Herzschlage der freien Natur und lebt in der Stadt wie ein Gefangener. Darum hat er die Stadt nicht mit Liebe ausgebildet wie der Italiener, dem sie alles ist.

Die Luft war nun frei geworden, der Dom stand da in hellem Sonnenglanz. Die einen der geehrten Leser haben es erlebt, die anderen tausendmal gehört und ge=lesen, was sich da vor dem staunenden Beschauer auf=thürmt. Wenn auch der strenge Zug in unserem Geiste, der nach dem in sich geschlossenen Ausdruck einer einheit=lichen Idee verlangt, an dieser Stelle nicht befriedigt wird, so sieht er doch eine Verkörperung der strahlenden Schön=heit, des fast übermüthig aufjauchzenden freien Flugs

genialer Phantasie vor sich, die ihn vollkommen hinreißen
muß! Beati possidentes! Wenn man eine solche italienische Rundreise mit einer Kette vergleicht, in deren kunst-
reichen Gliedern die verschiedensten Edelsteine funkeln, dann
ist dieser Dom das prachtvolle Schloß derselben. Dem Anblick von außen gibt einen besonderen Reiz, daß die Wirkung des Sonnenlichtes bedeutender ist, als bei grauen
Domen. Der Gegensatz der weißglänzenden Sonnenseite
mit der blauschimmernden Schattenseite, die nur, wie
schöne Wolkengebilde, am zackigen Rande von Licht ge-
säumt ist, wirkt herrlich, wenn man den ganzen Bau um-
schreitet. Nachdem ich mich am Aeußern und Innern für
das erstemal satt gesehen hatte, stieg ich hinauf. Ich ver-
stumme bei der Erinnerung an diese Eindrücke — ein
großer Dichter mag da noch Worte finden, nicht ein ge-
wöhnlicher Sterblicher. Nur dieß läßt sich den Freunden
freudig mittheilen. Versenkt in die Aufgabe, einen so
bedeutenden Bau kennen zu lernen, sucht man nichts über
ihn hinaus. Ich sah über die tausend Nadeln weg auf
die leicht umschleierte Stadt, die in ihren Ausläufern mit
der weiten umdunsteten Ebene verschwamm; die Ebene
selbst glich einem bläulichen Nebelmeer, und nun erstarrte
ich förmlich vor einem unerwarteten Anblick, der an Größe
alles übertraf, was das Auge je aufgenommen. Klar
und hell am reinen Aether in rosigem Schimmer weiter
Ferne stand die riesige Alpenkette, über den blauen Tünsten
am Horizont aufgebaut. Der Montblanc und der Monte
Rosa mit ihren gigantischen Kuppen, der große Bernhard,
der Splügen, unzählige andere Riesengebilde, und weit
draußen die Jungfrau, der Mönch, der Aiger u. s. w.
— in alle Fernen. Nur der blendend weiße Dom und

jene weißen Häupter klar vor Augen, alles andere nebel-
haft umschleiert, das glich nicht mehr einem Bild unserer
Erde. Beatrice hätte müssen leichten Schrittes über die
Marmordächer schreiten. Statt ihrer trat wirklich in diesem
einzigen Augenblick eine wunderschöne Tochter Albions mit
langen goldschimmernden Haarwellen aus dem Treppen-
hause hervor. Sie war den Ihrigen vorausgeeilt, schritt
über das Dach an mir vorüber, blieb lang am Rande
des Thurmes stehen, mit entzückten Augen umherblickend,
und stieg dann langsam die freie Marmortreppe am Thurm
hinauf. Dort verschwand sie — ich hatte das Auge nicht
von ihr wenden können.

Der Spätherbst ist eine tückische Jahreszeit. Aus der
lombardischen Ebene wälzten sich dichte Nebelmassen heran
und erfaßten bald die Höhen des Domes. Der Thurm
läuft bekanntlich in eine sehr schlanke Nadel aus, durch
deren feine Rippen die schwindelige Treppe hinaufführt.
Oben ist eine Gallerie rings um die letzte Spitze, auf der
die goldene Jungfrau steht, gebaut. Wer auf sie tritt,
hat die Luft unter den Füßen. Dort stand ich ganz allein,
als die Nebel den Bau so dicht umklammert hatten, daß
von den mir zunächst aufragenden Spitzen des breiteren
Thurmes nur noch die Köpfe und Flügel der krönenden
Engel sichtbar waren. Alles übrige war vollständig verschwunden, und es war als ob ich weit über der Erde
in den Wolken schwebte. Der Nebel nahm bald wieder
etwas ab, blieb aber doch noch lange so herrschend, daß
nur der Dom selbst sichtbar war. Während dieser Zeit
wurde ich noch von einem andern Dunst umfangen. Ein
Franzose, der gleich mir abzuwarten gesonnen schien, ob
die Sonne noch wieder zur vollen Herrschaft gelangen

würde, redete mich in der Form eines hochgebildeten Mannes
an. Wir besahen manches Einzelne zusammen und setzten
uns dann auf die oberste Dachrippe, uns in Gespräche
vertiefend. Mein neuer Gefährte war früher als Ingenieur
thätig gewesen, hatte in seinem Beruf einen Arm eingebüßt
und war nun Journalist. Er eröffnete mir, daß er für
Blätter arbeite, die für den „liberalisme très avancé"
(sic!) thätig seien. Meine Freunde in Paris hatten mich
im letzten Jahre vor dem Ausbruch des deutsch-französischen
Krieges öfter in die so viel besprochenen Clubs der Com-
munarden geführt. Dort hatte ich unter den Rädelsführern
Physiognomien gesehen, die sich mir tief eingeprägt haben.
Der Grundzug war gekränkte Eitelkeit, betrogener Ehr-
geiz, die den Gesichtern unheimliche Furchen eingegraben
hatten. Der Haß der Paläste! Dieses Gesicht hatte auch
mein Genosse. Er sagte einschneidende Worte über die
Klerikalen seines Vaterlandes, und sobald er merkte, daß
er in dieser Hinsicht verstanden wurde, zog er mit seiner
einen, gesunden und gefährlichen, Hand Broschüren aus
der Tasche, die er selbst colportirt. Er bat mich, einige
auszuwählen, und ich habe denn zwei dieser saubern Bücher
mitgebracht. Diese Tractätlein werden von den Seehäfen
aus in großen Massen in Frankreich eingeschmuggelt und
dort überall verbreitet. Insofern sie alle den Klerikalismus
bekämpfen, möchte man sie willkommen heißen, aber sie
riechen nach Petroleum und bringen anderes, wo möglich
noch schlimmeres, Gift ins Land, statt der Aufklärung.
Ich machte mich indeß von diesem Menschenfreunde baldmöglichst wieder los und durchstreifte Mailand noch so
lange meine Zeit es mir gestattete.

Heimkehr.

Vom Mittag bis zum frühen Abend fuhren wir bei ganz wolkenreinem, tiefblauem Himmel über Bergamo und Brescia nach Verona. Diese Fahrt ist so überaus schön, das Ineinandergreifen von Architektur und Landschaft so interessant und reich, die Luft war so mild, die Sonne so warm, der Azur so rein und tief, daß mich doch ein Gefühl der Betrübniß überschlich bei dem Gedanken, mit dem nächsten Tageslichte von dem allem durch die große Alpenkette getrennt zu sein, die da Süd und Nord so wesentlich scheidet. Um Sonnenuntergang fuhren wir am hohen Ufer längs des Gardasees. Die Erhöhung, auf der wir uns befanden, legte die blauen Fluthen in tiefen Schatten; auch der Fuß der schönen Berge war schon umnachtet und schimmerte wegen des zarten Nebelschleiers in reinem Azurblau. Aus diesem Schmelz erhoben sich die Schroffen in dunkler warmer Gluth, und die schneeigen Gipfel leuchteten wie rothe Rosen. Blickst du mich noch einmal so wunderbar verführerisch an mit deinen glühenden Augen, du schöne Italia, daß dein hehres Bild sich mir unauslöschlich einpräge, den Seelenfrieden bedrohend, wenn ich wieder fern

von dir in der Heimath weile? Aber laß das gut sein,
ich finde drüben etwas wieder, was du mir nicht geboten
hast und auch gar nicht kennst. Oder nenne mir ein Wort
in deiner schönen Sprache, das unser „gemüthlich" bedeutet. Laß mich dir dagegen zum Abschied aus vollem
Herzen etwas Angenehmes sagen. Deine Dichter haben
ein dankbares Volk. Es ist bewunderungswerth, in welchem
Maß und in wie weiten Kreisen die Dichtungen dieser
großen Geister nicht nur bekannt, sondern den Menschen
in Blut und Leben übergegangen sind. Klänge berühmter
Verse durchzittern das ganze italische Leben wie die Schwingen
des Zephyr die lachenden Fluren. Ein staunenswerthes
Gedächtniß erhöht den Reiz dieser bedeutsamen Erscheinung. Und gerade Dante, der älteste, der classische Dichter,
ist der Liebling der ganzen Nation, verwachsen mit jedem
Italiener, der nur einen Schritt aus den untersten Sphären
hinaufthut. Diese Zuneigung und Hingebung hat der Ma-
terialismus bis jetzt in keiner Weise erschüttert; und das
ist ein goldener Faden, an dem dieses Geschlecht doch am
Ende sicher durch das Labyrinth der Gegenwart sich durch-
winden kann.

In Verona zog sich die Schleife meiner Wanderungen
zu, und ich rutschte nun bei Nacht und Nebel am Aus-
gangsfaden wieder hinauf. Die herrliche deutsche Gränzmark schien es übel vermerkt zu haben, daß ich ihr im
August den frostigen Empfang vorgehalten hatte, den der
Heimkehrende etwa im November finden würde; denn jetzt,
am 11. December, war oben auf dem Brenner nicht einmal
eine Flocke Schnee zu finden, unten aber im Inn-Thal
schien die Sonne auf die saftig grünen Fluren wie mitten
im Sommer. Wir waren lange vor Sonnenaufgang von

Innsbruck abgefahren. Mir gegenüber saß ein alter Tiroler, der sich viel von Italien erzählen ließ und von Zeit zu Zeit mit nachdenkendem Kopfschütteln bemerkte: „Es fehlt halt der Mittelstand!" Er meinte: da lebe er doch lieber in Tirol, obwohl er wisse, daß man hier nie reich werden könne. Als die Sonne die ersten Strahlen auf hohe Zacken warf, daß sie feurig roth erglühten, rief uns ein junger Innsbrucker an: das schöne Schauspiel zu beachten. „Aha!" sagte mein Alter, „scheint's die Gamskogeln an! No, is recht, die armen Thierln brauchen a e wengerl e Wärmen." Das war gemüthlich! Wir sausten nun pfeilschnell aus den Alpen hinaus, in eleganten deutschen Wagen durch die Vorländer, und diesseits wieder längs der Kette hin. Abends den ganzen südlichen Hang entlang, Morgens den nördlichen, ein betäubend rascher Wechsel! Drüben das königliche Lager, die majestätische Kuppe des Monte Rosa der Herrscher, ringsum die stattlichen, reichbetreßten Vasallen, Paläste, Dome und Gärten an den Abhängen der Alpen selbst weit hinaufgebaut, ein vornehmes, glänzendes Wesen. Hüben die freien Barone, Wendelstein, Herzog= stand, die Karwendel und Wettersteine trotzig hervorragend aus ihren wilden Jagdrevieren. Und nun traten wir in den Holzkirchener Wald, um auf der brettflachen Hochebene rasch auf München loszufahren.

München ist ein so wichtiger Stapelplatz geistiger Pro= dukte, und besonders auch südländischer, daß es den Rei= senden, der mit einem wohlbeladenen Schifflein wieder ein= fährt, durchaus nicht in die Stimmung versetzt, als sei es nun zu Ende mit dem Genusse. Er hat noch lange und vollauf zu thun, um seine Stoffe zu verarbeiten und dem Vaterlande in irgend welcher Weise nutzbar zu machen.

Hier trete ich nun mit einem bescheidenen Pröbchen dieser Thätigkeit vor den deutschen Leserkreis, der wahrlich an das Beste gewöhnt, was die Welt bietet, besonderer Nachsicht bedürfen wird, damit mein guter Wille, ihm eine Freude zu bereiten, sieghaft hervortreten könne aus dem Mangelhaften und Lückenhaften der Ausführung.